Thomas Baumann
Daheimbleiben kann jeder

PIPER

Zu diesem Buch

Mindestens einmal im Jahr schließen wir die Haustür zweimal von außen ab, prüfen dreimal, ob sie auch abgeschlossen ist, und fahren in den Urlaub. Warum? Damit wir wieder heimkommen und auf das Wiener Schnitzel in Neapel schimpfen können? Und warum fahren wir, wenn es bei uns endlich warm ist, in glutheiße Gegenden? Thomas Baumann hat sich zahlreiche Fragen rund ums Reisen gestellt und die kuriosen Blüten, die das Reisefieber mit sich bringt, unter die Lupe genommen. So berichtet er von der längsten Straßenbahntour durch Deutschland, von Reisen, die zum Mond gebucht werden können, und wie man auf dem Landweg nach Australien kommt. Ein vergnügliches Reisebuch für alle Globetrotter und Daheimgebliebenen.

Thomas Baumann, geboren 1965, hat sein Studium der Slawistik, Politik und Philosophie erst spät abgebrochen, wechselte nach schillernden Hunger-jahren als Rockjournalist ins Fernseh-fach, wo er als Comedyautor für Sen-dungen wie Switch, RTL Comedy Nacht und Die dreisten Drei schreibt. Mit sei-nem Buch »Quadratschädel. Ein Leitfa-
den für Mannheim und den Rest« eröffnete er seine Karriere als Buchautor, mit »Die spinnen, die Deutschen« wurde sein Talent als hintersinnig witziger Reporter in deutschen Landen offenbar, und mit »Daheimbleiben kann jeder« beweist er, dass er auch über den Tellerrand hinaussehen kann.

Thomas Baumann

Daheimbleiben kann jeder

Das etwas andere Reisebuch

Mit 29 Abbildungen

Piper München Zürich

Mehr über unsere Autoren und Bücher:
www.piper.de

Von Thomas Baumann liegen bei Piper im Taschenbuch vor:
Die spinnen, die Deutschen
Daheimbleiben kann jeder

Alle Abbildungen sind vom Autor, der allein für die Qualität einsteht.

Mix
Produktgruppe aus vorbildlich bewirtschafteten
Wäldern und anderen kontrollierten Herkünften
www.fsc.org Zert.-Nr. GFA-COC-001223
© 1996 Forest Stewardship Council

Originalausgabe
Juni 2009
© 2009 Piper Verlag GmbH, München
Umschlag: Büro Hamburg. Anja Grimm, Stefanie Levers
Bildredaktion: Büro Hamburg. Alke Bücking, Sandra Schmidtke
Umschlagabbildung: Gerhard Glück
Autorenfoto: privat
Satz: Filmsatz Schröter, München
Papier: Munken Print von Arctic Paper Munkedals AB, Schweden
Druck und Bindung: CPI – Clausen & Bosse, Leck
Printed in Germany   ISBN 978-3-492-25339-0

INHALT

Für Lieselotte Baumann (1929–2008)

Einleitung

Die überraschendste Fernsehsendung ist die Lottoziehung, Fußball ist der vielseitigste Sport, Frauen sind die elegantesten Menschen und Männer die albernsten, aber Reisen … Reisen ist alles zusammen. Gerne alles gleichzeitig.

Und was heißt Reisen? Ganz einfach: Reisen heißt, von A nach B fahren, aber nicht in B bleiben wollen. Und von C träumen.

Egal ob weitoderkurz und heißoderkalt und Bergodertal – Reisen macht süchtig. Denken wir mal an diesen Südafrikaner, der nur per Muskelkraft die Welt umrundet hat. Der musste doch einen Grund gehabt haben. Oder dieses Schweizer Paar, das seit 1984 ununterbrochen durch die Welt fährt, jeden Tag auf Reisen, 365 Tage im Jahr. Würden wir denn das Gegenteil aushalten, 25 Jahre lang nur arbeiten, 365 Tage im Jahr placken, jeden Tag »Mahlzeit« sagen?

Manchmal verreisen Leute mit sonderbaren Verkehrsmitteln, gelegentlich ist das Ziel merkwürdig, manche Reisen sind sehr, sehr kurz, und manche finden überhaupt nicht statt! Oft gibt es unterwegs ungeheure Überraschungen, manchmal unterwegs überraschende Ungeheuer.

Wir tauschen unseren ständigen Wohnort zeitweilig mit einem anderen, wir wachen in einem fremden Bett auf, und wir tun tagsüber Dinge, die uns zu Hause nicht im Traum einfallen würden. Hochseefischen, Tiefschneefahren, Sumpftouren. Die ganz Mutigen gehen sogar ins Museum.

Menschen unterwegs schlafen auch mal auf einem Stromkasten, unter einem Auto, im Wohnmobil, auf Gleis 1 am Bahnhof, in einer Tankstelle, auf einem Kartoffelacker – ich spreche aus Erfahrung (okay, das mit dem Wohnmobil ist erfunden).

Aber wieso reisen gerade Sie und ich wie besessen durch

die Gegend um uns herum und rund um die Welt? Wir sind das zentralste Land Europas. Wir haben die meisten Einwohner Europas. Wir haben von allen europäischen Ländern die meisten Nachbarländer. Wir haben ein bisschen Geld übrig und die meisten Urlaubstage dazu, wir haben gar keine andere Wahl, als Reiseweltmeister zu sein!

Bei uns im Land gibt es Baustellentouristen, Leute, die in ihrer Freizeit dorthin fahren, wo Gebäude abgerissen werden. Lottospieler nennen als häufigsten Wunsch, falls sie sechsmal richtig tippen: Reisen. Und wir erheben ein Monopol auf das Wort »Individualtourismus«. Kein Mensch weiß, was das ist, aber wir können es am besten.

In diesem Land gibt es mehr Reiseexperten als Fußballnationaltrainer. Also mehr als Einwohner!

In der Marine werden die Seeleute teilweise heute noch geweckt mit den Worten: »Reise, Reise!« Nicht weil der Maat für Neckermann jobbt, sondern das alte Friesenwort »Reise!« heißt einfach: Aufstehen, erhebt euch!

Vielleicht können wir unseren Auslandsaufenthalt noch ein wenig ausdehnen. Kennen Sie Haustausch? Sie wohnen im Haus von wildfremden Leuten und die wildfremden Leute zur gleichen Zeit in Ihrem Haus. Nun gibt es 82 Millionen Deutsche, und der indische Bundesstaat Andhra Pradesh hat rein zufällig ebenfalls 82 Millionen Bewohner. Na ja, was soll ich noch sagen: Das Essen dort ist billig, es ist viel wärmer, und abends kommt nicht Beckmann. Sollen wir …?

Dieses Gedankenspiel zeigt, wie wunderbar irre das Reisen in Wahrheit ist. Der Tourist sucht genau dasselbe wie zu Hause, der Reisende genau das Gegenteil.

Und Reisende finden alles Mögliche, nur nicht das, was sie gesucht haben. Lustige Länder, wüsteste Tänze, brennend scharfe Speisen aus Tieren, deren Identität man lieber nicht wissen will. Aber vor allem anderen geht es ihnen um die Menschen, um all diese wunderbaren Irren, denen man auf Reisen begegnet – dieses Buch ist voll davon.

Lass dich überraschen

Überraschung, Phase 1

»Reiseführer gehören verboten.«

Günter Heinzel ist Philosoph und Filmregisseur. Er muss alleine von Berufs wegen solche Sachen sagen.

»Vergiss Lonely Planet.«

Ich will einwenden, dass es ja an einem selbst liegt, wie man mit Reiseführern umgeht, werde aber scharf zurechtgewiesen.

»Vergiss Reiseführer grundsätzlich. Irgendwelche Infos brauchst du ja wahrscheinlich, das schon. Aber ich habe es an mir selber festgestellt, was auf Reisen passiert. Ich weiß zu viel! Und ich bin im Kopf unwillkürlich dabei, eine Checkliste abzuhaken: Was stimmt, was stimmt nicht, was ist ganz anders, was entdecke ich selber, was haben tausend andere vor mir entdeckt, und so weiter und so weiter. Ohne Reiseführer ist plötzlich ein ganz anderes Sehen da, ein Erfahren in der Fremde.«

Ich werfe ein, dass es aber albern ist, Wissen, das man hat, künstlich zu verstecken. Günter gibt jetzt alles:

»Nee, finde ich nicht. Du verweigerst ja nur im Vorfeld. Wenn du gar nicht verreisen würdest, weil du sagst, ich weiß zu viel, das wäre beschissen, damit fickst du dich ins eigene Knie. Wenn du aber sagst, ich will vorher so wenig wie möglich wissen, ist das gut. Das ist, wie sich keine Filmtrailer anzusehen und nur ganze Kinofilme zu sehen. Man muss sagen: Ich möchte so frisch wie möglich an was ran, was ja eh fast unmöglich ist, und dann machst du deine Erfahrungen, dann geht es wieder.«

Wieder habe ich den Beweis bekommen, dass wir alle Reiseexperten sind. Denn ich habe mir die Frage gestellt, ob es Überraschungsreisen gibt. Und Günter hat mir rein theoretisch bestätigt, dass dem so ist. Nun wollte ich den praktischen Test machen. Nein, nicht indem ich mit verbundenen Augen schlangenlinienfahrend in ein Flughafenterminal hineinbrettere und »Nehmt mich mit, egal wohin!« kreische.

Ganz offiziell gehört der Begriff Glücksreisen dem Veranstalter TUI. Auch die Begriffe Spar-, Joker-, Roulette- und Fortunareisen finden Verwendung. Hier geht es um Pauschalreisen der Kategorie »wurstegal, Strand her«. Wobei das »egal« meistens nur bis dorthin reicht, wo Verbrauchermagazine mit der Kamera auf Schimmelflecken in Duschwannen zoomen und damit komplette Vorabendmagazine füllen. Wichtig ist, nicht zu wissen, welches Idiom am Urlaubsort gesprochen wird und mit welcher Währung man seine Pommes »Bahnschranke« bezahlt.

Überraschung, Phase 2

Ich wollte herausfinden, wie es ist, an einen Ort zu reisen, von dem man gar kein Bild hat. Der Prozess war merkwürdig, kompliziert und lustig, denn wir sind bis obenhin voll mit Bildern und Klischees. Kurzum, ich kam auf Moldawien. Oder was wissen Sie über Moldawien?

Martin, ein befreundeter Computerspezialist, hatte mal erzählt, seine Großeltern stammten von dort, und dass ihm jeder x-beliebige Vorwand recht wäre, sich das mal anzusehen. Martins Antwort – Antwortdepesche möchte ich fast sagen – lautete folgendermaßen:

»Grossny Baumann! Ixch Vammillien-Fatter. Albanixhe Gliggsspill niggs gebracht. Was zirrlixhe Naggen in Land von Urrgrossfatter gefärrlixhe Spill bringn? Im Ernst: sehr geehrt, große Lust, aber FC Spontan wegen Stadionumbaus gerade indisponiert. Außerdem dabei, den heißen Atem der digitalen Mittelschicht zu kontemplieren, ohne Taschentuch und ohne in Ohnmacht: eine Aufgabe, Donner nix dagegen.

Luft frühestens ab 15. Juli. Und selbst dazu erst min soyten Wyb befragen.«

Vielleicht sollte ich doch mit TUI nach Kreta?

Überraschung, Phase 3

Zwischenzeitlich kam mir zu Ohren, dass in Moldawien derzeit kein richtiges Staatswesen existiert, dass Touristen weithin unbekannt seien, dass es Räuber, Freischärler und Abtrünnige gebe, und ich wollte etwas erleben, nicht ableben.

Also weiter nach Osten im Diercke-Atlas: Georgien. Es war einige Wochen, bevor der Konflikt mit Russland ausbrach!

Warum nicht? Außer dem Minimalwissen, dass es dort großartigen Rotwein und noch größerartigen Branntwein gibt, wusste ich nichts.

Ein kurzer Blick in die Reisetipps des Auswärtigen Amts: »Russland hat alle Verkehrsverbindungen von und nach Georgien unterbrochen … Die Lage im Land ist insgesamt ruhig, aber nicht in allen Landesteilen stabil. Abchasien: Sicherheitslage prekär … nicht gekennzeichnete Minenfelder … grundsätzlich für den internationalen Reiseverkehr gesperrt. Oberes Kodorital: immer wieder bewaffnete Angriffe durch unbekannte Kräfte. Südossetien: Die Sicherheit von Reisenden ist nicht gewährleistet. Es kommt immer wieder zu Auseinandersetzungen mit Schießereien. Westmegrelien (Umgebung von Sugdidi): Hier besteht aufgrund der hohen Zahl von Vertriebenen aus Abchasien und der damit verbundenen sozialen Spannungen sowie der Nähe des Konfliktgebietes ein Risiko von Übergriffen. Besondere Vorsicht ist daher geboten. Pankisi-Tal: etwa 1500 tschetschenische Flüchtlinge. Sicherheitslage unübersichtlich. Swanetien: erhöhte Sicherheitsgefährdung durch bewaffnete Raubüberfälle. Die Sicherheitslage in dieser Hochgebirgsregion hat sich zuletzt stabilisiert. Von Erkundungen auf eigene Faust wird aber weiter dringend abgeraten.«

Und *danach* kam das Kapitel über Kriminalität. Okay, Georgia off my mind.

Überraschung, Phase 4

»Wir wissen nicht, welches Netto-Einkommen die Nutzer von Billigfliegern haben. Die werden sich so zusammensetzen wie beim Blind Booking. Die Art Flexibilität und auch Abenteuerlust zum, äh ... Scheiße!«

Ich gebe zu, für Pressedamen, die im ersten Satz »wir wissen nicht« sagen und sich dann verhaspeln und fluchen, Sympathie zu hegen. Diese Pressedame ist von einem Billigflieger, der sogar Chancen hat, noch zu existieren, wenn dieses Buch gedruckt ... Moment mal, was war das eben: »Blind Booking«?

»Blind Booking sind Überraschungsflüge zum Festpreis. 19 oder 49 Euro. Je nachdem von wo, je nachdem wohin: Party oder an den Strand oder die Kulturecke.«

Und wer macht so etwas?

»Ohne dass wir richtige statistische Daten hätten: Blind-Booking-Bucher sind Leute, die Spiel, Spaß und Spannung bevorzugen, die überrascht werden wollen. 19 Euro, das ist mit dem Auto teurer, mit dem Flieger eh, und sogar zu Fuß. Entweder ich muss früh buchen oder nehmen, was übrig ist. Wer zuerst kommt, mahlt.«

Überraschung, Phase 5

Meine Buchungsnummer heißt M791UZ. Donnerstags werde ich hinfliegen, samstags zurück, also an verkehrsschwachen Tagen. Dabei weiß ich noch gar nicht, wohin!

Ich habe mich für die Themengruppe »Stadt Osteuropa« entschieden, weil ich da wenig kenne. Für jeweils fünf Euro habe ich die Reiseziele Prag und Riga ausgeschlossen und zahle somit für Hin- und Rückflug inklusive aller Gebühren 48 Euro. Die Deutsche Bahn würde mich für diesen Preis von Erfurt nach Halle und zurück gondeln.

Es kann Zagreb sein, Sofia, Budapest, Warna, und ich öffne die E-Mail, und es ist … Katowice! Super, Katowice in Polen! Ähm, und was ist da genau?

Es ist wie ein Befehl von oben, dass ich nach Polen fliege, denn Ewa, eine polnische Bekannte, beobachtet zutreffend: »Die Daitsche fahre immer wohin und vorhäar kucken, was alläs gibt. Fir was? Musst wohin fahren und schauen, was da gibt. Ist viel schänar.«

Am Kölner Flughafen sitzt im Wartebereich am Gate ein altes Paar, das einer Nonne Schwarzweißfotos zeigt, vermutlich von dem Ort, wo jemandes Wiege stand. Ich riskiere aber nicht zu fragen. Stattdessen sehe ich mich am Bücherstand gegenüber bei den Reiseführern um. Kattowitz kann ich nicht entdecken, aber mehrfach Kraków. Ich erinnere mich grau, dass das in der Nähe liegt, aber nein: Keine Vorinfos, die Überraschung soll ja noch ein bisschen halten.

Einstweilen bildet sich am Gate wieder eine dieser unerklärlichen Schlangen, wo Menschen anstehen für …, für was eigentlich? Das Spektakel Mensch = Schlachtvieh bleibt ein Klassiker. Mir unerklärlich, wieso wir uns nicht gegenseitig essen. Die Mieten würden sinken, es gäbe weniger Staus.

Eine halbe Stunde, bevor das Gate geöffnet wird, stehen sie wie Kühe an, trotz nummerierter Plätze. Im Fußballstadion wird eine halbe Stunde vor Anpfiff wenigstens laut und unflätig gesungen. Dafür entpuppt sich nach dem Losfliegen eine Urkölner Seniorengruppe als Ansammlung ausgewachsener Spaßgranaten. Die greise Dame direkt hinter mir leidet offensichtlich unter mittelprächtiger Flugangst, was den Rentner neben ihr anfeuert zu jubilieren und zu krakeelen nach der Gesetzmäßigkeit: Je bleicher sie wird, desto lauter wird er. Wie ein Dreijähriger quietscht er: »Hoooo …

epp-paaaa, uuund jetzt linksrum. Uuuun jetzt jeit et rück-wääärts. Un jetzt jeit et abwääärts.« Und tatsächlich bollern wir gegen dicke Wolken und sacken in kleine Luftuntiefen.

Nur etwa jeder fünfte kauft ein Getränk oder Essen, der Beweis, dass bei der ansonsten üblichen Gratisverteilung nur aus Langeweile gegessen und getrunken wird.

Mitten im Flug, nach einer guten Dreiviertelstunde, meldet sich der Heiopei aus der Pilotenkanzel und begrüßt uns an Bord. Als wäre man mit einer flüchtigen Bekanntschaft mitten im Geschlechtsverkehr und fragt kurz vor dem Orgasmus: Zu mir oder zu dir?

Ich frage das polnisch-kaschubische Paar neben mir, was ich in Kattowitz machen soll. Und sie sagen mir: Gar nichts, weiterfahren. »Nach Częstochowa, das ist *Tschenstochau*, ja? Oder Auschwitz, na ja, wissen Sie. Oder Wieliczka, das ist Salzbergwerk. Oder Zakopane, ja? Oder am besten Kraków, das ist daitsch Krakau, ja?« Und sie empfehlen mir, niemanden auf Deutsch anzusprechen, sondern immer erst englisch zu sprechen.

Kattowitz ist unter den Flughäfen das Eisenhüttenstadt, nur neuer. Davor stehen zwei Kleinbusse, einer nach Kattowitz, was wohl wirklich eine passende Partnerstadt für Herne wäre, und einer nach Kraków. Vor der Abfahrt, die sich danach zu richten scheint, wann der Bus mit Fahrgästen voll ist, raucht der Fahrer noch eine, dann qualmt ein Fahrgast noch eine, dann dampft der Fahrer noch eine, dann raucht ein anderer Fahrgast noch eine, und dann fahren wir ab, nachdem wir alle noch eine gequarzt haben.

Für 15 Euro nach Kraków. Für lau ein Sitznachbar aus Griechenland, Erasmus-Student, ungeheuer gut aussehend. Er hatte die Ouzo-Idee, in Athen Deutsch zu studieren, erklärt mir auf der gut einstündigen Fahrt die Welt: Dass polnische Gastarbeiter in Griechenland (Sachen gibt's!) durchaus einen guten Ruf hätten, nicht wie in Deutschland. Dass einige türkische Städte eigentlich griechisch sind, Konstantinopel natürlich, auch wenn es momentan Istanbul heißt, aber auch Istanbul sei ja griechisch (»eigentliß grießiß«). Dass sehr viele Deutsche nach Griechenland gezogen sind. Ich bekomme den griechischen Familienvater aus dem Film »My big fat greek wedding« als One-Man-Show in 3D-Animation.

Und ich bekomme Erkenntnisse, auch ohne schicksalsgläubig zu sein. Hat mir etwa ein moldawienstämmiger Kumpel eine Reise abgesagt, damit mich die Fluggesellschaft »Deutschflügel« in eine polnische Stadt fliegt, in der ich aber auf keinen Fall bleiben soll, geschweige denn deutsch reden, damit mir ein griechischer Germanist erklärt, dass es die Türkei eigentlich gar nicht gibt?

Der Grieche hat klare Einsichten: Griechen rauchen mehr als Deutsche, Deutsche trinken mehr als Griechen. Und um die griechische Weltbeherrschung zu belegen, fährt prompt ein polnischer Lkw vor uns mit der Aufschrift »attik«, und mein Begleiter strahlt »wie Attika, die Gegend bei Athen«. Wieso das englische »attic« Dachspeicher bedeutet, kann er weder sich noch mir erklären. Erst bei der Ankunft betrachte ich den glutäugigen Mädchentraum in Gänze, und mir schießt durch den Kopf, dass Polen als eines der schwulenfeindlichsten Länder Europas gilt. Zum Abschied lächelt der Grieche mich an: »Iß heiße Adonis. Wie der grießiße Halbgott.« Klar, wie sonst.

Wie Kapitän Zufall mein Schiff nun mal steuert, gehe ich vom Busbahnhof los, immer schön zickzack, lande vor einem ausgebuchten Aparthotel, gehe weiter, diesmal zackzick, und stehe vor Apartamenty, die eigentlich nix frei haben.

»Nur ein Dreier-Apartment.«

»Das nehme ich.«

Da draußen über dreißig Grad sind, sehe ich keinen Sinn, weiter zu suchen.

»Na ja, das sind aber drei Zimmer.«

»Was kostet das?«

»Na ja, das sind eigentlich drei Zimmer für jeweils drei Apartments.«

»Ja, gottverdammt noch mal, willst du 20 000 Zloty die Nacht oder was?«

Er lacht und schämt sich für den Preis, den er mir nennen muss: 120 Zloty. Das sind 40 Euro, und jetzt schäme ich mich.

Elegant ist es nicht. Neues Ikea. Un-Möbel. Er schließt zwei Räume ab, damit ich nicht alle Betten nacheinander durchprobiere, und geht von alleine auf 100 Zloty runter. Und ich habe ein Zimmer mit Aussicht auf einen gemischten Bürokomplex. Die Lüftung dröhnt herüber. Wenn ich die Augen schließe, kann ich so tun, als rauschte das Meer vor meinem Fenster.

Da ich mit Minimalgepäck reise, suche ich einen Laden, in dem es Einwegrasierer gibt. Und der erhoffte Laden um die Ecke entpuppt sich als Shoppingmonstrum von astronomischen Ausmaßen! Die Galeria Kraków besteht aus 270 Läden, verfügt über 1400 Parkplätze und drei bis vier Millionen flanierenden gazellenhaften Studentinnen in Miniröcken, die wir Normaleinkäufer alle mitbezahlen müssen. Muss das sein? Ich würde ja was sagen, aber ich bin Deutscher.

Abends strolche ich um die Ecke und mache einen veritablen Tanzsaal mit Liveband ausfindig! »Ermitaż?« präsentiert das Fieseste aus den Achtzigern, Neunzigern und von heute. Jajaja kokotschambo! Der Eintritt ist frei, dafür herrschen Sittenstrenge und Garderobenpflicht. Die Altersklasse ist im Grunde keine, etwa 30 bis 60, und keine Senioren. Auf Deutsch besonders angepriesene Gerichte: »Brennender Schüssel« und »Ei in Schinken auf einem Salat«. Stelle mir vor, wie ein ganzes Ei in Schinken eingerollt wird und einer der Kellner mit Fliege um den Hals diese Speise auf einem Salatkopf balancieren muss.

Ich frage meinen gelangweilten Thekennachbarn, ob hier jeden Abend getanzt wird, und mein Polnisch ist offenbar unbrauchbar, denn er antwortet mir leidenschaftslos: »Opole«, was vermutlich seine Herkunft meint. Er raucht die Zigarettenmarke »Tiger«, und ich erkenne den richtigen Zeitpunkt, nach Hause zu gehen.

Vor dem Zubettgehen erschlage ich noch alle Insekten an der Wand mit dem Handtuch, zappe durch alle polnischen TV-Kanäle, andere gibt es nicht, also keine Russen, kein CNN, nix. Die Lüftung des Bürokomplexes gegenüber rauscht nachts wie Motörhead beim Soundcheck, selbst bei geschlossenem Fenster, und ich beschließe, mein Bett in den Flur zu schieben. So geht's.

Frühstück gibt es im Apartamenty-Haus natürlich nicht, aber auf dem Herweg fiel mir gestern die Bar Barcelona auf: sozialistische Bestellkultur, wie weiland in der UdSSR sind die Papierservietten in Trinkgläser gestellt auf schreiend rosa und orangefarbige Tischdecken. Der Kaffee verscheucht Bandwürmer, dafür ist der Käse aus der Packung – die Bar »Barcelona« ist so katalanisch wie Schwerin. Aber authentisch polnisch.

Mir wird bewusst, dass ich zwar erst den zweiten Tag hier bin, aber schon am dritten Tag zurückfliege, und erkundige mich am Busbahnhof nach dem Kleintransporter zum Flughafen Kattowitz. Er ist ausgebucht. Kurwa! (Die Flüche lernt man als erstes, dann die Biersorten, der Rest steht in den Reiseführern.)

Am Bahnhof regieren wie in den sozialistischen Zeiten diese kleinen Buden, Läden, deren Fensterchen sich mitten in den Warentürmen etwa auf Kniehöhe befindet, in das man seine Bestellung hineinschreit und Geld hineinwirft. Ein Nebeneinander aus Kaugummis, Porno-CDs, Zigaretten, Shampoo, Ballerspielzeug, Corel Draw. Dann fuchtelt ein Arm heraus und lässt die Ware zu Boden fallen.

Heute wird's heiß. Da heißt es trinken, trinken, trinken.

Und dann soll man ja auch noch Wasser zu sich nehmen. Ich spaziere in die Stadt. Bereits die erste Kirche hat etwas mit dem verstorbenen Johannes Paul II. zu tun, der auf einem großen Foto laut Unterzeile augenscheinlich eine Marienstatue heiligspricht. Ich identifiziere das als Quatsch oder das Foto als Fälschung, oder aber mein Impro-Polnisch ist Quatsch. Gläubige betreten das Gotteshaus, bekreuzigen sich vor einem gemalten bärtigen wilden Mann auf einem Boot hinter dem Altar und wenden sich sofort nach links und knien sich hin, manche auf eine gepolsterte Hinknievorrichtung, andere direkt auf den Steinboden. Dieser Seitenaltar scheint wichtiger zu sein.

Im Park ist eine öffentliche Fotoausstellung mit Aufnahmen vom toten Papst und vom lebenden, wie ein Daumenkino für sehr große Daumen. Bizarr, wie sich die alten grauhaarigen Männer auf den Plakaten scheinbar gegenseitig zuwinken und sich mit ihren Goldkreuzen bedrohen.

Der Krakówer Hauptplatz ist der größte mittelalterliche in Europa, aber wie man an Boxergigant Nikolaj Walujew sieht, ist der größte nicht immer der schönste.

Die Welt besteht nur aus Sonnenschirmen mit Aufdrucken von Carlsberg, Lucky Strike und Tyskie-Bier, welche diese monumentale Sonnenschirm-Installation finanzieren.

Ich steige als pflichtbewusster Kulturtourist diesen einen Turm hoch, der mitten auf dem Platz steht, ich will ja überrascht werden. Auf jedem Zwischenstockwerk ist irgendetwas Altes ausgestellt. Eine Etage befasst sich mit dem »Sachsenspiegel«. Auf Deutsch! Finanziert von Sachsen-Anhalt, erklärt man mir das älteste deutschsprachige Gesetzbuch, und schon beim Lesen des ersten Satzes klappen mir die Augen bleiern zu.

Der Cityring erinnert von der Form an Dortmund, eine Straße heißt »Westerplatte«, da wo in Dortmund der Ostwall ist, auch der Bahnhof liegt außerhalb des Rings, in der Nähe wird Kohle abgebaut.

Endlich
bewiesen:
Rûĥřgębíęt
ist polnische
Exklave.

Schindlers Fabrik war hier, überhaupt viel Jüdisches. Sengend heißer Nachmittag am Weichselufer, wo selbst das Wasser zum Fließen zu faul ist.

Zur Kirchenführung im Burggelände Wawel komme ich zu spät, lese später, dass ich das wichtigste Gebäude von ganz Polen verpasst habe, denn die Kathedrale dort besteht aus vier Baustilen auf einmal, ist got., rom., bar. und ren.

Aber ehrlich, für Kirchen bezahle ich nie Eintritt. Andere Leute haben andere sinnlose Prinzipien.

Von der Wawel-Burg geht es für ein paar Zloty eine Wendeltreppe hinunter in die Drachenhöhle. Eine Farce. Verarsche mit Drachenskulptur am Ausgang.

Erst jetzt fällt mir auf, dass mein Herbergsvater der Apartamenty Maksymilian Salpeter heißt!

Der zweiundzwanzigjährige Aushilfsrezeptionist fragt am Abend schelmisch, ob ich eine freie Wohnung in Brüssel wüsste, weil ich aus Köln komme, das ja haarscharf neben Brüssel liegt (200 km). Er will da BWL studieren, um Diplomat zu werden. Ich deute an, dass ich vielleicht eine Putzhilfe kenne, die vielleicht Putzhilfen in Brüssel kennt, da praktisch die komplette EU, zumindest deren Büros in Brüssel, von polnischen Frauenhänden blankgewienert wird. Der Student lächelt unsicher, höflich und versichert mir, dass es bestimmt im Internet 1000 andere Wege gibt, eine Bude in Brüssel zu finden. Die Geburt eines Top-Diplomaten.

Abends setze ich mich irgendwo an der alten Stadtmauer ins Freie und genieße Sznycel wiedeński, Wiener Schnitzel, gut und gynstych. Hinter mir quäkt eine Bontempi-Orgel ununterbrochen ein wehmütiges Heimatlied Marke »Junge, komm bald wieder«. Ich mutmaße einen musikalischen Kaugummiautomaten, beschließe, ihm nonchalant den Stecker rauszuziehen, und finde mich vor einem leibhaftigen blinden Seemann wieder! Ich bitte ihn in meinem freundlichsten Polski-Englisch, er solle wenigstens *einen* anderen Song spielen. Ungerührt klimpert er »Junge, komm bald wieder«, aber jetzt eine Oktave höher. Making friends ...

Am nächsten Morgen keine Zeit für Sozialistenfrühstück bei Exilkatalanen, es muss schnell gehen. Also ins Paar-Sterne-Hotel um die Ecke, viel zu viel bezahlt für ein viel zu großes Büfett, aber wer keine Zeit hat, muss eben berappen.

Im Zug nach Kraków ist es heiß, und er bewegt sich sehr beschaulich. Mir zuliebe, damit ich was sehe! Dass das Taxi zum Flughafen fast so viel kostet wie Hin- samt Rückflug, muss eben so sein. Überraschung.

Ich erspare Ihnen die Geschichte des überbuchten Flugs und dass die Fluglinie deshalb ein anderes Flugzeug chartern muss und wie sich die überwiegend deutschen Fluggäste angesichts solcher Imponderabilien und ihrer Platzreservierung verhalten … Nein, viel lieber möchte ich Ihnen die schöne Geschichte des Krakauer Drachen in Kurzform erzählen.

Das war so: Der Drache mordete und brannte Häuser ab und fraß das Vieh der Krakauer. Jeden Monat bekam er als Luxushappen ein junges Mädchen vor die Höhle gelegt. Alle anrückenden Ritter barbecuete der Drache mit seinem Feueratem. Als nur noch die Königstochter Wanda am Leben war, tauchte der Schusterlehrling Dratewka auf, füllte ein totes Lamm mit Schwefel und legte es vor die Drachenhöhle. Der Drache, blöd, wie er war, fraß es. Er bekam Durst, lief hinunter zur Weichsel und trank, bis ihm der Bauch platzte. Der Rest ist Knutschen, Heiraten, König werden und so. Schön, nicht?

Laabs Kowalski und die Reise
der Lampenschirme

Wenn die Welt gerecht wäre, müsste man nicht mehr sagen als das: wie Thomas Mann, Heinrich Böll, William Kotzwinkle. Aber in dieser ungerechten Welt muss man erklären, Laabs aus Dortmund, Erfinder des Satzes »Hoëcker, Sie sind raus!«, verdienter Fernsehautor, Verfasser mehrerer Bücher, manche unter Pseudonymen wie in diesem Fall unter Brasse Hering (sic), Verleger und nicht zuletzt Veranstalter denkwürdiger Lesungen.

Nach kurzem Umherirren durch das Belgische Viertel in Köln finden wir einen Ort, wo es ein halbwegs akzeptables Frühstück gibt, wenn auch zu Laabs' Unmut keinen Gin Tonic, und wo man nach Herzenslust rauchen kann. Als die Kirchenglocken von St. Michael am Brüsseler Platz verhallt sind, schiebt Laabs sich die letzte Scheibe Käse rein.

Ist »Die Reise der Lampenschirme in den Kongo« dein erster Reiseroman?

»Der erste Reiseroman. Es sind aber nicht meine ersten Geschichten, die sich ums Reisen drehen. Ich habe zum Beispiel Erzählungen aus Gambia geschrieben, wo ich mit ganz anderen Größen Karten spielen musste …«

Sambia oder Gambia?

»… aus New Orleans, wo mir Schwarze den Arsch gerettet haben, weil ich durch das Black Quarter gelaufen bin, obwohl man mich davor gewarnt hatte, und ich hatte dabei so eine Malcolm-X-Mütze auf. Es war aber eine Imitation.«

Das heißt, das waren reale Reisen?

»Genau. Das Schöne bei Reiseromanen ist, dass eine Chronologie vorgegeben ist. Man muss sich nicht so einen Kopf machen um die Strukturen. Das Ziel ist schon vorhanden.«

Du hast das Ziel gewusst, bevor du mit dem Roman losgefahren bist?

»Im Fall der Lampenschirme durch den Kongo, ja. Aber das war eh eigenwillig. Das ganze Buch kam in einem Strahl vom Himmel innerhalb von vier Tagen, aus einem Guss. Und ich hoffe, man merkt ihm auch an, dass es aus einem Guss ist.«

Welche Reiseromane oder Reisebücher magst du selbst?

»Die ganzen Klassiker von Jules Verne, ob das ›Zwanzigtausend Meilen unter dem Meer‹ ist oder ›In 80 Tagen um die Welt‹. Ein anderer großer Reiseroman ist natürlich ›Herz der Finsternis‹ von Joseph Conrad, den kann man gar nicht toppen. Und ›Die Reise der Lampenschirme durch den Kongo‹ ist ja die humoristische Antwort darauf.«

Ich dachte, deine Figur Alois Zauselmeyer wäre so ein Wiedergänger von Livingstone.

»Beim ›Herz der Finsternis‹ haben wir auch einen Reisevertreter, der das Kontor im Herzen des Kongo in Ordnung bringen soll. Und deswegen bringt der Zauselmeyer die Lampenschirme ins Herz von Afrika.«

Ach so, ich dachte eher, du willst den Tropenhelm und den Kochtopf der Kannibalen und all diese wunderbaren Dinge ins Jahr 2009 versetzen.

»Da unten gibt es heute noch jede Menge Kochtöpfe. Das ist wirklich so, in diesem Dreieck Kamerun, Kongo gibt es tatsächlich noch weiße Flecken, wo noch niemand war. Die sind zwar aus der Luft kartografiert und insofern keine weiße Flecken. Da war nur noch kein Weißarsch und hat das erforscht.«

Du warst zur Recherche im Kongo?

»Ich war mal in Kamerun, das ist im Osten. Das war früher mal deutsch, einige sprechen heute noch Deutsch, die heißen alle Fritz, Wilhelm und Anton.«

Das heißt, man darf auch über den Kongo schreiben, ohne jemals im Kongo gewesen zu sein.

»Jou! Hemingway hat auch nie einen großen Fisch gefangen und trotzdem einen Roman darüber geschrieben.«

Ich glaube, es gibt viele Leute, die sich wundern, wenn sie erfahren, was Karl May gemacht hat: erst darüber schreiben, Jahrzehnte später mal hinfahren.

»Karl May ist das beste Beispiel. Denn beim Schreiben geht es ja darum, dass ich zu Hause im stillen Kämmerlein sitze und meine Phantasie auf Wanderschaft gehen lasse, was auch eine wunderschöne Reise ist.«

Die »Lampenschirme« enthalten alles, was den modernen Reiseroman ausmacht: raffinierte Blondine, unfähiger Schiffskoch, blutdürstige Eingeborene, eine wertvolle Fracht, Schiffbrüchige, französisches Programmkino, homosexuelle Piraten und einen Protagonisten, dessen klügster Begleiter ein sprechender Dorsch ist.

Wenn ich die Reise in den »Lampenschirmen« real nachreisen würde, dann hätte ich spätestens bei den geheimen Höhlen von Blahla ein Problem. Wo die eine Hälfte der schlechten Bücher der Welt gelagert ist. Und die andere Hälfte ist irgendwo in Gütersloh, so schreibst du, untergebracht.

»Stimmt. Aber die Hafenstadt Banana, die gibt es wirklich. Da finden auch regelmäßig Boxkämpfe statt, wie in dem Buch.«

Man kann kaum einen erfunderen Namen erfinden als Banana.

»Das ist die größte Verladestation für Waren aller Art im Westen Afrikas, an der Kongomündung. Da war ich mal mit einem Freund, Olaf Wiedemann. Wir hatten uns in den Kopf gesetzt, in den Kongo zu fliegen, um mit dem Postschiff den Fluss Kongo hochzufahren. Als wir das Postschiff gesehen haben und die Zustände … das ging nicht. Wir sind nach vier Tagen wieder zurückgereist, haben dann noch einen kurzen Abstecher auf die Kapverdischen Inseln gemacht. Aber damals wurden auch gerade alle Europäer aus dem Kongo ausgeflogen. Wir wussten das nicht, da waren große Bürgerkriegsunruhen, das hat man uns im Reisebüro nicht gesagt. Wir kamen an, und am Flughafen war schon die Hölle los. Gerade wurden die Belgier ausgeflogen.«

Wie und wohin reist du am liebsten?

»Am liebsten dahin, wo gar kein Tourismus ist, und erkunde alles auf eigene Faust. Wie damals auch Mitte der 90er in New Orleans, dahin bin ich ganz alleine geflogen. Und ich bin unglaublich naiv gewesen. Im Hotel warnte man mich davor, zu Fuß zum French Quarter zu laufen, sie hätten Shuttlebusse. Ich bin natürlich trotzdem zu Fuß gelaufen.

■ ■ ■

Gehen Sie nicht über Los! Madrid ohne Stierkampf, Amsterdam ohne Drogen, Berlin ohne Internetcafés. Undenkbar. Demnächst kommt Rom ohne korrupte Cops aus, LA ohne Autodiebe und Münster ohne Ödnis.

Aber genau so denkt der Reiseveranstalter China Tours, der auf seiner preisgekrönten Website klar und deutlich ankündigt, was Sie »bei uns nicht finden«, unter anderem:

- ☺ eine Kampfvorführung im Shaolin-Kloster, denn die ist sehr kurz, und da redet dauernd jemand chinesisch.
- ☺ Ming-Gräber in Peking. Jaja, Weltkulturerbe, aber duster ist es da und hektisch und überhaupt.
- ☺ »Traditionelle Chinesische Medizin« – auf dem Niveau von Kaffeefahrten, auf denen ein paar überteuerte Kräuterli verkauft werden.

Und in vielen anderen Fällen seien hier »bis zu 60 000 Menschen« täglich oder »meist überfüllt«, wenn nicht »meist hoffnungslos überfüllt«, was »immer sehr lange Warteschlangen« bedeutet, wie im Quanjude, der Wiege der Peking-Ente, ein Restaurant mit »Platz für 2000 Personen«. Chinatours.de kennt gottlob genügend Alternativen … cool!

■ ■ ■

Dort gab es einen Hutladen, ich bin da rein, und es stand nur schwarze Kundschaft drin, die wirkten auch alle ganz böse. Der Film ›Malcolm X‹ war damals in den Staaten angelaufen, und ich wollte auch so eine Mütze haben. Die kuckten mich unglaublich bedrohlich an, und ich brachte den wunderbaren Satz raus: ›Don't mind my eyes, I'm as black as you are, brothers!‹ Dann haben die sich vor Lachen auf den Boden geschmissen und gesagt: Okay, du bist genauso schwarz wie wir, Bruder! Und haben mir die Mütze geschenkt und mich eindringlich davor gewarnt, die überhaupt aufzusetzen. Das habe ich auf dem Rückweg vom French Quarter zurück zu meinem Hotel durch dieses Viertel natürlich ignoriert. Da kamen mir schon Leute entgegen: ›Ah, the stupid friend from Germany!‹ Und die brachten mich wieder zum Hotel. Und als ich vom Hotel dann am nächsten Tag wieder ins French Quarter wollte, kam wieder ein schwarzer Getto-Freund auf mich zu: ›Ah, the stupid friend from Germany. This is a very dangerous quarter, let my help you.‹ Da haben mich 1000 Engel beschützt. Ich hatte komplett alles dabei, mein ganzes Bargeld, mein Flugticket, meine Pässe ...«

Das Glück des Naiven. Du versuchst also, auf eigene Faust zu entdecken.

»Wenn ich in einer ganz fremden Welt bin, dann mach ich das immer so. Ich bin ja kein Sprachgenie, also suche ich mir einen Einheimischen, der möglichst groß und kräftig ist, und ziehe die ganze Zeit mit ihm rum. Da lernt man das ganze Land viel besser kennen. In Gambia hatte ich so einen Taxifahrer, Kemo, der war schon ordentlich groß, trug eine riesige rosa Filzmütze auf dem Kopf, die war größer als die Mitra des Papstes. Der hatte auch ein Taxi mit Schiebedach, damit die Mütze nach draußen gucken konnte, und der hat mir Strände gezeigt, wo kein Mensch war. Aber als ich zurück wollte, da war Kemo vollkommen bekifft. Ich kriegte den gar nicht wach, dann habe ich ihn auf den Rücksitz des

Taxis gezerrt und bin selber gefahren. Dann an einer leeren Kreuzung, wo links eine Hütte war und rechts eine Hütte, da habe ich gedacht: Stop mal, so passieren Unfälle, mitten in der Pampa, wo es eigentlich keinen Verkehr gibt. Und in dem Moment, wo ich an der Kreuzung stoppte, trat aus der linken Hütte ein Polizist mit Maschinengewehr: Warum ich betrunken wäre, warum ich ein Taxi fahre, wer der komatöse Mann hinten auf dem Rücksitz sei. Und ich musste mit auf die Wache. Da saß ich dann vier Stunden. Die sprachen Wolof, kaum Englisch.«

Was ist Wolof?

»Eine der Landessprachen. Gegenüber war da so eine Art Kiosk, da hab ich gefragt, ob man da Zigaretten holen kann. Mein Plan war: Bring mal jedem ne Stange Marlboro, dann wird das vielleicht alles ein bisschen einfacher. Dann hatten die auch Kaugummi, und auf der Straße spielten so zwei verlorene Kinder. Da habe ich einen ganzen Karton Kaugummi gekauft, bin zu den Kindern gegangen, und in dem Moment – die sind aus dem Boden gewachsen, da gab es keine Hütten – war ich umringt von einer riesigen Traube von 40, 50 Kindern, die mich niederrissen, mir das Kaugummi entwanden, und die Polizisten standen vor ihrem Häuschen, hatten total Spaß. Dann hab ich denen die Zigaretten gegeben, dann haben sie mir – obwohl ich immer noch betrunken war – wieder ins Taxi geholfen und mir eine gute Weiterreise gewünscht. So was hätte ich natürlich alleine nie erleben können, dazu brauchst du jemanden, der dich auch in Ecken bringt, wo keinerlei Touristengesetze dich schützen.«

Also insofern kann man das Reisen lernen?

»Man sollte sich auf alles Mögliche einlassen. Man kann auch etwas übers Land erfahren, wenn man die Hotelanlage gar nicht verlässt. Aber halte dich ans Personal.«

Ich habe gehört, dass du unterwegs Bücher liest und dabei teilweise brutal mit ihnen umgehst.

»Bei ganz dicken Büchern reiße ich die vorher schon halb durch, damit die in meine Jeansjacke passen. Bücher sind nichts Heiliges. Das, was drin steht, kann eventuell etwas Heiliges sein, aber die äußere Form des Buches, wen juckt die? Das ist ja so, als wenn man sich nur in eine intakte Frau verlieben würde. Jetzt fällt mir auch ein, welches das beste Reisebuch der Welt ist: Das ist nämlich ›Pan‹ von Knut Hamsun, wo der Protagonist zu den Lofoten reist, um Urlaub zu machen, und sich dort unglücklich verliebt und von diesem geheimen Zauber, der dort oben herrscht, ganz und gar vereinnahmt wird, und zwar so sehr, dass er daran zugrunde geht.«

Das ist Romantik.

»Sehr melancholisch.«

Danke, Laabs.

»Das war's?«

Das war's.

Die zehn besten Reisebücher

① Alles von Jules Verne. Durch ihn wissen wir, dass die Erde innen hohl ist.

② Kurt Tucholsky: »Schloss Gripsholm«
Da fährt ein Paar in Urlaub nach Schweden, zunächst nichts weiter Aufregendes. Aber das wird es. Romantisch, politisch, lustig.
»Wenn die Leute in Deutschland an Schweden denken, dann denken sie: Schwedenpunsch, furchtbar kalt, Ivar Kreuger, Zündhölzer, furchtbar kalt, blonde Frauen und furchtbar kalt. So kalt ist es gar nicht.« Oder: »Willst du Zeitungen haben, Lydia? – Nein, sie wollte keine. Sie hatte sich etwas zum Lesen mitgebracht – wir unterlagen beide nicht dieser merkwürdigen Krankheit, plötzlich auf den Bahnhöfen zwei Pfund bedrucktes Papier zu kaufen, von dem man vorher ziemlich genau weiß: Makulatur. Also kauften wir Zeitungen.«

③ »Mit dem Kanu durch die Wüste« von John Keay. Sieben eher seltsame Reisende, darunter John MacGregor, der im Kanu als erster durch den Suezkanal paddelte. Ein Seemann, der durch Sibirien wanderte. Aber auch Louis de Rougemont, der unter anderem behauptete, auf einer Schildkröte geritten zu sein und fliegende Wombats gesehen zu haben. Spätestens, wenn man niemandem auf einer Landkarte zeigen kann, wohin man genau gereist ist, wackelt die Glaubwürdigkeit erheblich.

④ Alan Weisman ist in Gedanken über eine unbevölkerte Erde gereist: Die Menschheit verschwindet mit einem Fingerschnipsen. »Die Welt ohne uns. Reise über eine unbevölkerte

Erde.« Ein Stoff, der schon in den Filmen »28 days later« und »I am legend« Unbehagen erzeugte.

⑤ *Kein* Reisebuch: Anna Seghers' »Transit«. Lange her, dass ich es gelesen habe. Mir ist vor allem in Erinnerung, wie Flüchtlinge in Marseille 1941 von Behörde zu Ticketbüro zum Hafen und wieder zur Behörde kreisen, sich gegenseitig vorlügen, dass sie schon so gut wie weg seien, und überall denselben Menschen wieder und wieder begegnen.

⑥ Wenedikt Jerofejews »Die Reise nach Petuschki«. Kommt er in Petuschki an? Ich bin nicht sicher. Heute braucht der Schnellzug nicht mal zwei Stunden für die Strecke, ohne Zwischenhalt und ohne Umsteigen. Aber Reisen und Trinken passen immer noch prima zusammen.

⑦ Bommi Baumanns »HiHo. Wer nicht weggeht, kommt nicht wieder«. Aus dem Jahr 1987. Eigentlich das Tagebuch der Flucht des Terroristen. Der Beleg, dass es in Pakistan und Afghanistan auch damals schon keine Animation am Pool gab. Dafür war der Khyberpass seit ehedem ein malerischer Ort, um sich erschießen zu lassen. Trocken und humorvoll.

⑧ »Meine Radreise um die Erde vom 2. Mai 1895 bis 16. August 1897: Der Bericht des ersten deutschen Fahrrad-Weltreisenden anno 1895« von Heinrich Horstmann, einfach als Warnung für pubertierenden Blagen, die meinen, eine originelle Idee zu haben.

⑨ Kehlmann, Daniel: »Die Vermessung der Welt«. Hierzu nur zwei Dinge: Erstens hat sich Kehlmann sehr über die Vorwürfe des Spiegel amüsiert, seine Figuren seien nicht historisch; zu Recht, denn immerhin steht auf seinem Buch das

Wort »Roman«. Zweitens: Wenn Ihnen die ersten beiden Seiten gefallen, werden Sie das ganze Buch lieben.

⑩ »Monkeys Pilgerfahrt« von Wu Ch'eng-en. »Der Affe Monkey legt sich aus Übermut mit den Göttern an. Zur Strafe wird er unter einen Berg gebannt, aus dem ihn nach mehreren hundert Jahren der Mönch Tripitaka befreit. In der Folge pilgern Monkey und der Jünger Buddhas nach Indien, und märchenhafte Abenteuer voll grotesken Humors begegnen ihnen in nicht abreißender Kette« – alleine der Klappentext ist schon ein Trip!

Zigeuner – im Fahren erfahren

»Personen mit häufig wechselndem Aufenthaltsort« – da klingt Zigeuner doch viel besser als dieser verbale Zahnschmerz aus dem Polizeideutsch, das außerdem auch die Bezeichnung »mobile ethnische Einheiten südeuropäischer Herkunft« verbrach. Ob sich die Gemeinten unter der heute verwendeten Bezeichnung »Landfahrer« wohler fühlen?

Natascha Winter nennt sich gerne Zigeunerin. Und Natascha Winter hat es geschafft. Die eifrige Sintidame hat verschiedene Stämme unter einen Hut gebracht, der sich Sinti-Allianz nennt. Auf ihrer Website tanzt eine »schöne Zigeunerin«, erklingt Rigo Winterstein, dreht sich ein Wagenrad. Die Frau mit der klaren rheinischen Sprachfärbung hat keine Probleme mit Klischees. Zunächst will ich wissen, ob es in der Sintisprache das Wort »Reise« überhaupt gibt.

»Für Reise haben wir kein Wort. Das müssen wir inhaltlich umschreiben. Wir können sagen ›über Land fahren‹. Und ›Tourist‹ gibt es auch nicht, denn sowas existierte nicht im alten Indien, wo unsere Sprache herkommt. Aber heute ist sie mit vielen Lehnwörtern durchzogen. Wir verwenden also die deutschen Wörter ›Fliegen‹ und ›Flugzeug‹.«

Sind Zigeuner überhaupt noch ein »fahrendes Volk«? Oder ist das – und das Wort gibt es tatsächlich – antiziganistisch? Schwere Frage, denn Sinti und Roma sind mindestens so unterschiedlich wie Deutsche und Schweizer. Damit es richtig kompliziert wird, sagen Sinti, sie seien eine Volksgruppe wie etwa die Friesen, Roma aber sehen sich als nationale Minderheit. Lassen wir mal die Roma beiseite, denn mit denen liegt Frau Winter im Clinch. Aber sie kann schätzen, wie viele Sinti noch fahren.

»Was heißt eigentlich fahren? Da muss man vorsichtig sein. Aber ich schätze, vielleicht ein Drittel sind Berufsreisende, Musiker, Künstler, Puppenspieler. Die sind im Sommer unterwegs, aber auch nur, solange ihre Kinder noch klein sind. Viele sind auch Antiquitätenhändler oder ganz allgemein Händler. Ja, etwa ein Drittel, vielleicht auch nur ein Viertel.«

Reisen Sie anders als ich?

»Wenn ich beruflich unterwegs bin, bin ich genauso im Hotel wie Sie. Aber Zigeuner haben eine Aversion gegen Züge und Flugzeuge. Das steckt uns noch in den Knochen vom Dritten Reich, von den Deportationen. Manche können deswegen bis heute keine Straßenbahn fahren. Wir kommen meistens nur dahin, wo man mit dem Auto hinkommt. Aber das gilt jetzt für uns Ältere wie mich. Bei der Urenkelgeneration ist das schon anders.«

Stimmt das Klischee, dass Sie Mercedes gegenüber anderen Automarken bevorzugen?

»Grundsätzlich gibt es da keine Präferenzen. Aber die Berufsreisenden fahren ja meistens mit dem Wohnwagen, das geht ja nicht mit nem Goggo oder Käfer. Da brauchen Sie viel PS, sonst kommen Sie die Berge nicht hoch. Deswegen Mercedes, BMW oder manchmal auch Opel.«

Also hat das Reisen eine andere Bedeutung als für andere Leute.

»Bei den Sinti ist das so: Sobald die Sonne rauskommt, werden wir unruhig, wir halten uns gerne draußen auf. Das ist ein großes Problem für Leute, die durch ihre Berufe eingesperrt sind. Traditionell sind Sinti Künstler und Händler, üben mobile Berufe aus. Wenn sie auf einer Dorfhochzeit gespielt haben, dann gab es nach der Feier nichts mehr zu tun, also musste man weiterfahren. Wissen Sie, ich würde sofort tauschen mit dem Leben von früher. Die Gemeinschaft war viel stärker. Wir wohnen ja heute auch verstreut über mehrere Orte, da müssen Sie mit dem Auto fahren. Früher konnten Sie aus Ihrem Wohnwagen raus und in den nächsten wieder rein. Viele Leute würden noch mehr reisen, aber der Strukturwandel ... Das fing mit den Musikboxen an, ein Elend für die Musiker. Früher gab es in jeder Kneipe am Wochenende Live-Musik. Und dann kamen die Discos auf. Oder die Händler. Früher waren wir die Einzigen, die über Land gefahren sind. Dann kamen die Kataloge auf, die Leute haben sich Waren schicken lassen. Daher können wir unsere Berufe nicht mehr ausüben.«

Anspieltipps zum Thema: »Gypsy« von Uriah Heep & »Zigeunerjunge« von Alexandra & Schnuckenack Reinhardt (alles).

Koffer – 8 Ecken, 2 Räder, 0,3 PS

Die »Washington Post« ließ ihre Leser abstimmen, welche moderne Erfindung, die das Reisen erleichtert, sie am meisten schätzen. Vakuumtaschen oder GPS oder Online-Einchecken oder Rollkoffer oder iPods oder Online-Stadtpläne oder Handys oder Digitalkameras oder der Euro oder PDAs oder Internetreisebuchung oder Geldautomaten oder Online-Reiseberichte oder öffentliche WLAN-Zugänge oder Online-Preisvergleich oder Schallschutz-Kopfhörer oder Haustausch oder Bordfernsehen oder Selbsteincheckterminals oder schnelltrocknende knitterfreie Wäsche. Sie wählten den Rollkoffer.

Man kann sie treten, tragen, schieben, hochhieven, herumwerfen, sich draufsetzen, den Kopf drauflegen und anderen Leuten ganz leicht stibitzen, indem man empört ruft: »Wer hat denn den Flugsaurier hier in die Schalterhalle gelassen?«

Selten muss der Duden solche Verrenkungen machen, um etwas Simples wie den Koffer zu beschreiben: »größeres rechteckiges Behältnis mit aufklappbarem Deckel u. Handgriff zum Tragen an einer Schmalseite, das dazu bestimmt ist, Kleider u. andere für die Reise notwendige Dinge aufzunehmen«.

Sporttaschen werden leicht zusammengedrückt. Tragetaschen sind oben offen, indiskutabel. Körbe? Ja, warum nicht gleich dekorative Keramik-Obstschalen? Nein, der Koffer an sich ist so konkurrenzlos wie die Zahnbürste. Seien sie von den alten Sumerern erdacht oder von den dauerverdächtigen Chinesen (das Wort Koffer ist vermutlich griechisch, auf den Weidenkorb kóphinos zurückzuführen).

Bei fremden Leuten in der Abstellkammer oder auf dem Kleiderschrank die Koffer zu betrachten hat immer etwas

Entlarvendes. Aha, ein Praktiker. Sieh an, ein Ästhet. Okay, Mister Billigheimer. »Egal« gibt es bei Koffern nicht. Und wenn es riesenhafte Exemplare gibt, in deren Griffen voll funktionierende Kompasse eingearbeitet sind, so wird das schon einen Grund haben. Wenn auch keinen praktischen. Ästhetisch ist die aktuelle Koffermode ein Trauerspiel. Wie bei Autos auch geht der allgemeine Trend zur Nichtfarbe, zur Neutralform, zur allgemeinen Gesichtslosigkeit. Statements, Charakter, gar Stil sind unerwünscht.

Während ich noch grüble, ob ich den Namen »Samsonite« direkt bei der Begrüßung fallenlasse, zerrt mich die handfeste urkölsche Pressedame der Kofferfirma in die Produktionshalle. Ja, hier wird teilweise per Hand gearbeitet. Und hier werden wirklich Waren hergestellt. Und das Unternehmen ist noch in Familienbesitz – klingt alles nach Gebrüder Grimm. Vielleicht steht das 100 000-Mitarbeiter-Werk in Wahrheit in Chengzhou, und hier in Köln-Ossendorf werden Schreiberlinge durch Potemkinsche Dörfer geführt. Die lächerliche Stylewelt von der Website voller Begriffe wie »Integrierter Add a bag holder« ist hier jedenfalls nicht zu sehen.

Stattdessen die Ausbeulabteilung, ein Job, wie ihn sich zehnjährige Jungs wünschen. Mit Kling und Klong auf Blech herumhämmern, dagegentreten und draufhauen.

Wir stehen vor einem Stapel Sondermodelle, einem herzförmigen Köfferchen für Unicef – »dat war ävver noch vor däm Skandal!« –, einem Geigenkoffer für »Steve Garrett«. Ich nicke brav, denke, dass sie vielleicht Nigel Kennedy meint, dass das aber nicht sein kann und außerdem egal ist. Ab zwanzig Exemplaren kann man so ein Sondermodell bestellen, macht sich prächtig bei der Großfamilienweihnachtsfeier unterm Baum.

Toll ist natürlich die Geschichte des Ronin-Koffers. Der mittelprächtige Actionfilm mit De Niro, in dem die üblichen Verdächtigen – Geheimdienst, Mafia, CIA – einem Koffer hinterherjagen und -ballern, dessen Inhalt man aber selbst am Schluss des Films nicht erfährt. Die Pressedame – heißt sie Frau Schmitz? Wenn nicht, dann sollte sie es aber –, Frau Schmitz zeigt mir beklebte Vorzeigeexemplare, Koffer, wie sie in vergilbten Comics vorkommen, mit Aufklebern von Venedig, London, Paris, Hawaii. Heute haben es Koffertransporteure schwerer, müssen sich alleine auf die beim Einchecken aufgeklebten Strichcodes verlassen. Die meisten dieser altehrwürdigen Stücke hat Rimowa Kunden ab-

■ ■ ■

Der schnellste Reisende ...

... der je mit öffentlichen Verkehrsmitteln die EU bereist hat, ist der Mönch Michael Bartlett. 2005 fuhr er in Malta mit dem Bus los, durch damals *alle* 25 Staaten der EU, brachte binnen zwölf Tagen 16 000 Kilometer hinter sich, und als er in Dublin ausstieg, hatte er das größte Furunkel Europas am Hintern. Ein Flug mit Air Malta hätte übrigens 300 Euro gekostet.

Erste Wochenhälfte z. Zt. vergriffen

■ ■ ■

gekauft, die diese Koffer eigentlich reparieren lassen wollten, denn es gab Zeiten, da hat man sich wenig um Dinge wie Firmen- und Produktgeschichte gekümmert.

Rimowa steht für »Ri-chard Mo-rszeck Wa-renzeichen«, was mich auf die Idee bringt, künftig meine Taschenbücher unter ThoBaTaBü zu veröffentlichen.

Der Vater des heutigen Chefs entwickelte immerhin einen Koffer, der in den 20er-Jahren auf Reisen an Autos befestigt werden konnte, die fortan einen Raum für Koffer, einen Kofferraum hatten. 1937 kam der entscheidende Sprung zum Leichtmetall, heute eine Legierung aus Aluminium und Magnesium.

Als ein Feuer die Produktionshallen zerstörte, blieben nur Aluminiumplatten übrig, ein klares weiteres Argument für das rostfreie Material. Und aus Verehrung für das Flugzeug von Junkers stanzte man 1950 lange Rillen in das Metall, was zudem die Stabilität erhöhte (wie bei Faltmöbeln aus Pappe) und auch noch den Markenschutz ermöglichte.

Samsonite hatte in den 70ern die Idee, an seinen Koffern kleine Rädchen zu befestigen, in der Welt des Reisens eine Wiedererfindung des Rades.

Plötzlich brauchte man zum Reisen keine Kofferträger mehr. Reisen hatte sich einen Schritt aus der Luxuswelt entfernt. Und die armen Kofferkulis wurden arbeitslos und dazu verdonnert, an Mittelmeerstränden traumhaft aktuellen Modeschmuck zu verhökern, dessen Farbe nach einer halben Stunde wie durch Zauberhand von ganz alleine entschwindet.

In den 90ern blickte der heutige Chef Dieter Morszeck noch ehrfürchtig auf Samsonite, versuchte dann wenigstens ein kleines Stückchen vom Plastikkoffer-Kuchen zu kriegen, ließ in Polycarbonat herstellen und hat jetzt den Löwenanteil des Marktes.

Die Wörter Koffer und Rollkoffer sind heute fast synonym. Rimowa hat im gesamten Programm von Schmink-case bis Tropenkiste nur noch zwei Modelle ganz ohne. Ich frage Frau Schmitz, welche Temperatur so ein edler Tropen-koffer aushält. Sie fragt zurück: »Ab wann schmilzt Alu, 100 Grad?« Sie hat recht, und tatsächlich sind es sogar 660 Grad.

»Ham Sie mein Koffa jefun'n? Der is so silba ...«

Zur Demonstration, wie man Metall knickt, lässt Frau Schmitz eine Maschine anwerfen, die brav das Stückchen Metall knickt, das man ihr in den Schlund steckt. Der Groove bei den Mitarbeitern ist nicht hektisch, aber alle sind am Wursteln. Obwohl der Chef verreist ist. »Wissen Se, der Chef lässt uns machen. Und wir machen auch! Das ist ein Familienbetrieb. Hier, sehen Sie mal!« Ich muss eine glä-serne Schaubude mit Postern der Cheerleader des 1. FC Köln bewundern. Und ein Riesenposter der Fußball-National-mannschaft. Und ich entdecke erstaunt das Designschild von Porsche. Pardon, wenn das alles wie eine Firmenwer-bung klingt, aber wenn nette Leute ihre größenwahnsinnige lokale Fußballmannschaft unterstützen und dann noch das Preis-Leistungs-Verhältnis stimmt, ist es kein Wunder, wenn eine Firma 110 Jahre alt wird. Frau Schmitz zeigt mir tatkräftig, was Polycarbonat kann, und tritt beherzt eine tiefe Delle in einen Koffer, der kurz darauf von alleine wieder seine Form annimmt.

Zum Abschied schenkt Frau Schmitz mir keinen Koffer, sondern einen Werbeclip. Ein Globetrotter lässt sich in einer Favela seinen Koffer klauen, das Straßenkind flüchtet damit über Treppen, vor Gangs, springt über eine Mauer, wird fast von einem Dobermann gebissen, dessen Besitzer schnappt den Koffer, trägt ihn auf die Straße, erklärt jemandem den Weg, und zufällig erlangt der Ursprungsbesitzer seinen Koffer wieder – wahnsinnig unrealistisch, denn niemand raubt dem Globetrotter seine Markenjacke, die Designerhose und die Rolex. Aber was soll's, Werbung darf lügen, das weiß jeder »Koffer« (österr.: Idiot).

Romuald und das rollende Hotel

Dienstagabend im ICE 120 von Frankfurt nach Köln, gerade ist es dunkel geworden. Und keiner will sich ins Abteil zu dem merkwürdigen alten Herrn setzen, der viele Jacken und Pullover um sich drapiert hat, überhaupt einen Großteil seines viel zu vielen Gepäcks um sich ausgebreitet hat. Er könnte ein Nazi sein, er könnte stinken, vielleicht quatscht er ja auch zu viel. Ich setze mich gegenüber. Er heißt Romuald, RRRomuald, spricht mit einem starken slawischen Akzent, und Romuald ist kein Nazi und kein Stinker, Romuald quatscht. Vielleicht hat die Welt ein Ende, Romualds Sätze haben keins.

Auf dem Weg von München bis hierher war er allein im Abteil und hat Sudokus gelöst. Alleine, ihm die Frage »Woher« zu stellen, war, wie das Radio anzustellen und dabei den Einschaltknopf abzubrechen. Ein Naturereignis bricht über mich herein.

»Sie müssen doch Rotel kennen!«

Rotel?

»R-o-t-e-l. Wie Hotel, mit r. Jeder kennt Rotel, ist die größte Busreisefirma der Welt. Hinten ist ein Sarg im Bus. Falls einer stirbt unterwegs. Mit Rotel habe ich fünf Weltreisen gemacht. Ich war in Südafrika, Australien, Amerika, und in Thailand war ich mit Rotel. Jetzt komme ich aus Kenia zurück. 40 Grad war da, und hier fünf! Doch jo, deswegen hab ich die Jacken an, und dann schwitzt man wieder. Im Moment ist ja Kenia nur 20 Prozent Auslastung für ein Drittel des Preises, und dann Rail & Fly, dafür fährt man schon mal drei Stunden mit dem Zug zu einem anderen Flughafen, na ja, zahl ich 29 Euro, aber sonst hätt ich gezahlt 122 Euro. Manche Leute fliegen vier Tage von Nairobi an den Strand. UNO-Mitarbeiter arbeiten in Krisenstadt mit S, wie heißt die denn ...? Aber die sitzen auch mit Nairobi, wo ist etwas sicher, und fahren zwei bis drei Tage in den anderen Staat mit S, Senegal ...«

Ich bin unsicher, ob er Stadt oder Staat meint, und frage: »Sudan?«

»Sudan, Sudan ... Ich habe gesagt mit S! Die fahren da für zwei, drei Tage – und dann kommen sie in Hotel!«

Ich klappe mein Laptop auf und frage Romuald, ob ich mir ein paar Notizen machen darf, weil ich seine Reisen spannend finde. Er nickt.

»Ich hab alle neuen Weltwunder abgehakt, bin die höchste Autobahn gefahren, in Angkor Wat war ich, Chichén Itzá. Bin ich acht Monate im Jahr unterwegs. Warum soll ich zu Hause Fernseh kucken? Mit 65 bekam ich meine Lebensversicherung ausgezahlt, davon kann ich die teuren Reisen machen. Jetzt im April fliege ich all-inclusive nach Hammamet/Tunesien. Ich heiß Romuald, das wissen ja die Leute nicht, aber der Romeo von Romeo und Julia, was glauben Sie, wie der richtig heißt, na?«

Ich rate wüst drauflos: Romuald?

»Ja, aber bei uns schreibt man das anders. Und ich heiß ja auch noch Jan. Romuald-Jan. Tiefbauingenieur. Mein ganzes Leben werde ich niemals jemandem raten, das zu studieren.«

Romuald-Jan hat zum Beispiel manchen Tunnel der Kölner U-Bahn gebaut. Und er reist schon recht lange.

»Aus der Gegend von Danzig bin ich, Kaschube. 81 war ich in der Solidarność, doch jo, da haben wir Pässe bekommen zum ersten Mal und sind losgereist. Jetzt war ich Kenia, das war relaxt, Safaris kenne ich schon von Namibia und Südafrika, die Affen morgens habe ich fotografiert, in Kenia haben die unglaublich große Ebbe und Flut. Dort sind dann Tintenfische, und nachher gehen und schleppen sie dann fürs Abendessen. Die Leute sind sehr arm, weiß nicht warum, die haben alles. Ich glaube, die haben schlechte

Politiker. Dort regnet auch, die haben diesen Dschungel, da ist alles. Gehen zwei Meter ins Meer, da sind Fische. Ich fahre oft nach Marokko, Tunesien. Aber Kenia werde ich öfter kommen, weil ist so fantastisch, ist schön. Wenn Wasser ist weg, sieht man Korallen, wunderschön. Doch jo.«

Romuald sagt oft »doch jo«, und er ist seiner Meinung nach der einzige Mensch, der noch nie einen James-Bond-Film gesehen hat, dafür einen Film mit Bette Midler, der ihm sehr gefallen hat, und vielleicht meint er Bette Davis. Aber was macht's? Er war schließlich zweimal in LA.

»Wenn ein Hund in Marina del Rey auf die Straße macht, kostet 500 Dollar, das ist der größte Yachthafen der Welt, Malibu gehört ja nicht zu LA dazu. In San Diego war ich auch, 2005 hab ich die fünf Nationalparks gesehen.«

Ich weiß nicht, wieso Romuald kein Hawaiihemd trägt, aber ich bin wie gefesselt von seinen Koffern mit Aufklebern »Auch am Tag sicherer mit Licht«, »Bungee Jump« und mehrere mit Schmetterlingen. Und er nimmt am Bonusmeilenprogramm von Air Berlin und LTU teil. Oder L'tur? Man weiß es nicht, bei ihm klingt es ähnlich.

Einerseits denke ich in diesem Moment, dass man mit einem Romuald bis ans Ende der Welt fahren kann, er wird immer etwas zu erzählen haben, andererseits glühen meine Fingergelenke vom Highspeedtippen, und wir sind erst eine Viertelstunde unterwegs. Während ich beruhigt sehe, dass der Akku meines Laptops halten wird, ist Romuald-Jan schon um den halben Erdeball.

»60-Tage-Reise nach Feuerland, Fahrt, Flug, Halbpension, die machen Frühstück, Abendessen. Oder man reitet in Australien die Strauße. Ich bin der Einzige, der beim Reiten vom Strauß geflogen ist. Voriges Jahr war ich das erste Mal in Warschau, die haben den Billigflug nach Danzig abgeschafft; und von Danzig 26 Stunden mit dem Bus nach Hause … Da hab ich gesagt, nie mehr. Aber im Bus gibt es Video, gibt es Fernsehen. Die dummen Polen haben – statt für die Leute Wohnungen zu bauen – die haben Danzig restauriert. Jetzt kommen die Deutschen, die sich das als Touristen leisten können. Da kostet jetzt auch eine Nacht 100 Euro fast, die normalen, die Luxushotels kosten natürlich 300. Die Halbinsel Hela ist der schönste Strand von Europa. Wenn die Sonne scheint, das duftet! Das ist fantastisch! Sieben Kilometer FKK-Strand, noch viel größer als Las Palomas. Die ganze Camping, das sind fast alle Deutsche, die fühlen sich da zu Hause. Der frisch geräucherte Aal, der schmeckt so fantastisch, geht man Seezunge essen, das ist so viel billiger. Ich esse immer Seezunge, wenn ich in Thailand bin. Normal esse ich für 80 Cent in Thailand Garküche, Abendessen. Einmal die Woche gehe ich für 4,20 zum All-inclusive, da bin ich in drei Stunden wie ein Ballon. Aber in Kenia sind fantastische Papayas. Ich war Halbpension in dem Luxushotel, aber das war so fantastisch. Das alles war so wunderbar. Dreimal pro Woche war Barbecue auf der Terrasse, jetzt war gerade Vollmond, das war wie ein Traum.«

Kann man vom Zuhören betrunken werden? Gibt es eine Art Mitreisenden-Rausch? Will dieser herzerwärmende Egoman wissen, ob man ihm zuhört? Sein Erinnerungsvermögen ist geschüttelt und gerührt, zweimal war er in Havanna, hat da eine Puccini-Oper gesehen, er wird im Juni nach Bulgarien fliegen, denn Bulgarisch spricht er auch, nicht nur sein heimisches Kaschubisch, eine so seltene Sprache, dass ich als Slawist meine wahre Freude an jedem einzelnen Wort habe. Ach, Romuald.

»Wissen Sie, was kostet mit dem Schlafwagen von Warna nach Sofia? 14 Euro. Das sind 450 Kilometer. Man schläft und ist morgens um sechs da, das hat Berge mit 3000 Meter hoch, da fahren Sie mit Seilbahn, und dann gehen Sie auf den Gipfel. Bei Borowez, im Winter das ist berühmteste Skiort, das ist sehr günstig und sehr schön. Ich weiß nicht, was die Leute erwarten, ich brauche nur Obst, und die Bulgaren haben diese ›kisloje mleko‹, saure Milch. Mehr brauche ich nicht.«

Und dann kommt unser Zug an, und mein Reisebegleiter muss noch umsteigen Richtung nach Hause, und das ist Aachen.

»Aber«, fragt er, »aber wissen Sie, was in dem Rucksack ist? Den lasse ich nie aus dem Auge, das ist 3000 Euro wert. Das ist Gerät für Apnoe, kennen Sie das, weil kriege ich keine Luft beim Schlafen. Ärzte sagen, naja, paar Jahre, vielleicht eins oder zwei. Aber solange ich noch kann … Helfen Sie mir beim Umsteigen?«

DDDDR: Durften Die Da Drüben Reisen?

Die zwei Schlagworte, wieso die DDR »weg« sollte (aber wohin?), waren Meinungsfreiheit und Reisefreiheit. Dabei hatten die Menschen sehr wohl eine Meinung, und sie sind auch sehr wohl gereist.

Für junge Menschen gab es unter anderem den Reiseveranstalter »Jugendtourist«. Aber was mich mehr interessierte, war die Möglichkeit, eine Reise zu buchen. Und tatsächlich gab es in der DDR ein Reisebüro. Mit Betonung auf: *ein* Reisebüro.

Viele eingewanderte Westdeutsche tragen allmorgendlich ihren Kaffeebecher daran vorbei in die S-Bahn, ohne es zu ahnen. Es lag am Alexanderplatz, offizielle Adresse Alexanderstraße 7, 1000 Berlin.

Natürlich gab es eine Form des privaten, »wilden« Verreisens, indem man zum Beispiel einfach mit dem Zug nach Ungarn oder Bulgarien fuhr und dort wild campte oder die Kurzzeitregel an der Ostsee für Spontancamper bis zu drei Tagen nutzte. Das war nicht wirklich unsozialistisch und war erlaubt. Es war auch keineswegs verboten, nach Kuba oder Vietnam zu reisen, nur eben richtig teuer. Noch kurz vor dem Zusammenbruch vermittelte dieses Reisebüro nach amtlichen Zahlen im Jahre 1988 vor allem Reisen nach:

Rumänien (20 000)
Bulgarien (60 000)
Ungarn (100 000)
UdSSR (200 000)
ČSSR (600 000)

Wenn jemand weiß, wie das Reisen in der DDR funktioniert hat, dann Frau Dr. Kohlmetz, heute bei der Zeitung

»Neues Deutschland« verantwortlich für Leserreisen. Das ND schickt seine Leser heute noch bevorzugt nach: Gursuf, Darłówko, Kolbrzeg und Dźwirzyno – Orte, die für Westdeutsche wie Straflager klingen.

»Ich habe damals als Redakteurin im Schulbuchverlag Volk und Wissen gearbeitet. Da bin ich natürlich privat mit Familie in der Regel jedes Jahr in Sommerurlaub und auch eine Woche in den Winterurlaub gefahren. Man hatte in der Regel 20 bis 22 Tage Jahresurlaub, als werktätige Frau pro Monat außerdem einen bezahlten Haushaltstag.«

Die Organisationswege waren verschieden. Ein großer Teil der Bevölkerung reiste über die FDGB-Angebote, ein Teil über betriebliche Angebote.

Wie viele andere Verlage hatte Volk und Wissen Partnerverlage in den sozialistischen Ländern. Diese wiederum hatten über ihre Gewerkschaft oder in Eigeninitiative Ferienobjekte – ganz unterschiedliche Kategorien an Häusern oder Anlagen –, die man dann über bestimmte Termine austauschte.

»Meine Mutti war Lehrerin und zeltete jahrelang an der Ostsee in von der Lehrergewerkschaft über die Sommersaison aufgestellten Zelten. Wenn man damals an Seen oder Stränden entlangfuhr, konnte man vielfach Bungalowsiedlungen oder Häuser mit Pensions-/Hotelcharakter oder Ähnliches sehen mit einem Schild dran ›Betriebsgelände des VEB ...‹.«

Bestimmte Auslandsreisekontingente wie Jugoslawien, Schweden, Kuba und Schiffsreisen wurden neben dem Reisebüro auch über die Gewerkschaft an die Betriebe gegeben, zu relativ günstigen Preisen. Diese Reisen hatten dann den Charakter ähnlich einer staatlichen Auszeichnung oder Prämie und wurden in den Betrieben über die Gewerkschaft – ausdrücklich nicht über die Partei! – an Kollegen vergeben.

»Ich selbst habe nie eine solche Reise erhalten, aber ehrenamtlich in der BGL an den Diskussionen zur Vergabe teilgenommen. Ich will noch was zu den Eliten sagen. Eine Ankleidefrau aus dem Theater zählt für mich nicht unbedingt zu den Eliten, war aber in der Reisegruppe in die Sowjetunion, in der mein Mann und ich über das Reisebüro gebucht hatten, ebenso vertreten wie ein junger Ingenieur mit seiner Studentenfreundin. Aber es waren auch der Professor von der Humboldt-Universität oder die Hausdame des damaligen Interhotels dabei, also ›gemischte Raubtiergruppe‹, wie man sagen würde.«

Laut einer Forsa-Studie von 2008 wünscht sich rund ein Zehntel aller Berliner die Mauer zurück. Laut derselben Studie wollen das neun Zehntel lieber nicht. Wenn man es allen recht machen will, kann man ja zehn Prozent der Mauer wieder aufbauen…

GPS: »Sie haben Ihr Ziel erreicht.«
Aber keinen Parkplatz.

Die Abkürzung GPS steht für die Grüne Partei der Schweiz, aber auch für Globales Positionsbestimmungssystem, eines dieser knarzigen Wörter, die man immer sofort wieder vergisst. Also ein Ding, das einem auf dem ganzen Erdplaneten sagt, wo man ist. Eine Mischung aus Kompass, Landkarte, Gott und Telefonauskunft. Als Nichtautobesitzer frage ich meinen Nachbarn Simon, der sich nach eigenen Aussagen »nur so ganz oberflächlich« auskennt. Meine vage Frage »Wie geht das?« beantwortet er mit unsicherem Nuscheln.

»Hssn-rm, Garmin ist Weltmarktführer aber Mac-kompatibel für Updates, kostet aber 280 Euro, TomTom hat den ersten XL, die Go-Serie 510710910, über Matshare gibt's Upstream, geht alles per TMC, Traffic Message, also TMC-Channel. Wo Staus sind, gibt's dynamische Umleitungen. Naja, mehr weiß ich nicht.«

Ich schlage Simon alle Zähne aus und bedanke mich höflich. Man sollte doch immer gleich die Fachleute fragen.

Thilo arbeitet bei einem großen Hersteller von Navigationsgeräten, hat Geografie studiert und ist jetzt eine Art Geländescout. Während alle Welt sich darüber ereifert, wie Google in unsere Privatwohnungen hineinfotografiert, empfindet dies jedermann bei Navigationsgeräten als normal. Thilo lächelt milde, denn er ist Geo-Researcher, wörtlich also Erderforscher, und kartografiert kontinuierlich alles, wo unsereiner mit dem Auto hinfährt. Angeblich ändern sich jedes Jahr 15 bis 20 Prozent unserer Straßendaten. Sagen die Navimacher. Ein Fünftel jedes Jahr? Das würde bedeuten, dass vor fünf Jahren der Blick aus meinem Fenster eine komplett andere Welt gezeigt hätte, kein einziges Haus dort schon gestanden hätte, alle Bäume wären erst seither gewachsen, der Kinderspielplatz, die Post, alle »points of interest«, die Navis so anzeigen, wären erst entstanden. Somit wäre ich selbst ein Teil der Schöpfungsgeschichte. Unwahrscheinlich. Aber andererseits … na ja, kann schon sein.

Thilo, heißt es der oder das Navi? Oder Navigationsgerät?

»Das Navi. Wir sagen das Navi.«

Ich habe gehört, dass das größte Problem Sackgassen sind.

»Könnte sein, wenn eine alte Karte drin ist. Die Karten stellen wir ja her, haben eine weltweite Riesendatenbank. Und die Navi-Hersteller kaufen bei uns die Daten. Je nachdem nehmen die nur bestimmte Attribute, zum Beispiel den Straßennamen, die Höchstgeschwindigkeit, Lkw-Verbote – manche Anbieter sagen, mehr brauche ich nicht. Oder aber sie legen gerade Wert auf markante Punkte.«

Seid ihr da Google Earth hinterher?

»Google Earth verwendet die Daten von Teleatlas. Und gerade für die beiden großen Anbieter Navteq und Teleatlas gilt: Jeder erwartet, dass er die aktuellen Daten hat und dass alles perfekt ist. Manche Kunden sind sehr enttäuscht, dass es nicht so ist. Da fehlt schon mal ein Kreisverkehr.«

Kann es sein, dass die Fähigkeit, Karten zu lesen, vollkommen verloren geht? Und wäre das schlimm, ich meine, wenn einer heute kein Telefon mit Wählscheibe bedienen kann, ist das ja auch kein Schaden.

»Ich ganz persönlich habe als Geograf natürlich gelernt, Karten zu lesen. Es gibt aber Leute, die konnten das eh noch nie. Ich stelle immer wieder fest, dass die Leute sich zu 100 Prozent auf das Ding verlassen, und das darf man nicht. Da gibt es ja diesen berühmten Fall, wo ein 750er BMW in die Isar gefahren ist – vielleicht macht das ja besonders Spaß, weil es ein richtig dickes Auto war. Sein Navi hat eine Fährverbindung als Brücke ausgewiesen.«

Wie ist das mit Baustellen?

»Zur Zeit werden Baustellen bei uns nicht erfasst. Das macht nur unser Konkurrent. Wenn ich neue Daten einarbeite, dann gibt es alle drei Monate einen neuen Release, eine Kopie der Datenbank, die in verschiedenen Formaten von den Kunden gekauft wird. Unsere Schmerzgrenze im Datenstamm ist ein Jahr alt, und das finde ich okay.«

Wie gehst du mit Staumeldungen um, hörst du auf das Navi oder dein Autoradio?

»Wenn ich ehrlich bin, mache ich nicht immer, was das Navi sagt. Ich lasse das ja immer stumm laufen und arbeite nur mit Display. Ich mache das auch nach Bauch. Manchmal ist auch einfach rausfahren schön, das eröffnet ganz neue Optionen. Neben Autobahnen gibt es oft tolle Kneipen.«

Benutzt du privat noch Karten und Pläne?

»Für die Arbeit ja. Wenn ich in meiner Heimatstadt Bonn eine Straße suche, benutze ich gerne Karten, wir haben auch ganz viele Stadtatlanten. Bis man mit dem Navi rein- und rauszoomt … Das ist alles zu umständlich, außerdem ist das Display etwas zu klein. Aber ein Kollege von mir hat ein Handy-Navi getestet. Das ist ganz süß, aber nicht ganz so klein. Ich frage mich, ob ich das alles brauche.«

So wie die unvermeidlichen Fußgängernavigationsgeräte. Hach, wird es eine Freude sein, diese Dinger zu hacken und die Leute gegen Hauswände dotzen zu lassen.

Thilo, was ist am schwierigsten zu kartografieren?

»Innenstädte. Weil wir es immer mit Autos machen. Und in Altstädten und Fußgängerzonen ist GPS-Empfang immer schlecht.«

Wie ist derzeit die Lage in Turkmenistan?

»Vor ein paar Jahren war in Osteuropa gar nix, inzwischen sehr viel. Wir haben einiges in Asien, im Nahen Osten. Bahrain, Dubai. Auch in Südamerika laufen Projekte, auch Südafrika.«

Und Schwarzafrika?

»Schwarzafrika eher nicht. Aber wenn der Kunde sagt, er will eine Route für Südafrika, dann wird da ne Truppe hingeschickt. Ich habe zum Beispiel letztes Jahr eine ganze Mittelmeerinsel kartiert.«

Hast du auch als Geograf noch ein Traumreiseziel?

»Ich würde gern mal nach Australien. Nach Neuseeland. Oder mit dem Schiff ans Nordkap.«

Siehst du Navigationen auch in anderen Lebensbereichen kommen?

»Ich habe eine Magenspiegelung machen lassen. Der Arzt war ganz begeistert von meinem Job und meinte, so was bräuchte er auch, gerade für Magenspiegelungen.«

Am Ende ist es bei Navi-Systemen wie beim Fernsehen: Es macht dumme Menschen dümmer und kluge Menschen klüger.

Die Zukunft ist möglicherweise schon angebrochen, wenn Sie dieses lesen. Sie fotografieren Ihren Standort, mailen das Foto an ihren Netzbetreiber, und der antwortet blitzschnell: Kein Problem, drehen Sie sich um, fünf Meter vor Ihnen steht ein historisches Gebäude namens Brandenburger Tor! Dadurch werden Straßenschilder überflüssig, Hausnummern natürlich auch, und als nützliche Orientierungspunkte gibt es ja weiterhin Douglas, Bauhaus und Subway.

Übrigens: Die erste »intelligente« Zahnbürste Oral-B Triumph sagt Ihnen, wie fest Sie drücken müssen, wie lange Sie putzen müssen, und ist per GPS-Sender mit einem Display verbunden, sie weiß jedoch nicht, wo in ihrer Futtereinfahrt starkes Kariesaufkommen und Zahnsteinbehinderungen zu erwarten sind.

Kann Milchkaffee böse sein?

»Alles wird immer gleicher, egal wo man hinfährt.« Ich eierte mit einer guten Freundin durchs winterliche Kopenhagen von einem Glühweinstand zum nächsten. Als einziges Gegenargument fiel mir ein, dass wir noch keinen Starbucks gesehen hatten. Dafür alle anderen Ketten, C & A, McD, HMV, KFC, H & M. Die Buchstaben X, Q und Ö sind übrigens noch frei, falls Sie zufällig gerade eine Kette aufmachen wollen. Vorschlag: »XÖQ – socks for a better world«, gesprochen »sök«.

McDonald's hat bei seinem gezuckerten Quetschmampf dieses Kaugefühl an Zahnlose und Zweijährige angepasst und nannte es ganz offiziell »Mouth Feeling«, damit Journalisten darüber schreiben. Starbucks geht weiter und packt einen in dieses Flauschgefühl vollständig ein. Man sitzt so weich und softig auf den Polstern, schlurft sich diesen Milchschaum auch mal gegenseitig von den Lippen, da ist dieser dezente Pop, die Farben, die irgendwie ethno sind und auch so öko und an die Packung von Fairtrade-Kaffee erinnern, und alle befinden sich in einem Dauerjugendcamp, wo immer einer aufpasst. Wenn die Welt der Arsch ist, ist Starbucks die Windel.

Weil Amerikaner jahrhundertelang »Kaffee« brauten wie ihre britischen Vorfahren, die aus Versehen Spülwasser servierten, später absichtlich Spülwasser servierten – dafür sollen wir jetzt alle büßen? Bei Starbucks serviert kein Kellner Kaffee in einer Tasse. Hier gibt es weder Kellner noch Kaffee, noch Tassen. Nur pseudoethno Sprachschlamm. Aktuell das mitnichten von mir erdachte Produkt »Pomegranate Peach Frappuccino Blended Juice Drink«. Bitte anschnallen, hier kommt die Übersetzung: Granatapfelpfirsichschlagkapuzinermischsaftgetränk.

■ ■ ■

Reisen von unten

David, 11 Jahre, Schüler

Was war deine letzte Reise?

»Nach England.«

Welches war bisher die schönste Reise deines Lebens?

»Nach Moskau, weil es da viel Schnee gab.«

Hast du einmal ein schlimmes Reiseerlebnis gehabt?

»Nein.«

Wo gefällt es dir am besten?

»Köln, Moskau und St. Petersburg, aber da ist so komische Luft.«

Was machst du unterwegs? Spielen, lesen, Musik hören, aus dem Fenster schauen oder was anderes?

»Spielen oder lesen, oder aus dem Fenster schauen.«

Was darf man auf gar keinen Fall vergessen, wenn man verreist?

»Anziehsachen, Zahnbürste und Schuhe und Geld.«

Wo willst du gerne irgendwann mal hin?

»Afrika.«

Verreist du gern?

»Ja.«

David, ich danke dir für das Gespräch.

■ ■

»Was immer Starbucks für Coffee hält, ist Kaffee. Zu guter Letzt würde die Partei verkünden, dass Coffee Houses so viel wie Cafés seien, und man würde es glauben müssen. Frappuccino ist ein Getränk. ›Tall‹ means small.« Falls Ihnen dieses verfremdete Zitat bekannt vorkommt, kennen Sie wohl Orwells »1984«.

Starbucks unterstützt »Youth for understanding«, ist für internationalen Jugendaustausch, und alle haben so glatte Haut und sind ethnisch und lachen, gut gelaunt, und »begegnen anderen Kulturen mit Offenheit«, richtige Vorzeigesaftsäcke also. In den Läden gibt's den kostenlosen HotSpot natürlich mit T-Mobile, nicht nur auf Toiletten hocken die Ärsche nebeneinander.

Zeit für einen Anruf bei der Presseabteilung. Ich will, dass die mir erklären, was der Vorteil ist, wenn ein kleines Café zumacht und eine Filiale auf. Im PR-Sektor hat Starbucks so viel Gegenwind, dass sie vor ihre Presseleute eine externe Agentur geschaltet haben, wie eine bezahlte Security. Die Aussagen lauten auf jede Frage:

»Ich habe keine Sprecherfunktion. Ich kann diese Frage spontan nicht beantworten. Ich kann keine Informationen so rausgeben.«

Ich wende ein: »Na ja, meine Fragen sind von der Art, was der Unterschied zwischen einem Frappuccino und einem Milchkaffee ist.«

»Das weiß ich! Der eine ist kalt und der andere heiß.«

»Gut, dann können wir ja …«

»Ich muss das mit der Zentrale in Essen abstimmen. Starbucks möchte über verschiedene Sachen informiert sein. Es gehört zur Unternehmenspolicy, dass alles, was wir rausgeben, mit Starbucks abgestimmt wird … blabla …«

Diese armen Menschen werden vermutlich mit Caramel Macchiato ganztagsernährt.

Also bitte, schriftlich, Kürzungen meinerseits dringend vorbehalten.

Was ist der Unterschied zwischen einem Coffee House und einem Café?

»Ein wesentlicher Beitrag zum Erfolg von Starbucks ist die Starbucks Experience. (Erste vollständige Magenentleerung meinerseits.) Ein Teil dieser unverwechselbaren Erfahrung sind die Coffee Houses selber. Mit seinen Coffee Houses bietet Starbucks Gästen einen Third Place – ein Ort neben Arbeit und Zuhause, an dem die Gäste ihre Kaffeespezialitäten genießen, sich mit Freunden treffen oder einfach nur sie selbst sein können.«

Gibt es Starbucks-Filialen, in denen man rauchen kann?

»Starbucks gehört zu den Vorreitern beim Nichtraucherschutz. Um das Aroma des Kaffees nicht zu beeinträchtigen, sind alle Innenbereiche von Starbucks Coffee Houses rauchfrei.« (Natürlich weiß dort niemand, dass die Kulturpflanze Kaffee 1200 Jahre alt, die Kulturpflanze Tabak aber 3000 Jahre alt ist. Schädlich sind beide, klar.)

Mit freundlicher Genehmigung von alienlovespredator.com.

Wie ist die prozentuale Verteilung Pappbecher/Tasse? Wie viel Prozent der Getränke werden mitgenommen (»to go«)?

»Starbucks ist in mehr als 40 Ländern vertreten und passt sich bei seinem Angebot den individuellen Gegebenheiten der verschiedenen Regionen an. (...) Wir bitten Sie um Verständnis, dass wir hierzu aus unternehmenspolitischen Gründen keine genaueren Angaben machen können.«

Was ist der Unterschied zwischen einem Kellner und einem Barista?

»Starbucks legt großen Wert auf die Ausbildung seiner

Partner (Mitarbeiter). Die Barista zeichnen sich durch ihre Leidenschaft für Kaffee aus und beraten Gäste umfassend bei der Auswahl ihrer individuellen Kaffeespezialität. Barista erhalten zu Beginn ihrer Tätigkeit bei Starbucks eine intensive mehrwöchige Ausbildung.«

Wie viel Prozent des Umsatzes machen Sie mit anderen Dingen als Kaffee?

»Wir bitten Sie um Verständnis, dass wir zu Umsatzzahlen aus unternehmenspolitischen Gründen keine Angaben machen können.«

Vielen Dank für diese E-Mail. Gewürzgurkig popelreine Schwafelseife, mild gehopfte Arschkrampensülze. Erwiesenermaßen gewerkschaftsfeindlich. Treiben Ladenmieten für kleine Läden in die Höhe. In dem Trashfilm »Austin Powers« ist Starbucks ein Teil des Reichs des Bösen von Dr. Evil. Okay, ich probier's mal so:

»Lieber Leser, wenn Sie zu Starbucks gehen, töten Sie kleine süße Waisenkinder, Sie vergiften den Planeten und erzeugen durch Übernervung zahllose künftige Massenmörder, Drive-by-shooter und ganz allgemein Massaker-Anrichter.«

Sie wollen dennoch weiter Starbucks-Kaffee trinken? Dann googeln Sie mal die Wörter Starbucks + unterstützt + NPD. Sie erhalten 17 000 Suchergebnisse! Zugegeben, mit den Begriffen Giraffe + NPD erhalten Sie genau so viel, und selbst Ozelot + NPD wirft noch 369 Resultate heraus, aber dies sollte keinen Anlass für Sie darstellen, Giraffen und Ozelote (Ozelots? Otze-Lotte?) zu meiden.

Stellen wir uns vor, im Musikfernsehen (MusicTeleVision) liefen nur Kichershows von Teenagern, die sich gegenseitig »Willst du mit mir gehen?« fragen. Oder stellen wir uns vor, in einem »Coffee House« würde der größte Teil des Umsatzes mit CDs, iTunes-Songs, Getränkebehältern, Plüschtieren gemacht. Die Frage ist nun nur, ob von Starbucks oder Tchibo die Rede ist.

Chirurgiereisen – Durchblick durch Weitblick

Neulich an einem Mittwoch in Köln. Am ganzen Lenauplatz ist kein Mann unter 40 zu sehen, der keine Brille trägt. Ich bin aber mit einem Freund eines Freundes eines Freundes verabredet, der sich ganz frisch seine Augen in der Türkei hat lasern lassen. Es ist wie mit Schwangeren, die nur andere Schwangere sehen. So haben plötzlich alle Männer Brillen auf.

»Hi.«

Das ist Jürgen? Ich hatte einen herumtappenden unsicheren Menschen erwartet mit rot verquollenen Augen. Stattdessen ist der Typ auffallend gut aussehend, hat einen klaren Blick und leuchtende graugrüne Augen, in denen ich etwas suche, das nicht da ist. Hier schwimmt keine Kontaktlinse, hier ist keine Ader geplatzt. Jürgen sieht einfach gut.

Wir setzen uns ins Café Wicleff, und ich beobachte ihn, wie man einen Affen beim Bananenschälen anglotzt. Er studiert ganz normal die Getränkekarte. Er bemerkt es und grinst.

»Gerade Frauen haben vorher gesagt, warum lässt du dir denn die Augen lasern, das ist doch so toll mit Brille?«

So etwas können nur Leute sagen, die Fensterglas tragen. Wer die Wahl hat, labert Qual.

Jürgen ist Mitgeschäftsführer des privaten Nachhilfeunternehmens »Mind Unlimited«, wo laut Eigenwerbung »Kinder lernen lernen«, und es ist nicht leicht, ihm etwas vorzumachen.

Hast du dir vorher in Deutschland eine Augenklinik angeschaut?

»Nö.«

Aber du hattest Vorinformationen, oder bist du etwa blind in die Türkei geflogen?

»Ich habe lange mit dem Gedanken gespielt, irgendwann, wenn ich mal groß bin, meine Augen lasern zu lassen. Und ich habe keine Kontaktlinsen getragen und auf einer Party meine Brille geschrottet. Dann habe ich eine Woche im Internet recherchiert und bin auf Istanbul gestoßen und habe Erfahrungsberichte gelesen. Von der Entscheidung bis zur OP waren's zwei Wochen.«

Im Netz wird ja nun auch gelogen. Als Klinikbetreiber würde ich auch positive Bewertungen in Foren lancieren.

»Im StudiVZ fand ich auch solche Einträge. Aber auch Foren, die sich gegenseitig schlecht bewerten, da findet ein übler Kampf statt. Und vor Ort sagte der Fahrer, der mich zum Hotel gebracht hat, bei manchen Kliniken wäre es gang und gäbe, sich gegenseitig Kunden abspenstig zu machen.«

Kunden oder Patienten?

»Patient klingt immer nach Krankheit, aber ich war ja nicht krank. Ich wollte eine bestimmte Leistung.«

Ab wann hattest du eine Sehhilfe?

»Als Kind hatte ich eine Brille. Aber im Sommer wird die Nase fettig, da rutscht sie immer runter. Mit 18 bin ich auf Linsen umgestiegen. Klar ist auch eine Portion Eitelkeit dabei, außerdem habe ich mich immer auf meine Brille gesetzt.«

Vor zweitausend Jahren fuhren kränkelnde Römer zum Toten Meer, weil die Heilwirkung des Salzes bekannt war, im Mittelalter fuhr man in Europa zu Heilquellen. Heute aber fliegen Menschen in großer Zahl für Zahnersatz nach Ungarn, für Nasenverkleinerungen nach Asien, für Krebs-OPs nach China und Thailand. Demnächst begegnen wir wohl der neuen Spezies des Stammzellen-Touristen.

Und in der Türkei lassen sich manche sogar diesen stechenden Blick verwegener osmanischer Reiterscharen ins Auge einbohren, wie wir ihn vom Dönerblitz nebenan kennen.

Warst du direkt in Istanbul?

»Ja, und ich war da vorher noch nie. Und habe direkt drei, vier Tage Kurzurlaub gemacht. Ich hätte die Voruntersuchung auch in Deutschland machen können, die türkische Klinik lehnt immerhin zehn Prozent der Patienten ab. Hornhaut zu dünn und so. Aber das Risiko bin ich eingegangen. Hinterher sagten mir die türkischen Ärzte, dass von den Voruntersuchungen deutscher Kliniken neun von zehn Werten nicht korrekt seien.«

Hast du Angst gehabt?

»Ich bin schissig, ja, aber jeder Zahnarztbesuch ist unangenehmer. Ich bin morgens in Istanbul gelandet, wurde abgeholt und zur Klinik gefahren. Die Türken lieben Designerkliniken: ein imposantes Gebäude wie in einem Science-Fiction-Film, alles auf dem neuesten Stand, stylish, sauber. Dann wurden meine Augen ausgemessen. Und man hat mir die Lasikmethode erklärt. Der Chefarzt erklärte mir, wie meine Sehstärke sein wird, links keine 100 Prozent, sondern nur 90, was aber reicht. Adlerauge bis 130 Prozent waren bei meinen Augen ausgeschlossen. Ich hätte es, glaube ich, riskiert.«

Ich nicht. Ich will aber auch nicht wie ein verwegener Osmane aussehen.

»Das endgültige Ergebnis steht erst nach einem halbem Jahr fest, das Gehirn muss sich darauf einstellen. Die medizinische Leistung gilt vor allem inklusive lebenslanger Nachbehandlungen.«

Sofern es die Klinik dann noch gibt.

»Ach, weißt du, dieser türkische Arzt ist so ein George-Clooney-Typ. Da kommen aus Deutschland so Schickimickifrauen, die lassen sich die Augen nachlasern, nur um ihn noch mal zu treffen.«

Hast du in einem Krankenbett geschlafen?

»Nein, die OP ist ambulant. Die Klinik hat aber das Hotel direkt nebenan vermittelt. Fünf Sterne, die Nacht für 65 Euro mit Frühstück. Ich habe mich aber eh wenig im Hotel aufgehalten. Worauf ich geachtet habe, war die Hygiene. In die Klinik durfte sowieso keiner ohne Tüten über den Schuhen.«

Und das war ein reines Patienten-, pardon, Kundenhotel?

»Eher geschäftsmäßig. 90 Prozent der Gäste waren deutschsprachig und der Rest US-Soldaten, die da unten eine Fliegerprüfung zum Piloten absolvieren. Noch ein paar Asiaten und ganz vereinzelt Türken.«

Hast du Kontakt zu den anderen Deutschen gehabt?

»Ich wollte bewusst die Stadt für mich alleine entdecken, auch gar nicht viel reden, habe mehr beobachtet und keine Gespräche gesucht. Ich hab mich aus den deutschen Gruppen ausgeklinkt, die sich abends gebildet haben. Ich habe auch vermieden, die Kellner auf Deutsch anzusprechen. Am nervigsten waren die Gespräche danach, der Heilungsprozessvergleich. Mein Auge heilt schneller als deins …«

Die Operation selbst dauert nur zehn Minuten. Danach brennen die Augen, und alle sagten Jürgen, es sei »süper« gelaufen. Wallah! Unruhe entsteht nur, wenn man danach überhaupt keine Schmerzen spürt.

»Aber man ist sehr, sehr groggy. Und muss alle halbe Stunde Augentropfen hineinträufeln. Am nächsten Morgen wacht man auf und hat ein neues Lebensgefühl, so platt es sich anhört. Das erste Mal in meinem Leben, dass ich morgens aufstehe und alles klar sehe. Es war am 12. Dezember.«

Nach dem derzeitigen Stand der Dinge muss TUI bald neue Pauschalkategorien anbieten:

Flug.

Flug & Hotel.

Flug & Hotel & OP.

Für vier Tage bezahlte Jürgen 1450 Euro, davon 1130 Euro für die OP.

»Danach habe ich rituell meine Brille im Bosporus versenkt. Und auf der Brücke angelten lauter alte Männer. Die haben ganz verdutzt rübergeschaut und mit den Armen gewedelt und gerufen.«

Was hast du als Tourist von Istanbul mitgenommen?

»Die meisten bleiben nur eine Nacht, am nächsten Tag nach der Nachuntersuchung geht's ab nach Hause. Ich dachte, wenn ich schon da bin, nutze ich das, bin zum Taksim-Platz im Zentrum gefahren. Eine tolle Stadt! Was Vergleichbares fällt einem da nicht gleich ein. Ein Moloch mit zwölf Millionen Einwohnern ist nicht in drei Tagen zu entdecken. Klar habe ich mir Touri-Orte angeschaut, bin zu Fuß durch Gassen, über die Märkte. Aber die Fußgängerzone könnte auch in Westeuropa sein, Pärchen, die Händchen halten und sich küssen. Abends habe ich vom Hotel

■ ■ ■

Sie suchen Ruhe? Im Anonymtest schrieb eine Reiseversicherung 5000 Tourismus-Orte in Deutschland, der Schweiz und Österreich an und bat um ein handfestes Buchungsangebot. Jeder dritte Ort reagierte erst mal gar nicht. Nicht mal jeder zehnte reagierte brauchbar. Die langsamste Reaktion kam aus einem namentlich leider nicht genannten Ort, der auf die Buchungsanfrage nach 105 Tagen antwortete! Text der Antwort: »Wooos is?«

■ ■ ■

aus Schüsse gehört. An dem Tag war zufällig Champions League, und Galatasaray spielte. In meinem Reiseführer stand, das sei normal. Immer wenn ein Istanbuler Verein ein Tor schießt, wird geballert. Jedes Jahr gibt es mehrere Tote und Verletzte wegen Querschlägern.«

Wie hat dein Umfeld auf deinen Chirurgietourismus reagiert?

»›Ja, um Gottes willen, Türkei‹ – das sagten eigentlich alle. Die typische deutsche Arroganz. Keiner kann sich vorstellen, dass es im Ausland vernünftige Kliniken gibt. Damit haben die dort auch zu kämpfen. Aber das Einzige, was an dieser Klinik türkisch ist, ist der Standort. Jeder Patient, der da war, bringt im Schnitt zwei bis drei neue, durch Mundpropaganda. Ich war der Einzige, der *nicht* über eine Empfehlung da war. Umgekehrt ist es so, dass ich schon wieder zwei Leute weiß, die es auch machen werden. Eine Provision bezahlen die bewusst nicht! Denn sobald man in Deutschland direkt dafür wirbt, ist die Glaubwürdigkeit weg.«

Lief die Entscheidung nur über den Preis?

»Ganz grundsätzlich hatte ich früher Jahreskontaktlinsen für 300 bis 400 Euro, es ging also auch ums Geld. Und ehrlich gesagt war mir Istanbul lieber als Chemnitz, ohne Chemnitz abwerten zu wollen. Ich musste ein gutes Gefühl haben. Mit einer Million Rechtschreibfehler auf der Website wäre ich auch nicht da hin.«

Zahlt die Kasse den Medizinurlaub mit?

»Die brauchen eine medizinische Indikation. Was bei jedem Fünften der Fall ist, weil sich die Augen in ein, zwei Jahren verändern. Den Flug muss man trotzdem selber zahlen, aber die Flüge sind ja nicht mehr so teuer.«

Das Ungewöhnliche an Jürgen ist gerade die Normalität. Er ist ein Durchschnittsbürger, der eine OP machen lässt, die man seit 20 Jahren durchführt. Er ist einer von Millionen, jeder, der rechnen kann, gibt ihm recht. Also was ist daran seltsam? Erstens fühlt es sich wie ein Misstrauensvotum gegen deutsche Ärzte an, zum zweiten haben Patienten keine Kunden zu sein und müssen leiden und jammern und tagelang Suppe löffeln, und zum dritten wird das Paradies samt kultureller Erfahrung eine Art malerisches Hintergrundrauschen. Es ist, als würde man nach Kairo fliegen, um ins Kino zu gehen, in Ottawa einen neuen Rasenmäher kaufen und sich in Kuala Lumpur die Fußnägel schneiden lassen. Moment, da ist vielleicht eine Geschäftsidee drin…

Fundsachenversteigerung

Im Untergeschoss des Flughafens findet eine Veranstaltung statt, so regelmäßig und so häufig wie Weihnachten, aber wesentlich aufregender.

Die Veranstalter haben 150 Stühle aufgestellt, und sie genügen nicht. Ob es an der Vorweihnachtszeit liegt? Suchen Menschen das ganz besondere Geschenk?

Die sogenannten Gepäckermittler wirken gar nicht beamtenhaft, eher geschäftig, als würden sie an der Auktion mitverdienen. Es ist das Gefühl der Macht, das ihre Augen zum Leuchten bringt. Die meisten Bieter sind extra angereist, manche Leute sind einfach beim Umsteigen bei der Versteigerung hängen geblieben.

Ein jüngerer Typ funkelt die Veranstalter böse an und erklärt mir: »Ich suche hier meinen Koffer, den haben die vom Flughafen vor einem halben Jahr verschlampt!« Und somit gehört sein Koffer zu dem Hundertstel aller Gepäckstücke, die für immer verschwunden bleiben, meistens weil sich die aufgeklebten Strichcodes beim Verladen abgelöst haben.

Links neben mir verdonnern Eltern ihre beiden Kleinkinder zum Stillhalten. Schon bald fuchtelt der dreijährige Junge bedrohlich mit einem altmodischen gedrehten Wanderstock und einem Regenschirm herum.

Zu meiner Rechten steigern sich drei ältere Damen ins Fieber, ermuntern mich mitzubieten und sind selber so leidenschaftlich dabei, dass ich sie anfangs im Verdacht habe, »Professionelle« zu sein, aber im Lauf der Zeit erkenne ich, dass die Ladys in Wahrheit einfach ganz privat habgierig sind. Gier ist die vorherrschende Stimmung.

Da sich im Lauf des Jahres zu viel Kleinzeug beim Fundbüro des Flughafens angesammelt hat, wird schon bald gebündelt: »Zwei Regenschirme, eine Mütze, ein Cityruck-sack, ein Paar Flip-Flops – Startgebot sechs Euro.« Man will nichts geschenkt davon, aber hier findet wirklich alles Abnehmer.

Zwei Paar Krücken finden wohl eher zufällig ihre Lieb-haber – oder sollte ein Physiotherapeut hier sein? Filmrequi-siteur? SM-Studiobetreiber?

Der Auktionator stellt neben abseitigen Objekten auch seinen Ekel leidenschaftlich zur Schau: »Diese Sporttasche hier. Da ist verschmiertes Zeug drin, keine Ahnung, was das ist. Shampoo? Eingekochte Marmelade? Oder noch was anderes?« Er zeigt sie seinem Kollegen, der auch nur mit Rümpfnase hineinspäht.

Und endlich kommen wir zum Höhepunkt: Koffer.

Raunen, räuspern, nervöses Lachen, man beäugt sich gegenseitig, prüft noch mal die Dicke der eigenen Geldbörse, zeigt sich die Bizeps, und die Erfahrensten haben natür-lich längst Flughafen-Trolleys parat stehen. Der Standard-preis für einen Koffer, dessen Inhalt man *nicht* kennt, be-trägt 120 bis 150 Euro. Die Katze im Sack. Aber die ganz großen Überraschungen kann es nicht geben, keine lebenden Tiere, Waffen oder Dynamit. Die Koffer werden mehrfach gescannt.

Die Auktionatoren machen es clever, steigern die Qua-lität der Koffermodelle, und hier sind genügend Kenner auf Einkaufstour. Auch der anwesende WDR-Radiorepor-ter bekommt leuchtende Augen, als der Auktionator ver-kündet: »Jetzt hab ich was ganz Feines für Sie. Und jetzt will ich auch was hören. Und ich schaue in diesem Fall mal rein. Ein Musterkoffer aus Dubai – und der ist *sehr* schwer!«

Er hätte auch verkünden können: »Da hinten beim Check-in haben wir das Bernsteinzimmer aufgebaut.« Die Erregung wäre nicht größer gewesen. Mit großen Steigerungssprün-gen und mit einem echten Bieterduell zum Schluss landet der

Preis bei 600 Euro. Für »Muster«? Ja, erwarten die Leute Saphire? Wahrscheinlicher sind Zahnpasta oder Nagelscheren.

Fassungslos starre ich den Mann an, der eh schon an die zwanzig Koffer ersteigert hat, inzwischen gut 2000 oder 3000 Euro bar hingeblättert hat. Und die Omis neben mir nicken und erzählen von einem, der vor ein paar Jahren in einem Koffer ein Laptop »gefunden« hat.

Ich bleibe auf meinem persönlichen Limit von 100 Euro sitzen, habe nun einen Spazierstock, zwei Regenschirme, eine Lederjacke in Übergröße mit kaputtem Innenfutter sowie eine »Top-Markencordjacke«, neuwertig. Und komme mir in der S-Bahn komisch damit vor. Es bleibt ein Gefühl der Unzufriedenheit, denn ich hätte gern in wenigstens einen Koffer mal reingeschaut, aber das Geheimhalten des Ersteigerten scheint ein ungeschriebenes Gesetz zu sein. Ist das Haben wichtiger oder das Wissen? Gute Frage. Den Koffer »mit der Million« hat an diesem Tag wohl niemand ergattert, oder aber ein besonders Cooler. In den meisten Koffern warten keine antiken Goldmünzen, sondern miefende Kleider fremder Menschen und deren Föhne, Haarbürsten, Perry-Rhodan-Hefte, Teddybären – bei dieser ganzen Versteigerung kommt fast nichts unter den Hammer, was jemand wirklich vermisst.

Ich überlege, was ich davon hätte, für 150 Euro meinen eigenen Koffer von der letzten Reise zu ersteigern – und stelle mir vor, eine zwanzigjährige Irin zu sein. Was soll ich mit dem Schmodder von diesem deutschen Turnschuhfritzen?

Ohne sich gegenseitig hochzuschaukeln, ohne die Mischung aus Neid und Massenerlebnis, ohne das »ich habe was, was du nicht hast« würde kaum einer auch nur einen der Gegenstände für diese Preise kaufen. Oder der Reiz besteht doch ganz einfach in der verlockenden Vorstellung, endlich die Zahnbürste eines unbekannten Indonesiers zu besitzen. Ätschibätsch, aber du nicht.

Tod auf Mallorca

Henning Gerland aus Greifswald ist Kammerjäger und Hobbyfotograf. Vor allem aber Erfinder, Hauptdarsteller und Visionär der Fotoreihe »Tod auf Mallorca«. Er hatte im Interview große Furcht, schlecht wegzukommen.

Henning, wie fing es an?

»1992 war ich als Betreuer von 25 Kindern in einer Ferienfreizeit in Griechenland. Ich war damals ziemlich nerdig, habe nie Urlaubsfotos gemacht. Obwohl damals mein Bizeps noch senkrecht stand und ich insgesamt mehr Haare hatte als heute.«

Teil 1: Tot.

Und dann?

»Ich habe einen Dia-Abend mit dem Beamer gemacht und mir einen pseudo-intellektuellen Unterbau überlegt. Das fing an mit dem Jesuskind in der Kirche, eine Leidens- und Sterbensgeschichte, dann ein sakrales Bild. Was keinen Sinn ergibt, was man aber bestimmt als Installation verkaufen könnte. Aber vielleicht war es über zwei Stunden doch etwas lang. Da hat sich bei den Zuschauern die Spreu vom Weizen getrennt. Manche fanden das überhaupt nicht witzig.«

Teil 2: Noch mehr tot.

Dir hängt auf den Fotos oft die Zunge heraus.

»Also, diese Fotos waren nie zur Veröffentlichung gedacht. Aber ich fand es schöner, wenn man die Zunge aus dem Mundwinkel raushängen und Sabber rauslaufen lässt. Das Ganze hat aber überhaupt nichts mit dem Tod zu tun, das ist Trash. Wenn man tot ist, hängt nicht die Brille schief, und es läuft auch kein Sabber aus dem Mund.«

Warum gerade Mallorca?

»Das hat eigentlich keinen bestimmten Grund. Ich bin auch kein Mallorca-Fan, ich war einmal in El Arenal, dahin will ich nie wieder in meinem Leben. Witzig war zum Beispiel im Supermarkt, das ist ja auch ne Überwindung. So wie andere Leute die Landstraße entlangfahren und Wildfremde grüßen. Beim Fotografieren kam seltsamerweise nie-

Teil 3:
Tod durch
Chipskauf.

mand und hat sich beschwert. Vor allem in der Kathedrale in Palma hat mich das gewundert, dass keiner reagierte.«

Wie haben die Leute ansonsten auf dich reagiert?

»Bei den Fotos am Pool waren ausnahmsweise mal Prolls im Hintergrund, aber sonst waren da keine in unserem Hotel. Andererseits, wenn man das am Ballermann gemacht hätte, hätte eh keiner gekuckt.«

Hast du eine Art Traumtod?

»Herzinfarkt im Urlaub wäre schon toll.«

Teil 4:
Muy, muy
tot, hombre!

Teil 5:
¡Basta!

Platz da

Weltraumtourismus fängt offiziell frühestens dort an, wo der Weltraum anfängt, 100 Kilometer über der Erde.

Anfänger: Sie fliegen kurz hoch, sind fünf Minuten lang schwerelos, knipsen die Erde, behaupten, zu einer Gründergeneration zu gehören und nach ihrer Rückkehr »irgendwie die Erde mit ganz anderen Augen zu sehen«.

Fortgeschrittene: Sie umkreisen die Erde, haben finanziell schon amtlich was in der Tasche und können es auch nicht richtig erklären, was das soll.

Profis: Sie landen auf der ISS. Klub der Milliardäre. Müssen nebenbei den Pilotenschein machen und haben anderes zu tun, als Stern-TV Interviews zu geben.

Komplett Behämmerte: Sie werden auf Mond und Mars in Hotels herumsitzen. Nun könnte man ihnen erklären, dass man solche Hotels genau so gut in der Gobi errichten könnte, sie wären ebenfalls überteuert, unbequem und stillos und würden Klaustrophobie auslösen, und sie verfügten über keine Balkone und hätten eine gefilterte Luft, die einem nach zwei Tagen einen gewaltigen Schnupfen beschert. Allerdings besteht in der Gobi Visumpflicht. Mongolischer Teil 60 Euro, chinesischer Teil nur 20 Euro.

Aber der Reihe nach. Der erste Reisende ins All war Ikarus, den sein publicitysüchtiger Vater dazu trieb, sich alberne Wachsflügel anzukleben und so lange zur Sonne zu flattern, bis er daran starb. Danach kam lange nichts.

Dann flogen Sowjets, Amerikaner und Europäer jahrzehntelang ins All und erzählten sinngemäß jedes Mal dasselbe: tolle Aussicht, sonst nichts los.

1978 war der erste Deutsche dran, Herr Jähn aus dem Vogtland, 1983 der »Wessi« Ulf Merbold, der in Wahrheit ebenfalls ein DDR-Abitur gemacht hat.

Seit dem April 2001 sammeln auch Privatmenschen Weltraumsouvenirs: Ein gewisser Dennis Tito wurde zur ISS kutschiert und blätterte 20 Millionen Dollar hin, das war damals noch eine Menge Geld.

Seither waren eine Handvoll weitere Personen oben, von denen kaum noch die Namen notiert werden. Wozu auch? Genauso gut könnte man sich den Namen des einmillionsten Japaners im Café Kranzler aufschreiben.

Während Sie dieses lesen, war wahrscheinlich bereits das erste Raumschiff von Richard Bransons Firma Virgin Galactic oben. Zur Zeit haben über 250 Menschen den vollen Preis bezahlt, also mindestens 200 000 Dollar, für die Holzklasse, versteht sich.

Inzwischen haben sich einige ganz erbärmliche Köpfe von der Firma MoonEstates Grundstücke auf dem Mond andrehen lassen, die in Wahrheit gar niemand besitzen kann. Es handelt sich auch nicht um ein Gebiet im östlichen Brandenburg.

Wenn Sie sich ernsthaft für einen Weltraumflug interessieren, sollten Sie darauf achten, nicht mit einem Stehplatz abgespeist zu werden. Der Veranstalter warnt:

»Lieber zukünftiger Astronaut, danke, dass Sie das ›Jetzt buchen‹-Formular auf unserer Website ausgefüllt haben. Wir sind entzückt, dass Sie einen Sitzplatz auf einem Weltraumflug bei uns gebucht haben. (…) Wir nehmen Reservierungen entgegen, wenn Sie zu den über 200 Personen gehören möchten, die ihre Reise schon fest gebucht haben. Für die Hinterlegung von $ 100 000 bis $ 175 000 halten wir Ihnen ein Jahr lang eine Reservierung frei für einen Flug zum Preis von $ 200 000. Für einen Flug in zwei Jahren beträgt das zu hinterlegende Pfand nur $ 20 000. Bitte unterrichten Sie mich, ob Sie noch von der Weltraumflugkontrollstation kontaktiert werden möchten oder von einem unserer Agenten.«

So weit das Anschreiben, wenn Sie allen Ernstes den

unbequemsten Urlaub Ihres Lebens planen. In diesem Fall allerdings müssen Sie auch mit Geschwafel folgender Kragenweite zurechtkommen: »Als Veranstalter und Vermittler luxuriöser Angebote für den gehobenen Traveller (Claim: ›Connection to Paradise‹) ist DESIGNREISEN ganz auf exklusive Beratung spezialisiert. Hier wird nicht in Katalogen geblättert – jede Reise bekommt erst mit den Wünschen des Kunden ihr endgültiges Design. Offeriert werden ausschließlich Destinationen und Hotels, die von den Reisedesignern selbst getestet worden sind.«

Hier veranstaltet jemand Angebote? Und beschimpft Sie als »gehobenen Traveller«? Reisen, die designt werden?

Vielleicht sollten Sie doch warten, bis die NASA wie geplant 2037 die erste Marslandung durchführt.

In näherer Zukunft aber könnte Sie schon das Unternehmen Space Adventures hinter den Mond schicken oder zumindest daran vorbei. 2011 soll's losgehen, und grüßen Sie Pink Floyd schön. Immerhin ist Space Adventures die Firma, die alle bisherigen kommerziellen Flüge durchgeführt hat.

Über Hotels zu reden ist vielleicht zu früh, denken Sie. Bigelow Aerospace will 2015 die erste Nobelherberge ans Sternenzelt tackern. Der Konkurrent IP Space Tours plant für 2020 oder später. Dann allerdings für nur 15 000 Dollar, Begrüßungs-Spacecakes nicht inklusive.

Lassen Sie uns den Test machen, ob man vorab schon neidisch sein muss. Siehe Tabelle rechts.

Nun kommen wir aber zu den wirklich spannenden Dingen. Wer sagt denn, dass das SpaceShipTwo wieder dort landen muss, wo es losgeflogen ist? Zum einen können Sie mit einem Wahnsinnstempo die Kontinente überbrücken, zum Businesslunch mal eben an die Ostküste nach Philly, Manny oder Washy. Und hoch darüber tun sich sowieso völlig neue Möglichkeiten auf. Rechtsfreier Raum? Sie sagen es. Glücks-

	Palma de Mallorca	**Space**
Kosten	179 €	130 000 €
Dauer	4 Tage	1 Tag
Anbieter	Neckermann	Virgin Galactic
Abflugort	Münster-Osnabrück	Spaceport America, New Mexico
Versorgung	Frühstück	Tubenlachs, Tubenmoët, Tubenchandon
Aussicht	860 m zur Cala Guya	Zum Mond u. ä.
Temperatur	25–30°, abends nen Pulli über die Schultern hängen	Innen amerikanisch klimatisiert mit 63°F (17°C), draußen unbeständig und eiskalt
Baden	Prima, Obacht auf Quallen	1 x Munddusche pro Person und 8000 $ Aufpreis
Mitreisende	Die Doko-Runde aus Unna … also saaagenhaft	Gehobene Traveller, man parliert russisch und arabisch
Postkarten nach Hause	Problemlos, aber dieses Jahr nicht mehr so viele	Excuse me?
WLan-Verbindung	tiptop	Tja, da arbeiten unsere Techniker noch dran
Originalität	Wat?	Ich habe gehört, auf der Venus soll's noch nicht so überlaufen sein

spiele, Fetischfilme, Waffengeschäfte, ja sogar Raucher-
räume sind hier denkbar! Denn hoch über den Kontinenten
gilt kein Hoheitsrecht. Und nur für den Fall, dass Sie keinen überraschenden Besuch aus der anderen Richtung bekommen wollen, versichern Sie sich rechtzeitig zurück, dass
die Luft rein ist bei der zuverlässigen UFO-Meldestelle des
Centralen Forschungsnetzes außergewöhnlicher Himmels-
phänomene CENAP unter der Hotline 06 21-70 13 70.

Raucherreisen?

In einer Zeit, in der Popbands Non-Smokie heißen, Serien »Nichtrauchende Colts« und Kifferfilme »Kein Rauch um Nichts«, lautet eine der kniffligsten Fragen: Wie findet der Tabakfreund unterwegs tolerante Gastronomie? Hier einige einschlägige Websites.

Ganz allgemein: rauchplan.de, raucherlokale.org, rauchen-in-meinerstadt.de, wo-darf-ich-qualmen.de.

Bei smoke-spots.de ist die Tabakindustrie zugange, mithilfe von Google Earth, also bedienerfreundlich. Smokersclubinc.com ist eine sehr internationale Website, aber wahnsinnig viel zu lesen, nichts für schnelle Informationen. Eine Gastronomenseite mit viel Hintergrund und Meinungen ist abseits.de.

Nichtraucherreisen

Niue hat 1600 Einwohner und ist eine Insel. Niue liegt 1400 Kilometer nordöstlich von Neuseeland, unterhalb von Amerikanisch-Samoa, oberhalb von Tonga, na, Sie wissen schon ungefähr, und Niue möchte der erste Nichtraucherstaat der Erde werden (atomwaffenfrei ist er schon).

Hier gibt es Kokosnüsse und Fische, das Bruttoinlandsprodukt liegt bei 2900 Euro pro Nase. In der Hauptstadt Alofi (614 Einwohner) gibt es zwei Läden. Niue hat in seiner Geschichte zwei Fußball-Länderspiele bestritten, das eine gegen Papua-Neuguinea 0:19 verloren. Besser lief das Match gegen Tahiti – 0:14 verloren. Eine Krabbenart hier heißt »Palmendieb«.

Auf Niue leben 250 Raucher, und wenn Gesundheitsminister Sitaleki Finau sich durchsetzt, werden diese wohl auswandern. Ein Aderlass von 15 Prozent der Gesamtbevölkerung würde bei uns bedeuten, etwa 12,3 Millionen aller Deutschen zu verlieren, mit anderen Worten: Bayern wäre leer.

Niue ist ein nur partiell bekannter Staat. Sein Name bedeutet wörtlich übersetzt »Sieh mal, Kokosnüsse!«. Zur Zeit bemüht sich Niue um eine Zusage von Neuseeland und Australien, den Export von Tabakwaren nach Niue zu stoppen. Das Inselreich in der Größe von Fehmarn hätte dann nicht nur die höchste Arbeitslosenquote Ozeaniens, sondern auch die arbeitslosesten Nichtraucher im ganzen Pazifikraum. Bei seiner Entdeckung taufte Kapitän Cook den Flecken übrigens Savage Island, wilde Insel.

Kompromissreisen: Smintair

Smintair ist ein etwas eigentümlich anmutendes Projekt von einem Herrn namens Alexander Schoppmann, der am 1.1.2008 neben der eigenen Fluggesellschaft gleichzeitig die »Freiheitsunion« gegründet hat. Er will die Mehrwertsteuer weg haben, die D-Mark her haben, kriminelle Ausländer weg haben (oha) und eben Qualmflieger her haben. Falls Smintair zum Zeitpunkt, da dieses Buch gedruckt wird, existiert, bieten sich weitere Nischen-Airlines an. GourmetAir für Fluggäste, die unterwegs gerne gut essen. TableAir für Leute, die unterwegs gern Tischfußball spielen. Und Klaus-Air für unheilbare Klaustrophobiker, für die man eine Art Cabrioflugzeug ohne Dach entwickelt. Da steckt ein Geschäft drin, ich spür's ...

Die Transsib

Транссибирская магистраль (Transsibirskaja magistral) – »Die« Transsibirische Eisenbahn gibt es nicht. Mit diesem romantischen Begriff ist ein verzweigtes Streckensystem gemeint, dessen Hauptroute von Moskau bis Wladiwostok führt (und nicht etwa nach Peking!) und somit die längste Bahnstrecke der Welt darstellt. Nebenstrecken sind

➤ die Abzweigung der Trans-Mongolischen Linie von 5600 km
➤ die Abzweigung der Trans-Mandschurischen Linie 6300 km
➤ die Abzweigung der Amur-Jakutischen Magistrale 7300 km

Die Hauptstrecke ist 9297 Kilometer lang. Das entspricht gut 220 Marathonläufen. Oder 66 407 Geo-Dreiecken.

Den Rekord der längsten Bahnstrecke der Welt könnte nur brechen, wer eine komplette Transamerikana baut – die es als Autostraße ja schon gibt: die 26 000 km lange Panamericana von Alaska bis Feuerland.

Wie bei allen wahren Legenden kursieren auch über die Transsib immer wieder Mythen und Fehlinformationen. In dem Zweiteiler des WDR-Fernsehens »Auf der Transsib – von Moskau nach Peking« wird nur im ersten Teil die tatsächliche Strecke befahren. Im zweiten, von Wladiwostok nach Peking, geht es über eine Route, die rein gar nichts mit der Transsib zu tun hat. Als würde man den zweiten Teil von »Die Wüste lebt« im Münsterland ansiedeln.

Die reguläre Transsib verkehrt nur jeden zweiten Tag, als Faustregel kann man sich merken: Sie fährt immer an den ungeraden Tagen los.

Doch ganz gleich, für welche Strecke man sich entscheidet, es gilt die Parole eines anonymen Russlandkenners: »Einsteigen, losfahren, sich am Tee den Mund verbrennen.« Ich habe einige Menschen befragt, die dies getan haben.

Die Transsib in den Siebzigern

Nora ist Russin und in ihrer Kindheit in den 70er-Jahren mit der Transsib gefahren.

»Ich erinnere mich an drei Fahrten mit meinem Großvater von Moskau aus, aber nur bis nach Uljanowsk und zurück. Unterwegs gab es immer Ärger. Da waren Tadschiken und Turkmenen im Zug, oder es gab Messerstechereien zwischen Soldaten, die auf dem Heimweg waren. Wer es sich leisten konnte, ist natürlich geflogen. Aber Leute, die wenig Geld hatten oder mehr Sachen mitnehmen wollten, nahmen den Zug. Auch heute noch. Eine vierköpfige Familie hatte dann schon mal Gepäck für zwanzig dabei. Das ist auch heute noch so.«

Wie ging es denn da zu?

»Der Geruch war eine Mischung aus Tee, Wodka, Schweiß, Mottenkugeln, Kohle vom Heizen, gestärktem Bettzeug. Und im Waggon lief immer Musik aus dem Lautsprecher, irgendein russischer Radiosender, der Schlager spielte. Die Fenster gingen natürlich nicht auf. Und nach dem Losfahren standen alle im Gang und guckten aus dem Fenster. Nach einer Stunde konnte keiner mehr stehen, alle gingen ins Coupé, und die Gespräche fingen an, man lernte sich kennen und machte Wodka und Sekt auf.«

Die Transsib in den Achtzigern

Aufzeichnungen eines Arztes aus Duisburg.

»Ich bin 1987 über den Landweg durch die Türkei und Indien bis Peking gereist. Die Rückfahrt mit der Transsibirischen Eisenbahn war im Juli 1987. Das Ticket kaufte ich in Peking, ein paar Tage vor der Abfahrt. Die lange Heimfahrt von Peking nach Berlin war natürlich ein großes Erlebnis. Primär war sie vor allem billig, ab und zu auch etwas eintönig. Wenn ich es richtig in Erinnerung habe, kostete die Fahrt nach Deutschland gerade mal etwa 300 DM. Ungewöhnlich war nach mehreren Monaten des Unterwegsseins, dass ich nicht einfach aussteigen konnte, und das bis Moskau.

Im Vergleich zu den hageren Chinesinnen bildeten die Russen einen großen Kontrast, vor allem die bäuerlichen Russinnen auf den Bahnhöfen in Sibirien. Komplett andere Figuren. Zuerst kochten die Chinesen, später die Russen. Und das Essen bis Moskau war Spitze. Jeden Tag eine warme Mahlzeit und draußen endlose Baumreihen, fast nur Birken.

In meinem Abteil waren Amerikanerinnen und eine Kanadierin. Wir waren zu viert. Ansonsten reisten auch Einheimische mit. Das Bindeglied war der Speisewagen. Dort hatte man Kontakt zu den Köchen und der Bedienung. Darüber hinaus gab es aber nur selten Kontakt zu den Einheimischen. An kleine Ortschaften mit Bahnhof erinnere ich mich vor allem in Sibirien. Da war wirklich wenig los. Mit dem Waggonbegleiter hatten wir wenig zu tun. Wenn, dann ging es darum, neues Teewasser aufsetzen zu lassen.

Richtung Berlin ist einer nur mal kurz in Warschau ausgestiegen, die Türen waren schon zu, der Zug war bereits angefahren. Wir sahen ihn nur aufgeregt an die Fensterscheiben klopfen, und das in Zeiten, als die Mauer noch stand. Schließlich stoppte der Zug, vielleicht zog einer die Notbremse, jedenfalls gingen die Türen auf, und der Unglücksrabe war froh, wieder unter uns zu sein.«

Die Transsib in den Neunzigern

Aufzeichnungen einer Sachbearbeiterin, Anna aus Düsseldorf, die Slawistik studiert hat und erstmals Anfang der 90er-Jahre mit der Transsib reiste.

»Ich bin gemeinsam mit einer russischen Freundin Anfang der Neunziger nach Peking geflogen und mit dem Zug zurückgefahren. Damals war der private Ticketkauf in Peking an sich schon ein Problem. Für westliche Rucksacktouristen gab es einen Belgier, der in einem Pekinger Hotel wohnte. Wer das Glück hatte wie ich, Russisch zu sprechen, ging zu einem Typen mit viel billigeren Karten, der ebenfalls in einem Hotel wohnte und in einer Pappschachtel kramte, aus der er Zugfahrkarten hervorzauberte.

In Peking im Hotel wohnten lauter Russen, die sich auf den Märkten mit Klamotten eindeckten. Das Zeug stapelte sich teilweise bis unter die Decke. Chinesische Träger haben ihre Beute zum Zug gebracht und den Schaffner bestochen. Zwei Wochen lang hatte ich die chinesische Küche gut vertragen, aber ausgerechnet zur Abfahrt bekam ich eine Magenvergiftung mit Fieber und Durchfall, lag tagelang im Delirium, saß nur auf dem Klo.

Mit uns im Abteil waren zwei Australier, ein Pärchen Ende 40, Jane und Chris oder so, keine Hippies, aber die wollten sich die Welt ankucken. Ab und zu krümmte ich mich und sah aus dem Fenster. Man sieht viel von der bergigen Landschaft, natürlich die Große Mauer. Dann Steppe, tagelang, auch Jurten, Reiter, mal ein paar Kamele ... aber man sieht vor allem diese endlose Steppe. Steppe ... dann Ulan-Bator. Sozialistischer Horror. Aber neben den Plattenbauten stehen auch ein paar Jurten rum. Der Bahnsteig war voller Uniformen, es gab ein paar Rangeleien von Besoffenen, Diebe und Händler, das ist aber überall auf der Strecke. Händler, die die Touris anbetteln oder ihnen etwas verkaufen wollten.

Ich glaube, die Mongolen haben die russische Spurbreite, dort mussten also die Waggons umgesetzt werden – und da war was los! Die Russen haben alle nur rumgelümmelt und Wodka und Bier gesoffen. Und die Europäer haben diese verschwitzten mongolischen Arbeiter in ein regelrechtes Blitzlichtgewitter getaucht. Für viele dieser Zugreisenden ist eine Hütte mit Oma und Esel ja etwas, worüber sie sich stundenlang unterhalten.

An der mongolisch-russischen Grenze waren Schwarzhändler, und Schwarztauscher liefen durch den ganzen Zug. Wir hatten aber zum Glück noch genug Rubel. In Krasnojarsk blieben wir zwei Wochen bei Verwandten meiner Mitreisenden und sind dann runter nach Zentralasien nach Alma-Ata und Byschkek, dann mit dem Zug auf die Krim.

Die Strecke durch Zentralasien war die spektakulärere, es wurde immer heißer, da war keine Steppe, sondern richtige Wüste. Man konnte die Fenster in den russischen Zügen nicht öffnen, die Schaffner machten es dann mit ihrem Spezialschlüssel auf, bauten das ganze Fenster aus und stellten es in den Gang. Zum heißen Fahrtwind kam jetzt noch der Dieselqualm.

Irgendwann tutete die Lok, hielt an, und da stand eine Hütte mit einem kleinen Bäumchen daneben, und da war eine Wasserpumpe, und jedermann machte alle möglichen Gefäße voll, Teekesselchen, Gurkengläser, egal was. Und dann fuhr der Zug wieder an, und erst dann sprangen alle wieder auf.

Das Zugrestaurant war billig. Geld hatte man ja durch die Valuta. Es stellte sich nur die Frage: Wann gibt's was? Meistens gab es Borschtsch. Für die russischen Schmuggler gab es schon in Peking Borschtsch und Kiewski Kotlet, so ein Hähnchenschenkel, der mit Butter gefüllt ist. Die Russen mögen den »Chinesenfraß« nämlich nicht.

Wodka kam von den Frauen mit den Teigtaschen, oder der Zugbegleiter, der Prowodnik, hatte eine Flasche unter dem

Mantel. Der hat übrigens auch mal auf sein Bett verzichtet für entsprechendes Geld.

Damals waren Touristen *nicht* die Mehrheit. Die Leute waren auf Verwandtenbesuch, das war eine normale innerrussische Bahnlinie. Und nach Peking und zurück fuhren viele Geschäftsleute.

Heute gibt es mehr Service, die Toiletten sind geputzt, und in seiner Kabine hat man das Fernsehprogramm on demand. Aber schneller ist der Zug nicht geworden.«

Die Transsib als solche

Wenn Sie an einem Montagabend in Moskau am Jaroslawler Bahnhof losfahren, sind Sie dienstags in Perm, mittwochs in Omsk, donnerstags am Krasnojarskpass, freitags in Irkutsk, samstags in Chabarowsk und schon sonntags am Ziel in Wladiwostok … ein Klacks, ein Hüpferchen, ein Grand Jeté, mehr wohl kaum. Versäumen Sie jedoch nicht, Ihre Armbanduhr umzustellen, hier ist es sieben Stunden später als in Moskau. Wladiwostok heißt wörtlich »beherrsche den Osten«, auf Chinesisch wird die Stadt 海參崴 genannt, also Hǎishēnwǎi, zu deutsch Seegurkenmarsch. Damit Sie etwas Amüsantes für den abendlichen Smalltalk beim Galadiner zu Ihrem Empfang haben.

Ihr Zug hält heute in Moskwa Jaroslawskaja, Wladimir Pass, Gorkii Mosk, Kirow Pass, Balesino, Perm 2, Swerdlowsk Pass, Tjumen, Ischim, Omsk, Tatarskaja, Barabinsk, Nowosibirsk, Taiga, Mariinsk, Bogotol, Achinsk 1, Krasnojarsk Pass, Saosernaja, Kansk-Jenisseiski, Ilanskaja, Reschoti, Tajshet, Nishneudinsk, Tulun, Sima, Tscheremchowo, Usole-Sibirskoje, Angarsk, Irkutsk-Sort, Irkutsk Passajirskij, Sljudjanka 1, Ulan-Ude Pass, Petrowskij Sawod, Chilok, Tschita 2, Darasun, Karymskaja, Shilka-Passajirskai, Priiskowaja, Kuenga, Tschernischewsk-Saba, Silowo, Ksenewskaja, Mogocha, Amasar, Jerofej Pawlowitsch, Uruscha, Skoworodino, Magdagatschi, Tigda, Schimanowskaja, Swobodnij, Belogorsk, Jekaterinoslawka, Zavitaja, Bureja, Archara, Oblutsche, Bira, Birobidshan, Chabarowsk 1, Wjasemskaja, Bikin, Lutschegorsk, Dalneretschensk 1, Rushino, Spassk-Dalnij, Mutschnaja, Sibirzewo, Ussuriisk, Ugolnaja und natürlich Wladiwostok, nur falls es Ihnen kurz entfallen war.

Sie haben unterwegs an allen Bahnhöfen zusammengenommen 751 Minuten Aufenthalt, also zwölfeinhalb Stunden, der längste in Swerdlowsk mit 40 Minuten. In Deutschland kommen Sie in dieser Zeit von Rügen zum Bodensee, in Russland können Sie warten. Auch schön.

Nichtreisende

In der SZ schreibt Jens Weisbrod, Reisen sei eine »riesige Erlebnisgenerierungsmaschine«. Barbara Dribbusch fordert in der taz »Stoppt den Urlaubszwang!«, damit sich nicht mehr so viele Paare trennen. Und David Foster Wallaces Kreuzfahrtbericht ist eines der spaßigsten Bücher der Gegenwart: »Schrecklich amüsant – aber in Zukunft ohne mich.«

Sexverzicht, Spaßverweigerung, Internetentzug – und Nichtreisen?

Ein Nichtreisender, der mir seine Position etwas eingehender erörtert hat, ist ein Kfz-Meister aus Südhessen, der anonym bleiben möchte. Der Mann, nennen wir ihn Hermann, ist noch nie geflogen, hat Angst vor der U-Bahn, benutzt noch nicht mal eine Rolltreppe, hat Angst im Taxi. Hermann ist ungern Beifahrer, denn seine Frau ist vor 25 Jahren mal in die Schaufensterscheibe einer Bäckerei gebrummt.

»Urlaub ... Urlaub kommt selten vor bei mir. In den letzten 15 Jahren eigentlich gar nicht. Ich mach meinen Betrieb mal 14 Tage zu, das heißt 14 Tage leben, aber auch 14 Tage Kosten. Der Laie denkt, mit 2000 Euro kommt man hin, in Wirklichkeit kosten 14 Tage 10 000 Euro – das Finanzamt macht keinen Urlaub! Der Hauptgrund ist, der Dienstleister muss präsent sein, denn die Wettbewerbsverdrängung ist riesengroß.«

Und was machst du in diesen 14 Tagen?

»Wenn ich irgendwohin fahre, dann nur mit dem eigenen Auto. Und das ist bezahlt, und nicht nur für 99 Euro im Monat. Am liebsten bin ich im VW-Bus unterwegs. Ein T4, mit langem Radstand, Turbo-Diesel, 2001er Baujahr. Neu hat der fast 72 000 DM gekostet. Fliegen? Würde ich nie. Ich werde niemals in meinem Leben fliegen. Nein, ich habe kein schlechtes Erlebnis gehabt, das wäre ja ein Grund. Ich will auch kein positives haben. Noch nicht mal durchgehen würde ich durch so ein Ding. Ich habe furchtbare Höhenangst. Alles über zwei Meter. Ob Flugzeuge technisch sicher sind? Na ja, einige sind auch schon nicht gelandet. Eine Statistik kann man immer so regeln, wie man sie gern haben möchte. Wenn man überlegt, wie viele Flugzeuge rumfliegen, kommt man unfallstatistisch mit dem Auto besser weg.«

Und wie wäre es für dich mit dem Schiff?

»Schiff? Och jo, mit dem Schiff würde ich mal fahren. Ich hab zwar noch keine Seereise gemacht, aber das habe ich vor. Meine tollsten Urlaube waren immer die, wo ich am meisten Ruhe hatte. Da dürfen nicht so viele Touristen um mich rumschwirren. Kein Telefon! Abends kann schon mal ne Party sein. Ich würde aber nie ein Urlaubsziel anstreben, wo Neckermann-Touristen sind. Weg vom Durchschnittsvolk. Weg vom Konsumbürger. Für mich ist es auch nicht wichtig, dass ich auf dem Petersdom war, der ist mir *so* scheißegal. Manche Leute gehen auch in Amphitheater und so, aber ist das unbedingt mein Ziel? Ich muss nicht sagen können, dass ich auf dem schiefen Turm von Pisa war, den kann ich auch in Google Earth betrachten.«

Hast du ein Ziel?

»Die Mehrzahl der Urlauber weiß gar nicht, was entspannen heißt. Die spüren an Weihnachten, wie sie im Juli psychisch drauf sein werden und wie das Wetter sein wird. Ich plane meine Freizeit niemals. Ich hasse Verpflichtungen, Regeln, Normen zu erfüllen. Wenn ich frei habe, hab ich frei. Da kann es dem Papst schlecht gehen, wenn ich frei hab, hab ich frei.«

Nichtreisende – Hotel Zuhause

Nina stammt aus Nordrhein-Westfalen und ist in der Softwarebranche tätig. Hat sie ein gespanntes Verhältnis zum Verreisen?

»Ja, ich gehöre zu dieser Minderheit, die nicht verreisen mag. Alle anderen reißen sich darum. Ich habe aber außer meinem Liebsten noch niemanden getroffen, der diese Abneigung teilt. Sonst wäre das langfristig eine Belastung für unsere Beziehung.

Ich bleibe wesentlich lieber zu Hause als wegzufahren. Und bin zu dem Schluss gekommen: Alles, was mir wichtig ist und was ich gerne habe, habe ich hier. Ich bin schon geflogen, halte Fliegen aber für ein fragwürdiges Konzept des Homo sapiens. Es geht nicht um die Flugdauer, ich war auch schon in New York. Zugfahren find ich noch ganz okay. Aber ich kann mir keinen Ort denken, wo ich lieber wäre als zu Hause.

Wenn ich mir ein Hotel modellieren könnte, das würde so aussehen wie mein Zuhause in Düsseldorf. Mein Freund war neulich beruflich in einem Steigenberger Hotel, dort hab ich ihn besucht. Das ist immer dasselbe. Wenn wir anreisen, will man uns das Auto wegnehmen und Geld dafür kassieren. Das Personal steckt in Kostümen, die unbequem aussehen. Und jeden Tag will das Zimmermädchen das Bett herrichten ... eine Fremde wühlt in meinem Bett rum und wartet auf Trinkgeld! Wenn ich das ablehne, ruft die Rezeption an und sagt: ›Das Zimmermädchen will ihr Bett machen.‹ Das ›Nicht stören‹-Schild wird sowieso ignoriert. Und ständig klingelt jemand, ob er einem Kekse anbietet oder Eistee oder sonst was. Nervig!«

Nichtreisender – Monotonie in der Südsee

Um 4.35 Uhr morgens in einem türkischen Imbiss. Mein Gesprächspartner ist eine Mischung aus Spießer und Medienpunk. Bitte sehen Sie ihm die intensive Verwendung skatologischer Begriffe nach. Wegen seines Berufs, aber auch wegen der Uhrzeit.

Jahrelang hatte Bernd Maile, Entertainer und Gesellschafter von jumtv.de, geglaubt, er hasse das Reisen an sich, dann stellte er fest, dass er vor allem große Hitze nicht verträgt. Folgerichtig flog er nach Mauritius, aber im Winter. Nach ein paar Tagen der Eingewöhnung saß Maile nur noch am Strand und »starrte einen dürren Ast im Sand« an. Wechselweise blickte er stupide aufs Meer hinaus und dachte an das große Nichts in jeder Richtung. Er selbst nennt es »Urlaubslähmung«.

»Wenn ich in Urlaub fahre und zwei, drei Wochen irgendwo bin und es gefällt mir, dann ist das einfach beschissen, weil ich dann die gesamten anderen Tage und Wochen und Monate im Jahr in der Scheiße sitzen muss, außer in den zwei Wochen, und deshalb ist Reisen totale Scheiße.«

Das heißt aber eigentlich, es ist zu Hause Scheiße?

»Wenn man nicht weiß, wie es woanders ist, ist es okay.«

Du weißt doch aber, dass es woanders besser ist?

»Ja klar.«

Also was denn jetzt? Zu Hause ist es Scheiße, woanders ist es besser? Für manche Leute ist das ein Grund, sich umzubringen. Ein tolles Gespräch: Nach 1,5 Minuten bei »Selbstmord« angelangt.

»Hm. Gute Frage … stimmt eigentlich. Das Problem ist: Reisen und Leben ist etwas Unterschiedliches. Wenn du im Urlaub bist, dann hast du dort diesen Erholungswert, aber wenn du dort hinziehst, dann hast du deinen Alltag wieder, musst Geld verdienen blablabla, bist zwar am nächsten Ort, aber das verschiebt sich dann nur. Das ist alles.«

Als Bernd Maile nur wenige Wochen später wieder nüchtern war, erinnerte er sich, als Kind 14 Mal in Jugoslawien gewesen zu sein. Das erklärt einiges.

DO NOT DISTURB!

Gibt es eine Art ultimatives Urlaubsziel? Auf dem höchsten Berg herrscht ein Treiben wie am Kurfürstendamm Samstagmittag. In der tiefsten See, dem Marianengraben, herrschen rund 1100 Bar, was für Sie nur dann attraktiv sein dürfte, falls Sie ein Mikroorganismus sind. Bleibt nur eins: »menschenleere Strände, feinster Sand, das Paradies auf Erden« – werden auch Sie einsamer Insulaner!

Zutaten für 1 × Paradies:
Palmen, div.
Sand
Sonne, nicht zu viel
Wasser, hailos
Wind, leichter
Buch, gutes
Bob-Marley-Cassette, 120er

Es begann mit einem Roman, dessen Held im Lauf der Geschichte Gott fand. Der volle Originaltitel lautet: »Das Leben und die seltsamen überraschenden Abenteuer des Robinson Crusoe aus York, Seemann: der 28 Jahre allein auf einer unbewohnten Insel an der Küste von Amerika lebte, in der Nähe der Mündung des großen Flusses Oroonoque. Durch einen Schiffbruch an Land gespült, bei dem alle außer ihm ums Leben kamen. Mit einer Aufzeichnung, wie er endlich seltsam aus den Händen von Piraten befreit wurde. Geschrieben von ihm selbst.«

Finden Sie heute mal einen Verlag, der Ihnen so eine Schwarte verlegt!

Doch Autor Daniel Defoe hatte ein ganz handfestes Vorbild. In einem Pub in Bristol begegnete er einem gewissen

Alexander Selkirk, der ihm in vermutlich schillernden Farben seine Geschichte erzählte. Selkirk hatte früher ein Piratenleben geführt, mordete, raubte, enterte, was Piraten eben so tun. Bis er sich eines Tages mit seinem Kapitän zerstritt und freiwillig aussetzen ließ (!) im Jahre 1704 auf dem Juan-Fernández-Archipel, namentlich der Insel Mas a Tierra. Nach über vier Jahren wurde er von dort gerettet. Da es Time Warner und Bertelsmann noch nicht gab, ließ sich Defoe sofort die Weltrechte sichern, lief heim und schrieb die Geschichte auf. Die Insel Mas a Tierra wurde von der chilenischen Regierung 1970 umbenannt in Robinson Crusoe. Wo da die Gerechtigkeit bleibt, wenn Defoe alles nur geklaut hat? Nun, in »Cast Away« wurde die komplette Story wiederum gestohlen und in Form eines 138-minütigen Werbefilms für Federal Express in die Neuzeit verlegt. (Ein Spaß für alle Odontophoben: wie sich Tom Hanks mit einem Stein und einem Schlittschuh einen faulen Zahn selbst ausschlägt.)

Drei Wege zur eigenen Insel, Weg 1

Sie rufen in Hamburg bei Inselmakler Farhad Vladi an unter Tel. 0 40/33 89 89 und kaufen oder mieten eine. Wenn Sie kleckern wollen, können Sie sich für rund 100 Euro am Tag etwas mieten. Da aber Klotzen mehr Spaß macht, empfiehlt Vladi zur Zeit »Great Hans Lollik Island« bei den Jungfraueninseln, also in der Karibik. Mit 200 Hektar nur unwesentlich kleiner als St. Pauli/Hamburg und garantiert sauberer. Kostet 30 Millionen Euro und wird von der US-Armee beschützt. Im Vergleich kostet St. Pauli erheblich mehr und wird von albanischen Privatiers »beschützt«. Schlagen Sie noch heute zu, denn momentan steigen die Preise.

Drei Wege zur eigenen Insel, Weg 2

Sie machen es wie Dubai und bauen sich eine. Dort begann man mit drei Palmeninseln, die vollkommen künstlich ins Meer vor der Küste Dubais gebaut wurden. Dies diente freilich mehr als eine Art technischer Test, denn binnen kurzem lancierten die Dubaier das Mammutprojekt »The World« und bilden derzeit mit 300 Inseln die Weltkarte von oben nach. Da die Erde aber nicht genug ist, steht bereits das Projekt »Universe« in den Startlöchern, damit man behaupten kann, auf dem Mond zu wohnen. Um so etwas umzusetzen, sollte man allerdings besser einen eigenen Staat besitzen.

Drei Wege zur eigenen Insel, Weg 3:

Der eigene Staat. Laut der Konvention von Montevideo brauchen Sie als Staat

1. eine ständige Bevölkerung
2. ein definiertes Staatsgebiet
3. eine Regierung und
4. die Fähigkeit, in Beziehung mit anderen Staaten zu treten.

Und – ganz wichtig, wird oft falsch verstanden: »Die politische Existenz eines Staates ist unabhängig von seiner Anerkennung durch die anderen Staaten.«

Etwas unklar ist der Fall Sealand im Ärmelkanal, eine ehemalige Ölbohrplattform, ein Staat, der von niemandem anerkannt wird, aber zum Beispiel eine eigene Flagge hat. Aber glauben Sie, auf ehemaligen Ölbohrplattformen wachsen Kokosnusspalmen?

Ferner streiten sich seit 2004 das Außenministerium von Norwegen und ein Fotograf namens Alex Hartley um einen

Flecken, der Svalbard heißt (so die Norweger) oder Nymark (so der Fotograf). Svalbard hat etwa die Größe eines Fußballfeldes und ist aus dem Meer aufgetaucht, weil ein Gletscher durch den Klimawandel abgeschmolzen ist.

Sie sehen, man muss sich erst einmal schlau machen, wann eine Insel eine Insel ist. Man will ja als Staatengründer nicht gleich am Anfang mit einem Industrieland in den Kriegszustand treten. Was macht das denn für einen Eindruck auf die Weltgemeinschaft. Für solche Dinge gibt es den Internationalen Seegerichtshof in Hamburg, Telefon 0 40 / 35 06 7-0,

■ ■ ■

Kalter Kaffee Vor einigen Jahren galt man noch als Miesmacher, wenn man behauptete, dass es bei Tchibo bald gar keinen Kaffee mehr gibt (bin neulich dortselbst gescheitert beim Versuch, Filtertüten zu kaufen). Und jetzt?
Ein 24 Seiten starker Tchibo-Farbprospekt: »Sicher um die Welt. Ärztlich begleitete Rundreisen: Gönnen Sie sich einen sorgenfreien Erlebnisurlaub mit ärztlicher Begleitung. Die ständige Erreichbarkeit und die medizinische Beratung während der Reise garantieren Ihnen unbeschwerte Tage während der schönsten Zeit des Jahres.«
Die Erreichbarkeit macht's mir unbeschwert? Ich sehe Krankenbetten am Lido entlangrollen … Ich höre Krücken das Matterhorn hinauf klappern … Ich höre Tauchlehrer sagen »Tiiief einatmen« … Oder war das mein Neurologe?

■ ■ ■

und wenn Sie ein paar Monate lang Muße haben, können Sie ja mal einen Prozess dort live mitverfolgen, bei Streitigkeiten zwischen Singapur und Malaysia nehmen teilweise an die 100 Personen teil – gleichzeitig!

Strittig ist beispielsweise der legendäre US-Code § 1411: »Wann auch immer ein Bürger der Vereinigten Staaten Guano auf einer Insel entdeckt, die keiner anderen Regierung untersteht und von keinem anderen Bürger oder einer anderen Regierung beansprucht wird und diese friedvoll in Besitz nimmt, so … ist sie fortan ein Bestandteil der Vereinigten Staaten.« Ganz recht, unter Guano versteht man den zeitlich später erfolgenden Teil der Verdauung eines Vogels.

Ach ja, »Land« sagt man übrigens nur, wenn etwas bei Ebbe *und* bei Flut über Wasser ragt … auf die Idee sind Schlauberger schon vor Ihnen gekommen. Im Übrigen gibt es keinen definitorischen Unterschied zwischen Insel und Kontinent, es zählt auch nicht die Größe. Darüber hinaus dürfen wir uns nichts vormachen: Jedes Stück Stein über Wasser wurde x-mal von Satelliten fotografiert … aber nicht jedes erforscht. So sind zum Beispiel von den über 7000 Inseln im Südchinesischen Meer nur 2000 bewohnt, man nennt sie die Philippinen.

Aber lassen Sie uns solche vergleichsweise dicht bevölkerten Gewässer verlassen und uns gen abgeschiedenere Erdregionen wenden. Wenn wir den Globus ein Stück nach links drehen, auf die Höhe Madrid, und dann mit dem Finger nach unten gehen, richtig weit über den Äquator, und Afrika rechts liegen lassen, stoßen wir auf der Höhe von Angola auf die Inselgruppe St. Helena. Etwas abseits gelegen findet sich Tristan da Cunha. Hiervon wiederum ein Stück um die Ecke liegt die ganz wunderbare Inaccessible Island, die unzugängliche Insel. Es soll ein Logbucheintrag gewesen sein mit dem Zusatz »inaccessible«, der dann von einer Seekarte zur anderen übertragen wurde. 42 Quadratkilometer Einsamkeit. So groß wie Frankenthal/Pfalz, nur ohne Pfälzer. Hier entdeckte ein Missionar den kleinsten flugunfähigen Vogel der Welt. Und erst 1982 fiel hier die erste Schülertruppe ein. Englische Collegestudenten, die nicht nur die Insel kartografierten, sondern auch der kompletten Vogelwelt Ringe an die Füße tackerte.

Übrigens, bei Defoe war der Vater von Robinson ein Kaufmann aus Bremen, ein Herr Kreutznaer (Crusoe!), der eigentlich auf dem Weg war, in Guinea Sklaven für seine Plantagen in Brasilien anzuwerben, vornehm ausgedrückt. Muss man das wissen? Ach, wissen Sie, wie schnell werden Sie auf gepflegten Stehpartys komische Sachen gefragt. Zumindest solange Sie noch hier sind.

Winkanleitung

In Russland kennt man die Tradition, sich vor Antritt einer Reise rituell noch einmal hinzusetzen, gerne auf die gepackten Koffer, gerne in Begleitung von Freunden und Nachbarn, sehr gerne mit einem Wodka zum Geleit. Wir hingegen sind erschreckend arm an Abschiedsritualen. Mit einer Ausnahme.

Sie brauchen dafür: einen Bahnhof, eine Hand und möglichst einen Reisenden, den Sie persönlich kennen. In diesem Fall Frank aus Duisburg.

Und los geht's.

1. Rechtshänder.

2. Linkshänder.

3. Beidhänder (auch:
»Junge, komm nie wieder«).

4. Ruderarm.

5. Doppelter Ruderarm
(auch: Fluglotse).

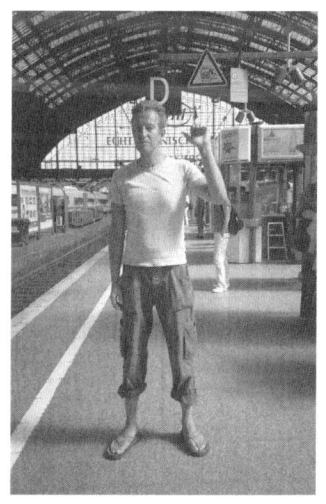

6. Sogenanntes
Queen-Händchen.

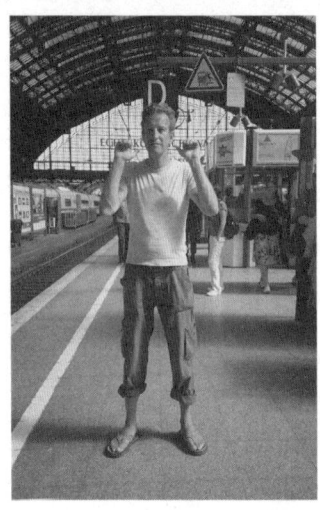

7. Sogenanntes Dragqueen-
Händchen.

8. Marmorsteinundeisen-
Winken.

9. Nix wie heim,
Sportschau kucken.

Tipps vom Fachmann: Nie nur mit dem Mittelfinger winken. Nicht zu früh anfangen zu winken, der Arm kann einschlafen. Nicht zu spät winken, der Zug sollte sich noch im Gleis befinden. Niemals durchs verspiegelte Zugfenster hinein winken, wie leicht bewinkt man den falschen.

TV – sonnenklar?

Kann man einen ganzen Tag lang Reisefernsehen schauen?
Ja, man kann! Ein Trip an die Grenzen des Verstandes.

9.30 Uhr Phoenix. »Tore zur Welt: Der Hamburger Hafen«.
Ein bärtiger Kapitän sagt, dass Touristen immer nur an die
Reeperbahn denken, dabei sei auch der Hafen sehr schön.
Wieso müssen Kapitäne heute immer noch Bärte haben? Gibt
doch Elektrorasierer. Ach, das war's schon …? Zum Glück
kommt direkt im Anschluss eine Dokumentationsreihe.

9.45 Uhr Phoenix. »Megacitys: New York«. Und ich staune,
Phoenix hat ja noch richtige Ansager! Oder wieder? Der
Beitrag beginnt mit einem Immobilienmakler, der morgens
Fitnesstraining macht, denn »die Megacity schreit nach Kon-
dition«. Er verwandelt gerade das Gebäude der Chase Manhattan Bank in Appartements. »New York ist eine Nachbarschaft« gehört zu den Übersetzungsdesastern in dieser
Reportage. In den ersten fünf Minuten wird erwähnt, dass
seit nine eleven nichts mehr ist wie früher und dass NY ja nie
schläft. Für mich Zeit zum Duschen.

Als ich zurückkomme, geht es um eine kenianische Künst-
lerin mit blauen Dreadlocks, bei deren Vernissage New Yorker Vernissagenjazz läuft. Bin mal gespannt, wann wir im
Central Park ankommen und wann endlich erwähnt wird,
dass Woody Allen alle seine Filme hier gedreht hat, bis er
erkannte, dass die Talente von Scarlett Johansson auch in
London hervorstechen. Der Sprecher sagt: »Eine Stadt ist
immer auch Gegenteil von dem, was sie ist.« Fetischparty,
Shisha-Bar, Islamschule und Moschee, wo »alle ahnen, dass
Polizeispitzel unter ihnen sind«.

Blick in die Studios der Fernsehnachrichten, in die NY-Times-Redaktion, in die Blogwelt, in den Colbert-Report. Musik dazu: »New York state of mind« von Billy Joel. Ich zappe. Auf RTL läuft »Mein Baby …«, bei SAT 1 seelenklempnert Frau Kallwass.

10.30 Uhr 3sat: »Auf Spurensuche am Wagram«. Erstens, weil ich das Karl-May-Hafte einer Spurensuche mag, Reporter, die nach abgeknickten Ästen am Wegesrand spähen, um zu konstatieren: »Hier muss vor weniger als zwei Stunden ein UPS-Bus durchgekommen sein, der Fahrer ist Schoschone!« Zweitens … was ist Wagram? Auf jeden Fall eine Gegend, zu der ein Klavier leichte Frühlingsmusik klimpert.

Winzer, Käseplatten, Gänse (vorläufig lebend). »Nichts fürchten die Menschen am Wagram mehr als sintflutartige Besucherströme.« Ach herrlich, beschaulich wollen sie's, abseits von Pfaden gehen, die ja übelst ausgetreten sind. Wirken lassen. »Kellergassenfeste, Höhepunkte des sommerlichen Lebens.« Und ein Sonnenuntergängchen, hmmm, tollllll. Tiefer Frieden wie sonst an keinem anderen Ort der Welt. Das ist Ayurvedafernsehen vom Reinsten und Feinsten. Wie der Wein, den die Reporter verkostet haben, denn »Herbstzeit ist Lesezeit«. Ein Landschaftsfotograf, der die Au ablichtet. »Das Jahr schreitet seinem Ende zu.«

Was nehmen wir mit von dieser Reise? »Die Erkenntnis, dass wahre Schönheit auch und oft dort begegnet, wo man sie kaum vermutet.« Der Wagram liegt übrigens in Österreich.

10.50 Uhr: Phoenix ist in der Megacity Bombay angekommen. Seit 1995 heißt es Mumbai. In dieser ZDF-Produktion von 2007 allerdings nicht. Modeltraining in einer ehemaligen Textilfabrikhalle. »Wer Bombay erobern will, muss stark sein, seelisch und körperlich. War dieser Satz nicht schon im New-York-Bericht? Egal.

Die Chefin der Model-Schule sagt: »Wir sind das Land des Kamasutra« und fordert, dass Bräute vor der Hochzeitsnacht sexuell ausgebildet werden.

Parsen, die an den Propheten Zarathustra glauben. Eine Parsenhochzeit. Sie tanzen den Ententanz! Kein Wunder, dass die Parsen vom Aussterben bedroht sind. Und den Leichen geht es noch schlimmer, denn in Bombay herrscht heute »akuter Geiermangel«.

Ich zappe durch die Welt, bei Sonnenklar-TV sagt die Moderatante: »Italien ist immer ne Reise wert, Kalabrien im Besonderen.« Ich zappe weiter. Okay, die nächste Megacity auf Phoenix.

11.15 Uhr Phoenix: »Lagos – das tägliche Wunder«. Drei Stunden lang Rock und Tanz in einer Kirche mit 50 000 Gläubigen!

Lagos hat eine Fläche fast so groß wie ein deutsches Bundesland. (Saarland, bitte bereithalten zum Vergleich!) Deswegen machen ausländische Geschäftsleute nur einen Termin pro Tag. 17 Millionen Menschen (Saarland: eine Million), eine Million Autos. Moskitos, Müll, Stau – alles Rekorde in Afrika.

»Benin, Togo, also 17 kleine westafrikanische Staaten – das ist Lagos«, sagt der Chef der Stadtverwaltung. Die Abwasserkanäle fließen wieder dank der deutschen Firma »Julius Berger«.

Agatola ist Rapper und Lehrer und lebt freiwillig im Slum und sagt: »Nigerianische Politiker sind korrupt, klug, haben Verstand, aber was tun sie? Viele hier würden sich wie unsere Vorfahren wieder in Ketten legen und nach Amerika transportieren lassen.«

Der Gouverneur lässt feiern. 200 Stämme tanzen ihm etwas vor. Hoheit sagt, »die meisten Probleme kommen von euren Multis. Geld machen und dann wieder abhauen.«

Eine Lagunenstadt wird gebaut, aber … ein deutscher Meeresbiologe weissagt, dass der große Teil aller neuen Bauten »in 20 bis 50 Jahren im Atlantik versinken wird«. Die Geldquelle für die Lagunenstadt sind illegale Ölverkäufe.

Besuch bei nahezu besitzlosen Fischern in einer Pfahlbausiedlung. »Wenn ich Fisch verkaufe, haben wir sogar ein bisschen Geld.« Der Reporter staunt, dass die Leute gar nicht finden, dass es ihnen schlecht geht.

Ein Müllwerker in der Stadt sagt den traumhaften Satz: »Egal was du machst, du schaffst es.«

An einer recht improvisierten Irrenanstalt steht »God in Action«. Zu ihrer eigenen Sicherheit bekommen die Patienten Ketten an die Füße gelegt, weil sie gerne unkontrolliert abhauen und nicht zurückfinden.

Oshodi ist der größte Markt Afrikas, vielleicht der Welt. Ein Banker behauptet, er würde 10 000 Euro zahlen, wenn ihm jemand eine Ware nennt, die es hier nicht gibt. Eine Händlerin ruft: »Holt mich hier raus, bringt mich nach London.« Sie macht nur Spaß und lacht.

12.00 Uhr Nord3. »Der Flug des Nashorns«. Wieder Afrika, diesmal von Frankfurt nach Sambia. Im Naturschutzgebiet dort gibt es keine Spitzmaulnashörner. Hessen hilft.

Nashorn-Pipi mieft so fies und ist so aggressiv, dass der Container, in den die fünf Tiere gehievt werden, mit Plastikfolie »eingewindelt« wird, um das Flugzeug zu schützen.

Minister, Botschafter und so weiter empfangen die Tiere. Vier Millionen Euro kostet das alles. Zwei Wochen Akklimatisierung (so viel Zeit hat kein Tourist).

Aha, wir springen nach Südafrika. Dort wurde wohl ein Nashorn ausgesetzt, das jetzt ein Junges bekommen hat. Nashornbabys, wie süüüß. Wieder nach Sambia. Mit der Propellermaschine macht man die fünf Viecher ausfindig.

Da hilft, dass man ihnen einen Sender angetackert hat. Spontan fallen mir einige Freunde mit Orientierungsschwäche ein. Keine Frage, der CDU-Angstausschuss wird es irgendwann zur *Pflicht* machen.

12.15 Uhr WDR. In einer Kinderklinik wird ein siebenjähriges Kind aus Indien operiert. Massenweise blutige Nahaufnahmen. Ich gucke weg. Eine 15-Stunden-OP!

Ah, ein anderes Kind: »die kleine Lorien«, die wohl bald entlassen wird.

Nafschaid auf der Intensivstation. War wohl eine Wirbel-OP. Viel süßliche Musik.

Dann Schleim absaugen. Bäh. Warum dreht man solche Beiträge, und wer guckt die?

12.30 Uhr 3sat. »Tedesco – Ein Pfarrer im Pantheon in Rom«. Mist, gerade jetzt, wo es so spannend wird, läutet mein Telefon ...

Wieder da. Oha, wir sind im Kloster. Ein halbseidener Lokalpolitiker sitzt im Klosterrestaurant. Don Antonio Tedesco scheint hier wichtig zu sein. Hm, hier geht's dauernd um Kirche. Das Pantheon an Pfingsten. Von der Kuppel lassen sie Rosen herunterregnen, und die sind wohl aus dem Heimatdorf des Pfarrers. Na ja.

13.00 Uhr n-tv. Dessen Sendungen, glaube ich, keine richtigen Namen haben, sie sind ja auch keine Sendungen. Es kommt gerade die Wettervorhersage für Mallorca. Es soll schön werden.

13.01 Uhr ZDF-Mittagsmagazin. Es befasst sich mit Streiks bei der Lufthansa. Die Urabstimmung dauert lange, denn viele Gewerkschafter arbeiten Schicht (Bodenpersonal) oder sind gar nicht da (Kabinenpersonal).

Liveschaltung. Reiserechtler Holger Hopperdietzel erklärt,

welche Rechte wir als Verbraucher gerade heute in dieser gefährlichen Zeit, wo so viele südländische Auslandsneger … nein, sagt er nicht. Er sagt, dass man sein Ticket erstattet kriegt, wenn der Flug annulliert wird. Und er heißt wirklich Hopperdietzel.

13.08 Uhr dmax. »Rides – Heiße Öfen, coole Kisten, Episode 17«. Hawaii. Baja 1000. Ach nee, irgendwie hat das doch nichts mit Reisen zu tun.

13.13 Uhr ARD (gemeinsames Programm mit ZDF, Sparmaßnahme). Im Mittagsmagazin ist der Papst in Australien. Eine Art Popkonzert. Man filmt Gläubige beim Glauben. Und für alle, die gar nicht kommen können, gibt's, und das ist ernst, eine SMS vom Papst.

13.23 Uhr n24. Über Roaming-Gebühren. Und der Experte von tariftipp.de heißt angeblich Wolf Rechenberg. Sorry, Leute, den Namen habt ihr einfach erfunden!
    Toll aber die Grafik:

- Ⓢ   EU
- Ⓢ   Rest-Europa, USA
- Ⓢ   Welt

13.45 Uhr n-tv – jetzt nicht mehr n24. Man berichtet über hohe Treibstoffkosten im Flugverkehr. Luftfahrtexperte Großbongardt sagt in der Liveschaltung, wie es Boeing und Airbus geht, nämlich ganz okay. Dass man aber überlegt, wie man Sprit sparen kann. Gestern war wohl in Hamburg eine Luftfahrtmesse.

Ich genehmige mir eine Mittagspause in der Küche, ohne Fernseher.

14.30 Uhr 3sat. Die Sendung heißt einfach »Hongkong – Götter, Glitter, Geldpaläste«. Da glaubt man bald das mit dem mangelnden Wohnraum, den philippinische Hausmädchen und den superreichen Familien im Luxus: 80 Familienmitglieder wohnen unter einem Dach, mit eigenem Tempel, Wagenpark.

Ein Nobelhotel wird von einer Frau geführt, die jeden Tag ihren Hotelgästen erklären muss, dass eine Frau das kann. Aber ein chinesisches Sprichwort sagt: »Frauen tragen die Hälfte des Himmels.«

Im Seniorenheim teilen die meisten erstmals in ihrem Leben mit jemandem nur das Zimmer, nicht das Bett. Nachmittags versammeln sie sich im Fernsehzimmer und singen Karaoke zur Pekingoper. Abgefahren!

Ein Tempel dann mit 13 000 Buddha-Statuen, die alle verschieden sind. Er heißt irgendwas mit Tsching.

14.45 Uhr 3sat. »Shanghai mon amour«. Eine Einheimische führt durch ihre Stadt. Sie heißt in etwa Njen-Njen und ist eine Schriftstellerin, die Partys organisiert. Drogenvergangenheit. Sie hat einen Roman geschrieben, der zensiert wurde (so was wird gerne berichtet bei 3sat).

Die Bilder aus der Stadt, von Tempeln, Dominospielern und Garküchen auf der Straße sind nur mit Plingplingmusik unterlegt. Mjen-Mjen führt in die Galerie eines Freundes. Er sagt, dass Shanghai nicht westlich geworden sei, sondern schon immer so war.

Man sitzt meist in irgendwelchen Wohnzimmern rum oder auch mal in einer Art undergroundigem Hardrockcafé.

Mjam-Mjam fährt mit dem Taxi im Regen rum und erzählt, dass es oft regnet, wo sie ist.

Mian-Mian sagt in einem Klub: »Das Tolle an Shanghai ist, dass es viele Klubs gibt, in denen alle zusammen Spaß haben.« Ich persönlich bekomme schleichendes Zahnweh.

Endlich führt Njan-Njan das Kamerateam in die Wohnung ihrer Eltern, die kundtun, dass sie die Texte der Tochter gewagt finden und dass Zeiten sich ändern. Als Untermalung läuft immer wieder Musik der Doors. Der Roman von Myan-Myan ist in China verboten. Er heißt »Lalala«.

15.30 Uhr Vox. »Auf und davon«. Jessica im Luxushotel in Zypern. Ein halbes Jahr als Zimmermädchen. Weiß der Henker, wieso hier ein Kamerateam dabei ist. Gottlob, mein Telefon klingelt …

Wieder da. Ach, was für ein Glück. »Auf und davon« ist aus und vorbei. Hoffentlich mit Mann und Maus und Stumpf und Stiel auf immer und ewig.

16.00 Uhr 3sat – endlich wieder. »Die Seidenstraße«. China – schon wieder.

Xin-jang, hier ist der Islam stark. Bomben auf das Völkerkundemuseum in Berlin haben viele Fresken zerstört, die jahrtausendelang unversehrt waren. Uiguren waren angeblich die erste Zivilisation mit Wort und Schrift. Hier ist der Wirtschaftsboom kaum spürbar. Über die Seidenstraße sind Trauben nach China gelangt. Melonen, Walnüsse, Alfalfa … Uiguren sind Nomaden, benutzen immer noch gern Pferde. Die Braut tanzt mit allen Frauen von ihrem Elternhaus auf den Hauptplatz zu, der Bräutigam entsprechend aus der Gegenrichtung.

Hier gab es Spionage, weil man zwischen Russland, Großbritannien und China lag. Man importierte Waren aus dem »Westen«, also aus Persien und Arabien. Aha, die Reportage ist in Zusammenarbeit mit der Unesco entstanden – 1998!

Zweiter Teil: 12 000 Kilometer lang, aber mehr als Handelsweg: Druck und Papier und Islam und Buddhismus. Und Eroberer. Kaufleute dachten sich auch Horrorgeschichten aus über Räuber, Geister, Dämonen und Wüsten, um Konkurrenten abzuschrecken. Die Taklamakan galt als gefährlichste Wüste der Welt.

In Kirgistan leben die Hirten im Sommer auf den Bergen, im Winter in den Tälern auf Hartz IV. Ich fange an einzudämmern … Tatsächlich ist ihr Lieblingssport ein Reiterspiel, bei dem man einen Ziegenkadaver ins Ziel werfen muss. Ich erwache wieder.

In Tadschikistan wachsen Maulbeerblätter, von denen sich Seidenraupen ernähren.

Usbekistan, Samarkand. Reich durch Beute. Aber auch durch Handwerk. In Buchara hatte der Henker einen leichten Job: Er musste die Delinquenten einfach nur von einem 45 Meter hohen Turm hinabwerfen. Früher gab es so viele Moscheen, dass die Gläubigen jeden Tag in einer anderen beten konnten.

Da dieses Kamerateam mit einer Unesco-Delegation fuhr, wurde rein zufällig in jedem Ort gerade gefeiert, getanzt und geheiratet, was das Zeug hält.

Turkmenen tragen Trachten mit Mützen, die wie billige Imitationen von Afrofrisuren wirken, aber in Schwarz und Weiß. Eine Volksmusik, dass sich die Heizrohre verbiegen.

Baku, Aserbaidschan. Quasi schon Westen. Der zoroastrische Kult. Seldschuken. Mein Gott, eine irrwitzige Parade von schrägen Klamotten nach der anderen. Diese Seidenstraße ist ein überdimensionaler Rosenmontagszug!

Und endlich der Ararat, die Türkei.

Irgendwann hatte jemand die Idee, den Chinesen ein paar Seidenraupen zu entwenden, und die Seidenstraße verlor ihre Bedeutung. Großartiges Schlusswort: »Seide, die halb durchsichtig ist, verleiht einer Frau etwas Besonderes. Das hat sich bis heute nicht geändert.« Deutsche Bearbeitung: ein gewisser Walter Helfer.

17.00 Uhr. Erste Augenprobleme plus Müdigkeit. Blick zum Fenster hinaus. Dort auch Welt.

17.20 Uhr SWR. Bin wieder fit für »Kaffee oder Tee«. Wertheim, hier gibt's Fachwerkhäuser, aber die Altstadt ist nicht autogerecht.

17.25 Uhr arte. Ein obskurer Vogel namens Waldrapp war in Europa ausgestorben und wurde jetzt aus Marokko geholt und in den österreichischen Alpen neu angesiedelt. Die Orte Rappenköpfe, Rappenspitze, Rappenklamm, Rappenschrofen, Rappenbach, Rabenkopf und die Rappinschlucht liegen an der klassischen Zugvogelroute der Waldrappen.

Irre, dass diese Doku mit der Technik des Simultanbildes arbeitet, bekannt aus der Serie »24«.

Nun werden die Vögel quasi manuell migriert, mit dem Auto im Winter nach Italien in die Toskana gebracht. Nur ein einziger Vogel schafft es schließlich mithilfe seiner Flügel!

17.35 Uhr arte. »Sommer, Sonne, Strand« in Karatschi in Pakistan. Man schnappt sich seinen Gebetsteppich und fährt an den Strand an der Hawks Bay. Beachdresscode: hochgeschlossen. Der Imam kontrolliert und droht Bikiniträgern mit dem Satan. 90 Prozent der Pakistani können nicht schwimmen. Nebenan ist ein westlicher Strand für Bikiniträgerinnen, mit Geld.

Nachts verlangt die Nobel-Stranddisco für die Westelite 40 Dollar Eintritt, verbotenen Alkohol gibt es auch.

18.15 Uhr SWR. Hochdramatisch: Eine Gartenreise am Südzipfel von Rheinland-Pfalz zu den Kandeler Kräuteröltagen. Der Blaue Afrikaner ist eine Basilikumart.

In der Nähe von Hambach liegt ein Bibelgarten. Ein Herr Straub prahlt mit der größten Sammlung biblischer Pflanzen in Mitteleuropa, unter anderem Feigen. Nebenan in seinem Arizonagarten hegt er zudem Bananen und Kakteen.

In Petersberg werden Gartenführungen per Fahrrad und

Pferdewagen angeboten. Okay, ich bin mitten im Senioren-
fernsehen angekommen.

Jemand hat den Garten Karls des Großen nachgebaut ...
Was tue ich hier eigentlich???

18.35 Uhr WDR. »Wandern auf dem Rheinsteig«. Tschüss
Regen, hallo Traufe.

Ich beobachte eine Klangschalenmassage, bei der man
Metallschüsseln auf den Rücken gestellte bekommt, die ge-
schlagen werden. Die Vibrationen sollen heilen.

Spannend! Der »Freistaat Flaschenhals« liegt an der
Grenze zwischen Rheinland-Pfalz und Hessen und war vier
Jahre lang eigenes Gebiet mit eigenem Geld.

19.00 Uhr ZDF. »Heute«. Endlich, der drohende Lufthansa-
Streik. Und sie haben einen Reiserechtler mit normalem
Namen gefunden: Schmid.

19.16 Uhr Phoenix. »Auf den Spuren der Götter« in Negev
und Sinai. Meine Aufmerksamkeit sinkt gegen Null: Minutenlang Bilder von graubraunen Steinen, und dazu erzählt
der Sprecher Geschichten von toten Mönchen. Plötzlich geht
es um Zierfische aus dem Toten Meer, dann fährt ein Jeep
ins Land der Nabatäer, und irgendwo in der Wüste sitzt ein
Japaner auf einem Felsen, der dort Gitarre übt. Seit zehn
Jahren soll er hier sein.

20.00 Uhr Feierabend, aktuelle Augenform: viereckig.

Auf und ganz weit davon –
Urlaubsvideos

Achten Sie mal beim nächsten Feuerwerk darauf, wie viele Menschen es filmen. Sie machen nicht ein, zwei Fotos, nein, sie filmen, bis der Arm versteinert.

Bei www.myvideo stehen in der Rubrik »Urlaub & Reisen« gut 20 000 Privatwerke. 20 000! Ungeschnittene Epen von grillenden Schwagern auf einem spanischen Campingplatz samt Grillschürze mit der Aufschrift »grillender Schwager«. Aber unter den Top-Ten, unter den besten zehn Videos müsste ja schon was sein, dachte ich.

Das Video auf Platz 10 wurde 58 000 Mal angeschaut: »Günzach Abfahrt RE 218«. Es dauert 47 Sekunden und zeigt mit beharrlicher Kamera ungeschnitten, wie eine Lokomotive losfährt. Dahinter: vier Waggons. Fahrgäste darin: keine oder tot.

Auf den weiteren Plätzen rangieren: 9. Absturz eines A320, 8. Straßenschäden in Alma-Ata, 7. Sexy Girls am Strand, 6. Hollandurlaub, 5. Straßenschäden in Alma-Ata 2, 4. Sexy Pattaya-Girls, 3. Sexy Hexy, 2. Tornados. Und bevor ich Platz 1 verrate, noch fairerweise der Hinweis, dass es Unmengen weiterer Portale mit Unmengen weiterer sexy Urlaubsclips gibt, Googlevideo, Sevenload und so fort. Aber wir sind bei Myvideo und kommen zu Platz 1, dem besten Urlaubsclip:

»Lustiges Essen in Angkor«!

Ein Mann liest auf Deutsch eine Speisekarte vor: »Pfeffer, Huhn oder Fisch. Schwein, äh, Moment, Beefsteak mit Pfeffer … oder mit Senf oder Pfeffer. Äh … Was nehmt ihr denn?« Im Hintergrund läuft kambodschanische Flötenmusik. Die User bewerten diesen halbminütigen Clip mit zwei von fünf möglichen Punkten!

Noch mal: Insgesamt stehen 22 417 Videoclips in dieser Rubrik, und der meistgeschaute bekommt die Schulnote 4! Dank der Digitalkamera. Kann man Erfindungen nicht irgendwie wieder entfinden? Wäre schön!

»Konuk-Terraz«

Nach kurzer unsachlicher Umfrage stellte ich fest, dass ich niemanden kenne, der jemanden kennt, der Besucherterrassen besucht. Höchste Zeit für den Besuch bei Besuchern von Besucherterrassen.

Nach kurzer Vorrecherche entscheide ich mich gegen den Düsseldorfer Flughafen, wo für die Besucherterrasse allen Ernstes Eintritt verlangt wird. Stattdessen fahre ich nach Köln, wo der Eintritt frei ist, von 6.30 bis 22 Uhr geöffnet, nur bei »schlechtem Wetter, Gewitter oder Glatteis bleiben die Besucherterrassen aus Sicherheitsgründen geschlossen«. Vielleicht hat man die Erfahrung gemacht, dass Kölner Besucherterrassenbesucher zu beschränkt sind, einen Regenschirm oder eine Kapuze zu benutzen?

Zugegeben, wenn man an einem Flughafen weder jemanden abholt noch hinbringt, selbst nicht ankommt und nicht abreist, wenn man dort auch nicht arbeitet, dann hat man entweder einen an der Waffel oder vielleicht sogar zwei.

Ich habe ein Voyeurgefühl, bin ein Eindringling, wie einer auf der Herrentoilette, der gar nicht muss. Habe ich irgendwie den »falschen« Blick? Der Tag ist grau, es ist wenig los, ich hatte gehofft, einen Familienvater belauschen zu können, der anhand des Motorengeräuschs seinem Sohn erklärt, in wie vielen Stunden ein Triebwerk ausfallen wird. Oder aber erbarmungswürdig schluchzende Mütter, die ihre pubertierenden Kinder eine Woche nach Ibiza entschwinden sehen in herzlosen Wolken, die sich stumm über anonymen Ferienfliegern verschließen.

Theorie: »Von den Aussichtsterrassen des Flughafens haben Besucher einen Ausblick auf die große Start- und Landebahn, die Vorfelder, Frachtbereiche und den militärischen Bereich.«

Praxis: Die Flugzeuge starten viel zu weit entfernt, die Terrasse ist am falschestmöglichen Platz. Allerdings wird man hier nicht kontrolliert, könnte spielend eine Flak hereintragen, aber wie mir eine Fachfrau versichert hat: »Na und? Dann schießt man ein Flugzeug kaputt, das kann man auch über den Zaun am Rollfeld.«

Ich suche mir irgendeinen Menschen, der Zeit zu vertrödeln hat, und versuche, ihn abzulichten, wie er sehnsüchtig einem Flugzeug hinterherblickt. Wir kommen ins Gespräch.

Der Mann mit den warmen Augen ist auf Zwischenlandung. Kommt aus der Türkei, will weiter nach Frankreich. Und Billigflieger machen es möglich, dass er jetzt stundenlang sinnlos am Kölner Flughafen herumsitzt. An einem Ort, der im Fluglotsenslang Affenfelsen genannt wird.

Ahmet heißt er. Er wundert sich schon, was ich hier mache, wenn ich doch nirgends hinfliege und auch niemanden verabschiede oder empfange. Ich druckse herum und quetsche ihn meinerseits aus. Sein Englisch ist routiniert.

»Ich habe in Ohio studiert. Das ist eine andere Welt. Was da 80 Jahre alt ist, wird ›historisches Gebäude‹ genannt. Bei uns in Anatolien gibt es Gebäude aus dem 10. Jahrhundert.«

Ich frage Ahmet, was ich als Tourist in Anatolien tun könnte.

»Kommt darauf an, ob man Sand und Strand oder Kultur will.«

Mal angenommen, Kultur.

»Ich mag auch Kultur. Vor allem im Osten der Türkei sind unheimlich viele Kirchen und Kathedralen, Moscheen natürlich auch.«

Er erzählt mir von einer Stadt namens Ani, schwärmt von ihrer Schönheit, »bevor die Kirche kam«. Er erzählt mir vom Ishak-Paşa-Palast in der Nähe der georgischen Grenze. Er nickt bedächtig, dass die Deutschen immer nur an Izmir, Istanbul und die Küste denken. Blitzartig wird mir bewusst, dass ich mich zum ersten Mal in meinem Leben mit einem türkischen Türken unterhalte.

Und so wie ich Orientalen kenne, dauert es noch fünf Minuten, und er wird mich zwingen, ihn zu Hause zu besuchen und mindestens ein halbes Jahr zu bleiben, oder aber mich für alle Zeiten in die Hölle wünschen, in die Dschahannam. Doch es kommt anders. Ahmet druckst ein wenig herum, erzählt, dass er nur kurz in Frankreich auf der Konferenz ist, dass er ja schon am Dienstag zurück fliegt, dass er da noch länger Aufenthalt in Köln hat …

Während ich drei Tage später auf Ahmet warte, diesmal am Ankunftsterminal, blättere ich durch eine Hochglanzbroschüre des Flughafens, in der kein einziges Flugzeug zu sehen ist, dafür ganz viel Grünzeug, denn der Flughafen hat seit zehn Jahren die »Patenschaft« für die Heidelandschaft außen herum übernommen und »verpflichtete sich auf 30 Jahre, seine durch Ausbaumaßnahmen bedingten Eingriffe in Natur und Landschaft durch Pflegemaßnahmen in der Heide auszugleichen«. Natürlich freiwillig, klar. Aber nein, mit so etwas werde ich Ahmet nicht langweilen.

Zur Sicherheit habe ich einen zehn Jahre alten Dumont-Stadtführer Köln dabei, den ich gottlob nicht brauche. Das wäre auch peinlich. Ahmet hat doch mich als Zufallsgeneratorcityguide dabei.

Was erwartet er von den paar Stunden, die wir Zeit haben, die Stadt anzusehen? Was erwarte ich, was er erwartet? Wenn er überhaupt kommt? Ist das nicht zu bekloppt, sich von einem Wildfremden eine wildfremde Stadt zeigen zu lassen, in der es nichts zu sehen gibt außer einer Riesenkirche und einem grottig geführten Fußballverein, dessen Fans bei jedem Abstieg Karnevalslieder singen?

Außerdem streikt heute die belgische Eisenbahn, also könnten Leute aus Frankreich spontan aufs Flugzeug umsteigen und … Alles Quatsch, Ahmet kommt pünktlich an. Er weiß, was gerade er als Türke einem Deutschen schuldig ist. Und offensichtlich hält er mich weder für schwul noch für kriminell, und wir begrüßen uns herzlich.

Spontan gönnen wir uns ein Taxi ins Zentrum. Und der Taxifahrer ist Türke, klar. Er sollte nicht der letzte heute bleiben.

»Ich habe hier einen Gast aus der Türkei. Was soll ich ihm in ein paar Stunden in Köln zeigen außer dem Dom?«

»Außer dem Dom?« Der Taxifahrer blickt verwundert in den Rückspiegel und denkt kurz nach, dann reden die beiden miteinander türkisch.

»Die Weidengasse.« Die Weidengasse? *Die* türkische Straße in der City? Der Mann war drei Tage aus der Türkei weg und hat Sehnsucht nach nem Döner. Überdies schlägt der Taxifahrer einen Rundgang durch die Altstadt vor. Ich lüge: »Gute Idee.«

Als erstes muss ich Ahmet unermüdlich erklären, dass alle Stadtteile, durch die wir fahren, nicht sehenswert sind. So arm, dass sie sich nur einsilbige Namen leisten können wie Vingst, Eil, Poll, Deutz, Lind, Kalk, Wahn, Porz. Schlimm, arg, bös.

Wir steigen gegenüber dem Dom am brandneuen Triangle-Turm aus, denn er verfügt über eine erstklassige Aussichtsterrasse. Die hat der Dom zwar auch. Vom Dom aus kann man alles sehen, nur nicht den Dom.

Ich hatte neulich ausgekundschaftet, welchen Weg man nehmen muss, um die drei Euro Eintritt zu sparen. Im Erdgeschoss des Bürohochhauses stolpern wir durch Lautsprecherkabel, Rednerpult, Pflanzkübel, die Vorbereitung eines Management-Seminars, tragen aber beide Laptoptaschen und werden so wohl für Manager gehalten, die nur ein wenig underdressed sind. Vorm Aufzug starren uns zahlreiche Kellnerinnen mit versifftem Geschirr an. Im 27. Stock angekommen, müssen wir mehrere Leute fragen, bis wir die Treppe nach oben finden. Und all dieser Tanz, um jeweils drei Euro Eintritt zu sparen. Als wir später runterkommen, sehen wir, dass die Kasse eh nicht besetzt war.

Das Wetter ist gut. Und von dieser Plattform hat man wirklich den unverstellten 360-Grad-Blick, aber auf was? Die Kölnarena, okay. Heidi Klum kennt Ahmet nicht, also sagt ihm auch Bergisch Gladbach nichts. Aber Ford und Bayer. Wir lassen uns von einem anderen Besucher fotografieren. Und zum ersten Mal sagt Ahmet: »Das war bestimmt ein Türke.«

Bonn ist nicht richtig zu sehen. Ich merke immer mehr, dass ich keine Ahnung habe, was ihn interessiert. Er hatte gesagt: Kultur. Aber … Oper? Geschichte? Graffiti? Das Schokoladenmuseum mit seiner Dutziputzi-Bimmelbahn? Trümmer aus dem alten Rom?

Wir verlassen den Aussichtsturm und schlendern zu Fuß über die Rheinbrücke, ich kriege mit Mühe die Eckdaten des Dombaus zusammen. Wenn man etwas zwei Dutzend Mal sieht und hört, muss ja was hängen bleiben.

Man passiert die Philharmonie, und einmal, ein einziges Mal, funktioniert der Vorführeffekt, so wie er soll. Denn die wirren Architekten, die die Philharmonie *unter* den Gehweg bauten, hatten nicht daran gedacht, dass dereinst Skateboards und Fußgänger die Aufführungen stören könnten. Also werden bei jeder Veranstaltung Aufpasser postiert, die alle Störenfriede fernhalten. Ich frage einen, was heute stattfindet. »Keine Ahnung. Ich soll nur hier stehen.« Im Weitergehen wispert Ahmet: »Ich glaube, der war Türke.«

Je näher wir dem Dom kommen, desto mehr stellt sich auch bei Ahmet der vertraute verzögerte Effekt ein: Mein Gott, dieses Gebäude ist wirklich verflucht groß.

Ob er wohl gläubig ist? Keine Ahnung. Ich versuche, ihm zu erklären, wer die »3 Kings« waren, die hier angeblich bestattet sind, und erläutere, sie wären in Wahrheit »nur Sultane« gewesen, weil mir das Wort Beduinenhäuptling auf Englisch fehlt. Ahmet nickt irritiert.

Im Dunkel der Kathedrale fotografiert er brav das Gerhard-Richter-Fenster, dessen Andersartigkeit selbst einem Superlaien wie mir auffällt. Ein rotberockter Kirchenmann berichtet uns, dass an dieser Stelle noch vor dem Dom ein Gotteshaus stand, im 7. Jahrhundert. Also viel früher als in Anatolien, was Ahmet gegenüber recht unhöflich ist von dieser Kirche. In der Krypta finden wir als ersten Bischof einen aus dem 3. Jahrhundert, was Anatolien noch mehr verblassen lässt. Ahmet glaubt, die drei Könige lägen im Keller, pardon, der Krypta, herum, und ich lasse ihn in dem Glauben. Diese Christentum-Islam-Karre steckt eh so tief im Dreck, was soll's.

Draußen auf der Domplatte ist heute verhältnismäßig wenig zu sehen. Oft sind hier ja Pflastermaler zugange, selten gute. Die seit dem ersten Golfkrieg mühsam am Leben gehaltene Klagemauer aus Pappschildern wirkt irgendwie ... fad, farblos, glanzlos. Auch mein Hinweis, »die war mal viel größer«, verpufft in Sinnlosigkeit. Als sich Ahmets Unruhe auch nach einem Toilettengang nicht auflöst, packt er aus: Er will türkische »sosis«, Würstchen, für seine Kinder. Eine deutsch-türkische Sorte, die es in der Türkei nicht gibt. Klar, Mann, kriegst du Würstchen!

Also machen wir nur einen Blitzabstecher ins Früh-Brauhaus. Ahmet trinkt keinen Alkohol. Dafür fotografiert er pflichtbewusst eine ausrangierte Brauvorrichtung samt alten Holzbierkästen. Ich sage, man könne sich in diesem Kellergewirr leicht verlaufen, und verlaufe mich. Wir landen in einem Laden, in dem Apfelwein verkauft wird. Ahmet grinst.

Vor einem Andenkenladen betone ich, wie kölnisch alles ist, die Kuckucksuhren, Deutschlandfahnen, Klappmesser, die Bierseidel, nein, Scherz, das ist natürlich alles aus China. Ahmet möchte auch an der Schande teilhaben und bemerkt pikiert: »Du, da ist auch vieles aus der Türkei dabei!«

Gleich neben dem Dom beginnen türkische Läden, auch die Restaurants gehören zur Billigfraktion, mühen sich abseits der Disney-Altstadt, mit Billigpreisen ein paar verirrte Touris zu ziehen.

Ich gucke kurz in meinen Lieblingswhiskyladen und hoffe, dass mein Tagesgast nicht glaubt, dass ich ihn zum Suff bringen will. Er hat sich noch nicht mal eine Zigarette angesteckt. Ein Türke, der nicht raucht? Vielleicht ist *er* ja der schwule Kriminelle?

Wir kommen an dem Gebäude vorbei, in dem Ohm sein Ohm'sches Gesetz fand, aber wenn Ahmet schon die drei heiligen Könige nicht so richtig kennt ...

Ich schäme mich jetzt schon ein bißchen, wie wenig hier geboten ist. Die längste Fußgängerzone Deutschlands, aber die Läden sind dieselben wie in Bad Salzuflen.

Ich nenne immer wieder Kölner Rekorde: die meisten Brauereien, im Mittelalter die größte deutsche Stadt, hat die meisten Kirchen pro Kopf – lauter absoluter Schwachsinn. Ich muss an Baltimore denken, wo ich mal fast an einem Lachkrampf erstickte, als man mich stolz aufklärte, dass hier das »höchste fünfeckige Gebäude der Welt« stehe. Heute weiß ich, dass so etwas unhöflich ist, und bin jederzeit bereit, den quadratischsten Bienenstock Mecklenburgs zu beklatschen.

Endlich entern wir nach einer Bahnunterführung Klein-Ankara, was auch Ahmet mit einer Mischung aus Belustigung, Freude und Irritation feststellt. Aber ihm ist klar, dass es in einer Stadt dieser Größe noch mehr türkische Stadtteile geben muss. Ahmet wird hier seine »sosis« finden, hoffen wir. Aber der erste Metzger ist beleidigt, dass wir etwas anderes wollen als seine Hausmachersorte. Der zweite Laden ist ein Supermarkt, der schon geschlossen ist. Wir betreten einen Trashladen, und ohne Sinn und Verstand erkläre ich dem Inhaber, dass ich nur Deutsch spreche und Ahmet nur Türkisch. Der Mann rudert mit den Armen und verdreht seine Augen, bedeutet mir: Ja, um Gottes willen? Was soll *ich* denn dagegen machen?

Wir gehen ein gutes Stück die Straße runter, die hier schon nicht mehr Weidengasse heißt, bis zu einem Gemüseladen, der fast genau die richtigen Würste führt, aber jetzt sind wir schon so weit gelaufen, dass Ahmet eine Tüte voll kauft. Das ist seine Kultur. Die ich auch respektiere, und ich halte meine Klappe.

Eine Weile später vermisst mein Gast seine Geldbörse mit allem Drum und Drin. Wir sprinten zurück zu dem Gemüseladen. Horror! Jetzt bitte nicht Polizeiwache und Konsulat und neuen Pass und Affentheater, und hätten wir denn noch frische Bettwäsche daheim? Was wird meine Frau sagen, wenn ich ihr entgegenrufe: »Schahatz, ich hab uns vom Flughafen nen frischen Türken mitgebracht!« Aber Gott sei Dank, die Geldbörse ist noch da. Euphorisch kauft Ahmet zwei weitere Dosen Würstchen. Hat er sich verdient. Im Überschwang erwerbe ich eine Packung Rinderschinken.

Ich schlage vor, deutsch, italienisch oder türkisch zu essen. Ahmet fragt mich, ob ich was Bestimmtes essen wolle, und mir ist es wurst. Noch selten hat ein Mensch so lange gezögert beim Entscheiden für ein Restaurant. Und die Erklärung ist verblüffend: Er schämt sich einfach, dass er gerne türkisch isst!

Wir gehen ins Konak. Ich trinke sehr leckeren türkischen Wein, und Ahmet erörtert mit der Kellnerin, dass ja eigentlich zu Iskender Kebap Reis dazugehört. Ich nicke der Kellnerin zu, die stutzt. Ich gebe zu, nur die Wörter Pilav und Iskender zu verstehen, scherze noch, dass der Koch ja vermutlich eh aus Nigeria wäre, worüber Ahmet sehr herzlich lachen kann, die Kellnerin aber schaut entrüstet.

Wir plaudern über Gott und die Weltwirtschaft. Ahmet glaubt, Indonesien und Malaysia werden aufsteigen, die USA auch (ich widerspreche). Die Türkei kommt nicht in die EU, darin sind wir uns einig, wenn auch aus unterschied-

Der kleine Päckchenhelper Mal wieder zu viel im Urlaub ge-
shoppt? Um sich die Kosten für Übergepäck zu sparen, kommen Schlaue auf die Idee, ihre Einkäufe per Post nach Hause zu
senden. Was Sie vom deutschen Zoll in Päckchen und Paketen
von außerhalb der EU zumindest genehmigen lassen sollten, ist
Folgendes:
Tiere, Alkohol, chemische Produkte, Metalle, Kosmetika, Lebens-
mittel, ungegerbtes Leder und Tierhäute, Minerale, pharma-
zeutische Produkte, Samen, Tabakwaren, manche Spielwaren,
Gemüse, Holz, Wolle.
Generell unzulässig sind:
Unedle Metalle, Münzen und Medaillen, getrocknete Rebstöcke,
Flüssigkeiten mit einem Alkoholgehalt über 82 Prozent, Hör-
geräte, Methylalkohol, Waffen, Spielzeugwaffen, Videospiele und
Absinth.
Außerdem alles, was ganz allgemein im internationalen Post-
verkehr verboten ist: Explosiva, komprimiertes Gas, brennbare
Flüssigkeiten, brennbare Feststoffe, Oxidanzien, Gifte, Betäu-
bungsmittel, radioaktives Material, Ätzstoffe, Magnete, Ölpapier
und natürlich polymerisierbare Materialien.
Aber sonst ist alles erlaubt.

lichen Gründen. Er prophezeit, die Türkei werde sich nach
Asien orientieren. Flächenmäßig sei sie eh Asien und Istanbul kulturell eine Ausnahme.

In den USA hatte er als Wissenschaftler einen schweren
Stand, weil er nie mit den anderen Kollegen trinken ging.
Noch dazu müsse man dort dauernd viel arbeiten.

Die Konferenz in Marseille, bei der er war, findet alle
drei Jahre statt. Es ist ein internationales Treffen der Typhus-
forscher. Und Ahmet ist an diesem Tag der einzige Mensch,
der von Marseille nach Istanbul fliegt. Mit einem Umweg
über Köln, der fast 900 Kilometer ausmacht.

Wir lachen und staunen über die deutsch-türkischen

Edgar-Werbepostkarten, ich scheitere, ihm den Gag »Deutsche Ayşe« zu verklickern.

Ahmets Frau hat mal in Kiel gelebt, ist aber nie aus der Stadt rausgekommen. Seine Schwiegermutter spricht auch nach 30 Jahren kein Deutsch. Ahmet gibt auch zu, dass er über die deutsche Organisiertheit staunt, aber dass ihm das Land zum Leben zu kalt wäre.

Wehmut hat sich über diesen Abend mit den sonderbaren Vorzeichen gelegt. Wir spazieren zurück zum Bahnhof, und unterwegs erfahre ich, dass er wegen der Zeitverschiebung um fünf Uhr morgens in Istanbul ankommt und noch mal fünf Stunden auf seinen Weiterflug in seine Heimatstadt, das weit östlich gelegene Kars, warten muss.

»Und wenn du den verpennst?«

»Dann muss ich einen Tag lang warten, denn Sun-Air fliegt die Route nur einmal am Tag.«

Ich weiß jetzt, dass der Typhuserreger Rhettsiae heißt, und besitze eine Packung Rinderschinken.

PS: Wäre Ahmet einen Tag später gekommen, hätte im Dom die große Glocke mit dem Folklorenamen »der dicke Pitter« geläutet, weil der Glocken-TÜV da war. Ein Tag, an dem immer zahlreiche Anwohner in Panik verfallen, weil der Pitter nur an hohen Feiertagen läutet oder wenn ein Papst stirbt. Der Pitter ist übrigens die größte freischwingende ... oder schwerste ...? Ach, egal.

PSPS: Laut Turkish Airlines gibt es in der Türkei eigentlich keine Besucherterrassen. Eine Sekretärin sagte, die Begriffe dafür seien:

VIP Salonu = VIP-Terrasse
Ziyaretci Salonu = Besucherterrasse
Ugurlama Salonu = Abschiedsterrasse

Kreuzfahrtschifftestertester

Auf dem Heimweg von einer Tourismusmesse saßen mir zwei frische Damen im erwachsenen Alter gegenüber, die zwar nur in Andeutungen, aber doch verständlich genug signalisierten, dass solche Messen das Grauen in Tüten sind. Sie arbeiteten für »Delphin Kreuzfahrt« und sind froh, einfach mal frei von der Leber weg Eigenwerbung machen zu dürfen.

»AIDA fährt wie eine Straßenbahn, diese Woche dahin, nächste Woche zurück. Ab der dritten Woche fängt das Programm von vorne an. Wir besetzen da eine Nische. Wir laufen wirklich noch Häfen an. Und wir sitzen mit dem Weltatlas auf den Knien da und gucken, wo wir noch nicht waren. Auf so einem Fragebogen, wie man sie Kunden austeilt, hat einer mal als Wunschziel geschrieben: Karolinen und Marianen. Dann sind wir da hingefahren. Und dann sagten alle: Häh? Was sollen wir denn hier?«

So wie es ein distinguierter Herr in einer gepflegten Unterhaltung tun würde, werfe ich ein, dass sich ja mindestens Philatelisten über die Karolinen freuen dürften, die mal deutsche Briefmarken-Ausgaben hatten, ebenso wie die Marianen, die aber vor allem durch die tiefste Meeresstelle der Erde glänzen. Die Damen nicken höflich.

Und sind die Gäste von Kreuzfahrtschiffen die, von denen man es vermutet?

»55 bis 60 ist der Durchschnitt, die sogenannten Best Agers. Aber es sind schon Unterschiede da. Die Amerikaner setzen zum Beispiel auf das ›Erlebnis Schiff‹. Die Schiffe sind so groß, dass sie in gar keinen Hafen reinpassen. Bei uns weiß jeder alles über den anderen. Die Kreuzfahrtbranche ist ein Dorf.«

Gibt es da nicht diesen einen Tester, der nichts anderes macht?

Die Damen nicken respektvoll und ironiefrei: »Douglas Ward. Gott.«

Ich musste 42 werden, um endlich von Gott zu hören, zunächst per E-Mail. Die Verbindung hat also schon mal geklappt. Er schrieb mir!

»Ich bekomme von zahlreichen Leuten aus verschiedenen Ländern viele Interviewanfragen. Und meine eigene Arbeit ist sehr zeitaufwendig, da ich wieder an einem neuen Buch arbeite.«

So fangen Absagen an.

»Dennoch bin ich zufällig mit meiner Frau kurz in Deutschland auf einer Donaukreuzfahrt. Der einzige Tag, an dem ich Zeit habe, ist der 26. in Passau.«

So klingen Zusagen, wenn auch mit spitzen Fingern. Und das, nachdem ich Douglas Ward geschrieben hatte, dass doch alle zu Hause bleiben sollten und allenfalls noch in Bournemouth und Brighton Urlaub machen, die Deutschen auf Pellworm und Sylt.

Die Viking-Europe-Kreuzfahrt fährt ein gutes Stück die Donau hinunter, von Regensburg bis Budapest. Innen ist alles gehobener amerikanischer Standard. Am Empfang, der hier aussieht wie in einem Hotel, überprüft man mich, nicht streng, aber aufmerksam. Ich scherze ganz harmlos, ob man nicht die Bomben in meinem Koffer sehen wolle. Und drei dickflüssige, schwere Sekunden lang atmen die Angestellten hinter der Rezeption nicht. Na gut, dann muss ich halt als erster lachen. Sie atmen auf. Hier herrschen nordamerikanische Sicherheitsverhältnisse. Auch optisch hat ein amerikanischer Designer versucht, dem Schiff eine europäisch wirkende Inneneinrichtung zu verpassen. Es stellt sich heraus, dass der Designer Skandinavier ist. Aber auch dort weiß man ja, wie Welterfolge zusammengetackert werden.

Douglas Ward hat eine mächtige Aura. Um unter den Sterblichen nicht aufzufallen, trägt er zu einem lässigen Anzug Freizeitschuhe. Smart, diese Schöpfertypen. Ich soll ihn

Douglas nennen. Ich kenne den Allmächtigen nun seit zwei Minuten, und er bietet mir das Du an!

Wir sitzen knapp über der Wasserlinie im Cafébereich. Er möchte am Fenster sitzen, irgendwelche Büffetreste stehen neben uns herum nebst vornehmen Kellnern, die mir alles Mögliche anbieten. Aber mir bollert noch mein Wurstsalat aus der Passauer Hausbrauerei Peschl im Magen herum, und ich hoffe, dass aus mir nicht übermäßig die Zwiebeln dünsten.

Das ganz Sonderbare ist, dass dieser Mann nicht nur deutlich kleiner aussieht als der, den ich in einem Fernsehbericht gesehen habe. Er hat auch ein anderes Gesicht und andere Haare! Gute Güte, wer ist dieser Mensch, den mir hier das MI6 auf den Hals geschickt hat? Ich probiere es mit Überfall.

Douglas, womit könnte ich dich bestechen?

»Ich bin unbestechlich.«

Klar, §2.1 aus dem Handbuch des MI6. Angeblich verfasst Ward Bücher mit Titeln wie »Great River Cruises – Europe & the Nile« und »Cruising & Cruise Ships«. Und angeblich hat kein Mensch auf diesem Planeten so viele Kreuzfahrten gemacht wie er.

Du hast wirklich die Interviewzahl reduziert?

»Ja, es ist zu viel geworden. Neulich habe ich mal wieder eines gegeben, der Zeitschrift Marie-Claire, die Hongkong-Ausgabe, aber ich habe nur zugesagt, weil es für mich auf dem Weg lag, und ich war eh gerade in China.«

Ich frage, welches seiner Bücher ich denn erwähnen soll, das mit den Flusskreuzfahrten oder das andere. Er erklärt mir, dass er zu 70 Prozent das mit den Flüssen geschrieben hat, dass das andere aber auch seine Idee war. Für einen deutschen Verlag! »I like Germany«, schmunzelt er.

»Alleine hier in Passau gibt es acht Biersorten. Kennst du die Geschichte des Bierkriegs zwischen Hamburg und Bremen? Na egal, jedenfalls habe ich ein gutes Verhältnis zu

Deutschland. Meine Flitterwochen habe ich in Baden-Baden verbracht.«

Ich schmunzle zurück, »I like Germany« wäre doch eine tolle Überschrift, und sein Schmunzeln verrostet in Sekundenschnelle.

■ ■ ■

Jux und Dollerei Für kommende Generationen, Ladies and Gentlemen, der Originaltext, please welcome: die Bahn.
»Herzlich willkommen, meine Damen und Herren. Ich begrüße die in Frankfurt am Main Flughafen Fernbahnhof zugestiegenen Fahrgäste im ICE auf der Weiterfahrt nach München über Mannheim, Stuttgart, Ulm und Augsburg recht herzlich an Bord und wünsche auch Ihnen einen angenehmen Aufenthalt. (Pause.) Mein Name ist Hoffmann. Ich begleite Sie mit meinem Team und stehe für Fragen sowie Wünsche gern zur Verfügung. Unser nächster fahrplanmäßiger Halt wird 13 Uhr 24 Mannheim Hauptbahnhof sein. Wir wünschen eine angenehme Fahrt.« (War's das? Nein!)
»Ladies and gentlemen, welcome on board of the ICE to Munich via Mannheim, Stuttgart, Ulm, and Augsburg. My name is Hoffmann. My team and I wish you a pleasant journey …
Meine Damen und Herren, ich darf Sie auch auf unseren gastronomischen Service aufmerksam machen. In den Wagen 25 und 35 befindet sich jeweils unser Bordrestaurant mit anschließendem Bordbistro, wo wir Sie gerne begrüßen. Schauen Sie doch einfach mal vorbei und genießen Sie unsere reichhaltige Auswahl an Speisen und Getränken. In der ersten Wagenklasse servieren wir Ihnen Getränke und kleine Speisen auch direkt an Ihrem Platz.«
Hach, ich könnte es immer wieder hören. Tue ich auch. Auf den 70 Kilometern von Düsseldorf nach Dortmund sechsmal, alle zehn Minuten. Gefolgt von Hinweisen, dass man demnächst in Dingens ist und nach Kirchen umsteigen kann. Kennen Sie auch Menschen, die steif und fest behaupten, dass man im Zug lesen könne? Alles Autofahrer, glauben Sie's mir!

■ ■ ■

»Ich werde so oft falsch zitiert, gerade von der Boulevard-presse.«

Ich versichere ihm, die Boulevardpresse doof zu finden. Er nickt.

Draußen rieselt feiner Schnee auf die Donau, die – wie Douglas wiederholt betont – hier eine sehr starke Strömung hat. Ich prahle, dass ich schon über den Rhein geschwommen bin. Und Douglas enttarnt mich mit der zarten Frage: »Aber da warst du jünger, oder?«

Douglas, was erzählst du den anderen Kreuzfahrtgästen, was du beruflich machst?

»Ich sage ihnen, dass ich Elefanten an Zoos verkaufe, und dann endet das Gespräch. Nein, war ein Witz. Ich sage den Leuten, dass ich gern reise. Sie halten mich für reich. Jeder hält mich für reich. Aber das bin ich gar nicht.«

Du lieferst den Reisenden Informationen, aber auch den Veranstaltern?

»Genau. Die Firmen nutzen mich als Qualitätskontrolle. Und die Zielgruppe ist nordamerikanisch«, sagt er und deutet zum Restbüfett hinüber. »Das Essen ist auch auf Europäer, aber vor allem auf US-Amerikaner zugeschnitten. Typische Kreuzfahrgäste sind Lehrer und Professoren ab 50, viele davon in Rente. Und für manche ist es überhaupt ihr erster Trip außerhalb der USA.«

Ich blättere durch eines der zahlreichen hochwertigen Infoblätter, die an Bord ausliegen. Ganz ohne Ironie wird erklärt, dass Deutschland »ein bisschen kleiner als Montana« ist. Montana hat weniger Einwohner als Köln.

»Ich erhalte 3000 Briefe im Jahr, viele Passagiere halten mit mir Kontakt. Es dauert maximal 24 Stunden, dann erfahre ich, wenn bei der Soundso-Kreuzfahrtlinie kein Schokoladentäfelchen mehr auf dem Kopfkissen liegt. Mein Vater sagte mir, egal was ich machen will, ich muss auf Ehrlichkeit und Integrität achten. Und ich achte auf Ehrlichkeit und Integrität.«

Und deswegen bist du erfolgreich? Wie in solchen Fällen üblich, weiß der Brite nicht, wie er auf ein Kompliment antworten soll, und schlürft an seinem Cappuccino.

»Am 21. Juli 1956 bin ich mit der Queen Elizabeth von Southampton nach New York gefahren. Ich habe an Bord der alten Queen Elizabeth Filmstars erlebt, habe Count Basie und Duke Ellington kennengelernt, die mit ihren Bands reisten. Einmal traf ich sogar Liz Taylor und Richard Burton, die mich zu sich an den Tisch luden. Kannst du dir das vorstellen? Und irgendwann war ich selber mal Kreuzfahrtdirektor. Und manchmal führt eins zum anderen. Ich habe sehr viele Unterlagen aufgehoben, die ich noch mit der Schreibmaschine geschrieben habe. Reisen, vor allem Auslandsreisen, sind die beste Bildung der Welt. Und die Welt ist groß!«

Der Kellner spricht kein Deutsch, an der Rezeption waren Tschechinnen. Sprichst du Fremdsprachen?

»Ich spreche jiddish, radish, rubbish …«, lacht Ward. »Nein, nichts außer einzelnen Wörtern. Aber ich habe vier Jahre auf den Bermudas gelebt, daher ist mein Englisch eher transatlantisch.«

Und es ist in der Tat klar wie ein Gebirgsbach.

»Mein Vater war Ingenieur, insofern hätte ich auch was mit Zügen zu tun haben können oder Flugzeugtester werden können. Es ist also Zufall, dass mich Schiffe interessieren.«

Dann könnten sie auch ohne Passagiere sein?

Nach kurzem Zögern kommt: »Ja, auch ohne Passagiere.«

Welche Rolle spielt das Essen, die Qualität der Hotellerie, der Service, das Drumherum?

»Die meiste Zeit geht es beim Testen um den Gegenwert, den man für sein Geld bekommt.«

Siehst du es positiv, dass Kreuzfahrten den Elitecharakter eingebüßt haben und immer mehr im Mainstream herumpaddeln?

»Es erzeugt einen Druck auf die Qualität. Aber auch wenn

die Spritpreise hoch sind, werden ja die Buchungspreise ein bis zwei Jahre vorher kalkuliert. Ein echtes Problem für die Veranstalter.«

Mittendrin schaltet sich mein Aufnahmegerät ab, und noch bevor ich reagieren kann, drückt Douglas gedanklich eine Pausetaste und setzt mit umgedrehter Cassette an genau derselben Stelle wieder ein. Profi.

»Es ist eine kleine Branche, die viele Leute ernährt. Momentan ist es ja so, dass die meisten Chinesen noch keine Visa bekommen. 1970 hat die Branche in einem ganzen Jahr eine halbe Million Kunden gehabt, heute sind es 16 Millionen! Und es werden mehr. Japaner durften lange nicht reisen, tun es aber immer noch in Gruppen wegen mangelnder Fremdsprachenkenntnisse. Ältere haben immer mehr Zeit und Geld für Weltreisen. Zeit, die Jüngeren fehlt. Eine Ausnahme sind junge japanische Sekretärinnen, die drei Monate lang eine Auszeit nehmen und auf dem Peaceboat arbeiten.«

Das Peaceboat ist eine Art Greenpeace-Schiff für Frieden, Menschenrechte, Umwelt und solches.

»Es gibt Schiffe für alle Arten von Leuten, siehe Aida. Aida ist zugeschnitten auf junge Familien, das ist also ein gutes Produkt. Transocean dagegen ist sehr traditionell orientiert, oder Hapag-Lloyd, die bedienen eben verschiedene Bedürfnisse.«

Darf ich raten, wie du privat Urlaub machst?

»Klar, ich bleibe zu Hause.«

Wenn ich Gott wäre und dürfte dir einen Wunsch erfüllen?

»Nur auf dem Wasser oder egal?«

Egal! (Gottsein macht mir jetzt schon Spaß!)

»Ich habe etwa 2000 Häfen gesehen, also wäre es auf dem Land, vielleicht Wandern in Bhutan. Aber meine Frau ist Japanerin, ich will ihr mal die Schweiz zeigen, da war sie noch nie.«

Hat dieser Job denn gar keine unangenehmen Seiten?

»Oh doch. Feuer, Stürme, Hurrikane im Atlantik. Wenn man das auf einem Ozeanriesen erlebt hat, ist man danach sehr müde. Da waren Wellen«, er überlegt, »etwa 40 Meter hoch, Fenster gehen kaputt, viele werden seekrank, erleiden sogar Knochenbrüche.«

Und dann will man den Job nicht hinschmeißen?

»Das nicht, aber man ist noch ein paar Tage lang sehr, sehr müde. Übrigens, so ein großes Schiff hat fünf, sechs Särge an Bord.«

Du kannst aber schwimmen?

»Ich bin auf Bermuda geschwommen, plötzlich war ich rundum von Hammerhaien umgeben, seitdem habe ich nicht mehr so viel Spaß am Schwimmen.«

Was passiert, wenn wirklich jemand über Bord geht?

»So gut wie keine Chance. Nachts hört man sie nicht mal schreien, nur im Idealfall, wenn Leute draußen an Deck sind, die See ganz glatt ist und der Wind günstig steht. Mann über Bord ist aber selten. Guck mal da hinaus auf die Donau.«

Ich gucke hinaus auf die Donau, die lautlos durch den Fusselschnee fließt.

»Selbst dieser Strom genügt, um einen abzutreiben. Ich rate den großen Unternehmen ab, in die Polargebiete zu fahren. Wenn da oben in der Arktis ein Schiff mit 1500 Menschen an Bord kentert, das dauert, bis Rettung kommt... 1992 wurde das Kreuzfahrtschiff Royal Pacific vor Malaysia von einem taiwanesischen Schiff gerammt, es ist in weniger als 20 Minuten gesunken. Mit 500 Passagieren an Bord.«

Hast du einen Lieblingsgesprächspartner auf einem Schiff?

»Am liebsten rede ich mit dem Steuermann und den Ingenieuren, weil ich kein Konkurrent für sie bin. Wenn sie auf einem Containerschiff arbeiten, sind sie ein halbes Jahr weg, für die Leute auf einem Kreuzfahrtschiff sind es normalerweise höchstens drei Monate. Was aber auch nicht wenig ist. Es ist viel, wenn man eine Familie hat.«

Welchen Stellenwert haben die Landausflüge?

»Ich habe schon so viele mitgemacht, auch viele aktive, war in Alaska, bin auf Dschungeltouren durchs Unterholz gekrochen, habe Hundeschlittenfahrten in Island und Grönland gemacht. Insgesamt kann man sagen, dass die Landausflüge heute viel origineller sind als früher. Aber ich mache sie meistens nicht mehr mit.«

Wie viel bist du unterwegs?

»Ich habe 40 bis 80 internationale Flüge pro Jahr. Dreimal im Jahr ist mein Gepäck weg, die Verspätungen haben zugenommen. Ganz schlimm ist, wenn meine Kamera weg ist. Meine Aufzeichnungen schreibe ich oft an Bord, weil ich direkt danach schon wieder aufs nächste Schiff gehe. Gleich hier im Anschluss fliege ich von Budapest nach London, fahre heim nach Bournemouth und fliege von London nach Puerto Rico und gehe aufs nächste Schiff. Es ist für mich ein 24-Stunden-Job, aber auch wenn es ein arges Klischee ist – ich könnte nicht von neun bis fünf in einem Büro sitzen.«

Was empfindest du für Leute, die selten oder gar nicht verreisen?

»Ich habe vier Jahre auf den Bermudas gelebt, da habe ich mal einen Menschen kennengelernt, der am östlichen Zipfel der Insel lebte und sein gesamtes Leben kein einziges Mal in dem Ort war, der vier Meilen weiter im Landesinneren liegt. Bemerkenswert.«

Die Reisepriesterin

In einem früheren Leben betrieb Tiziana Stupia mehrere Plattenlabel und arbeitete als Redakteurin für Rockzeitschriften. Die hessische Deutsch-Italienerin ist schon Anfang der 90er-Jahre nach Großbritannien ausgewandert und gibt heute als Beruf »Reisepriesterin« an. Man kann ihre religiösen Dienste unter sacred-ceremonies.co.uk buchen.

Was muss ich mir unter einer Reisepriesterin vorstellen?

»Eine Priesterin, die reist! Ich bin heidnische Priesterin und habe eine neunmonatige Reise durch Asien hinter mir. Es ist vielleicht eine etwas ›andere‹ Art von Reisen, denn der Fokus meiner Reise war, mich mit anderen Religionen zu verbinden, deren heilige Plätze aufzusuchen sowie Rituale und Praktiken zu lernen.«

Mit welchem geografischen Ziel bist du losgefahren?

»Ich wollte nach Pakistan. Ich hatte eine Einladung, die Wintersonnenwende mit dem Kalash-Stamm im Hindukusch zu feiern. So überlegte ich mir: Wie kann ich von England nach Pakistan gelangen, ohne zu fliegen? Am besten mit dem Zug! Und so entstand diese langsame Reise.«

Ich traue mich nicht zu fragen, wie man an eine Einladung kommt, mit dem Kalash-Stamm die Wintersonnenwende im Hindukusch zu feiern, und erkundige mich stattdessen, wie viele Vorinformationen Tiziana hatte.

»Einige, hauptsächlich Informationen über die Züge – viele von diesen, wie zum Beispiel die Transsibirische Eisenbahn und den Zug von Peking nach Lhasa, muss man nämlich schon lange im Voraus buchen. Und natürlich musste ich Visa für alle Länder haben. Zudem, da ich mich, bis Pakistan, nie lange in den Ländern aufhielt, hatte ich immer ein Anlaufziel: ein Gästehaus oder einen Kontakt. Über die Länder wusste ich ehrlich gesagt nicht sonderlich viel – sicher, ich hatte Reisebücher, aber ich lerne lieber durch eigenes Erfahren.«

Für wie lange war deine Reise geplant?

»Einige Monate. Die Idee kam mir im Januar 2007, aber ich entschied mich erst im Juni oder Juli, dann wirklich im September loszufahren.«

Sind dir in Indien oder sonstwo in Asien gleichgesinnte Europäer begegnet?

»Ja, hauptsächlich in Indien. In den anderen Ländern hatte ich mehr Kontakt mit der Bevölkerung, was ja eigentlich auch Sinn der Sache ist.«

Kannst du deine Reise in dieser Form uneingeschränkt weiterempfehlen?

»Ja, kann ich. Ich machte unglaublich reiche und schöne Erfahrungen. Natürlich muss man sich vorbereiten und auf Herausforderungen gefasst sein, aber es ist eine Erfahrung, die ich jedem wünsche.«

Glaubst du, dass du zu dem besonders veranlagt bist, was du tust?

■ ■ ■

Erst abheben, dann ableben British Airways verzeichnet jährlich zehn Menschen, die einen Flug nicht überleben – Abstürze nicht mitgerechnet. Die BA geht freilich pietätvoll mit den Verstorbenen um. Hingegen haben die Kollegen von Singapore Airlines in einige Maschinen »Leichen-Ablagefächer« eingebaut. Falls mal kein Sitzplatz für den Toten frei ist.
Übrigens: Bei Hotelpersonal gibt es angeblich für verstorbene Urlauber den Begriff der »Kaltabreise«.

■ ■ ■

»Kann ich nicht so beurteilen. Was ich am meisten hörte, vor, während und nach der Reise, war, dass ich so ›mutig‹ bin. Wieso mutig, dachte ich mir dann immer. Ist es nicht eine ganz normale Sache, frei in die Welt hinauszuziehen, andere Menschen und Kulturen kennenzulernen? Braucht man dazu wirklich Mut?«

Was war unterwegs das größtes Problem?

»Am problematischsten war für mich, richtige Stille zu finden in Asien und gut schlafen zu können in den Gästehäusern, Zügen, Ashrams und so weiter. Besonders in Indien haben die Menschen einen völlig anderen Bezug zu Lärm und Stille, und das kann manchmal ganz schön stressig werden. Ansonsten waren die Temperaturen manchmal herausfordernd: klirrende Kälte in der Mongolei, Tibet und Pakistan (und natürlich keine Heizung!), wahnsinnige Hitze in Indien. Manchmal ist es auch schwierig, sich in die völlig anderen Kulturen einzufühlen: Die Denkweise der Asiaten ist teilweise völlig unverständlich für uns Europäer (und umgekehrt). Das macht das Reisen natürlich sehr spannend, es kann durch mangelnde Kommunikationsmöglichkeiten aber auch brenzlig oder peinlich werden.«

Gab es Gefahren, wenn ja, welche?

»Sicher, die gibt es ja überall. In Pakistan gab es Bomben – ich war in Islamabad, als Benazir Bhutto ermordet wurde. Und in Lahore explodierte eine große Bombe einen Kilometer von meinem Hotel entfernt. Pakistan birgt für alleinreisende Frauen auch andere Gefahren, aber ich muss sagen, dass ich hauptsächlich positive Erfahrungen mit der Gastfreundlichkeit der Menschen gemacht habe. Gesundheitlich muss man mit den Nahrungsmitteln aufpassen sowie mit dem Höhenunterschied in Tibet, der manche Leute ziemlich krank macht. Und in Indien muss man ganz besonders aufpassen, was die Männer betrifft. Dort herrscht ein teilweise sehr verzerrtes Bild von westlichen Frauen, was oft zu Belästigungen führt.«

Gibt es etwas zum Stichwort Drogen zu sagen?

»In Pakistan gab es viele Drogen, besondes in Lahore, aber auch oben in Chitral, wo viele Einheimische Haschisch rauchen. Das ist auch in Indien en vogue, hauptsächlich bei

Fundstück
in Indien.

den jungen Backpackern, aber auch bei den jungen Indern und ganz besonders bei den Sadhus, den indischen ›heiligen Männern‹.«

Bleibst du jetzt in Europa?

»Das wissen nur die Götter. Wenn ich eines gelernt habe während des Reisens, dann ist es, nicht zu viele Pläne zu machen. Das Reisefieber wird mich bestimmt irgendwann wieder packen … und mich zieht es in den Mittleren Osten.«

Glaubst du, dass man reisen lernen kann?

»Ganz bestimmt! Ich wusste ja auch nicht besonders viel, als ich loszog … Man lernt das aber ganz schnell ›on the road‹. Muss man, sonst hält man nicht lange durch!«

Hit the road, Jack!

Frage an eine Band: »Wo spielt ihr am liebsten?« Antwort der Band: »Vor vollem Haus«. Und hierin steckt schon das Wesen einer Konzertreise: Es ist den meisten Künstlern Jacke wie Hose, in welcher Stadt ihre Bühne steht.

Nächste Frage an die Band: »Was bedeutet euer Name?« Die Antwort der Band ist normalerweise eine langweilige Geschichte, wie der Onkel des Bassisten mal in eine seltene kroatische Krötenart getreten ist. Einmal habe ich jedoch erlebt, dass eine Band sich über ihren eigenen Namen ärgerte: Econoline Crush. In Nordamerika verstand jeder den Sinn, im Rest der Welt kein Mensch. Denn der Ford Econoline war eine Zeitlang ein gefragter Tourbus für Bands, was in Verbindung mit Crush einfach der Zusammenstoß zweier Bands auf Tour ist. Eine deutsche Band hätte Ford-Transit-Unfall geheißen – auch nicht besser.

In Bandnamen, Songs und Albumtiteln kommen haufenweise Begriffe zum Leben auf Tour vor, rolling, driving, touring, thematisch perfekt zusammengefasst aus der Sicht eines Bandroadies in »(We are) The Road Crew«: eine andere Stadt, eine andere Frau, schlechte Ernährung, Trennungsschmerz, Traurigkeit, starkes Bierverlangen, Ohrenschmerzen, schwer aufzufindende Hotels, Backstagepässe, Grenzübergänge, Instrumentenkoffer, verwüstete Hotels, Geschlechtsverkehr mit irgendwem, Straßenkarten obskurer Staaten, Raststätten, Fremdsprachen, Zollkontrollen, fremde Küsten, Narben zum Angeben – wir sind die Road Crew!

Das teuerste Werk zum Thema erhalten Sie bei Amazon, die CD-Box mit dem opulenten Titel »Grateful Dead 24 Cd Bundle: Golden Road & Beyond Description (UK Import)« für kerngesunde 975,53 Euro.

Billiger geht's aber auch: »End of the road« von Boyz II Men, »Country Roads« von Hermes House Band und »On the Road« mit unbekannter Musik von unbekannten Musikern – alles für jeweils 0,01 Euro.

Der bestbewertete Road-Titel ist »Abbey Road«, die Band soll es aber nicht mehr geben.

Im Rock-Roman »TraumHaft« beschreibt Matthias Penzel, dass alles, was bei einer Band eine Rolle spielt, on the road geschieht, wie ShamPain mit der Erddrehung touren, dabei durchdrehen, betrogen werden, andere betrügen, sich durch Jetlags kämpfen und wieder landen, wo sie gestartet sind – der entscheidende Unterschied zwischen Konzertreise und Himmelfahrtskommando.

Der Film tat sich immer schwer darin, das Leben auf Tour zu beschreiben. Einige treffsichere Momente sind jedoch in der halben Johnny-Cash-Biografie »Walk the Line« – wer hat schon präsent, dass es in den 50ern normal war, dass ein Countrysänger, ein Rockmusiker und ein Schlagermädel zusammen auf einer Bühne standen? Die schönsten Klischees vom Excess all areas zeigt »Rock Star« mit Mark Wahlberg als Metal-God der 80er-Jahre samt Groupies, die wortwörtlich vor Hotelzimmern Schlange stehen, ausgelassenem Drogenspaß und dem Klassiker des mitten in der Tour aussteigenden Leadsängers.

Am schwersten ist vielleicht zu ermitteln, welcher Musiker denn den Tourrekord überhaupt hält. Die meisten Konzerte in einem Jahr hat mit Sicherheit Bluesmusiker B. B. King gespielt, als er im Jahr 1956 insgesamt 342 Mal auftrat. Der Mann hatte in einem Jahr gerade mal 21 Sonntage frei! Okay, nur theoretisch, und außerdem war 1956 ein Schaltjahr, aber … trotzdem!

Ende der 60er war er einer der ersten schwarzen Musiker, der vor weißem Publikum auftrat, im Fillmore West in San Francisco. Und erinnert sich: »Ich hatte ja schon oft im Fillmore gespielt, da hatte es noch einen anderen Besitzer. Aber als ich dieses Mal da ankam, waren da lauter langhaarige Teenager – die hatten alle Haare wie Jesus Christus.«

Man kann wohl jedes denkbare Kriterium nehmen – Zahl der Konzerte in seinem gesamtem Leben, gereiste Kilometer, besuchte Städte –, B. B. King wird in allen Kategorien mindestens unter den vorderen drei zu finden sein. Selbst 2008 trat er in einem Zeitraum von 150 Tagen noch an 37 Abenden live auf. Okay, das klingt nicht nach so viel. Aber der Mann ist über 80!

Nur den hirnrissigsten bekannten Tourrekord hält er nicht. Die britische Band Def Leppard hat es bislang als Einzige geschafft, binnen 24 Stunden in drei Kontinenten aufzutreten: Tanger/Afrika, London/Europa, Vancouver/Amerika. Dank der Zeitverschiebung!

Noch eins: Vor einigen Jahren lief ich in New Orleans in der Bourbon Street in einen Klub. Sie können ruhig diesen kartoffelförmigen Planeten verlassen, ohne den Eiffelturm gesehen zu haben, aber die Bourbon Street sollten Sie sich gönnen. Ich betrat also eine Kneipe, wo eine Band live spielte. Das ist in New Orleans so ungewöhnlich wie in Berlin-Mitte ein Café, wo die Menschen Brillen tragen, auf die sich vorher offenbar jemand draufgesetzt hat.

In diesem Klub spielte eine Bluesband. Der Türsteher verkündete mir – wie vor Ort üblich –, dass der Eintritt frei ist, dass dafür jedes Getränk einen Dollar mehr kostet, ein äußerst faires Geschäft, wie ich finde. Dumm ist, dass ab diesem Zeitpunkt meine Informationen immer dünner werden. Die Band war großartig. Der Bluesmann, der den Mikrofonständer dazu benutzte, um nicht samt seinem Hocker umzufallen, drohte jede Sekunde an Altersschwäche zu sterben. Doch alleine seine roten Augen mit den geplatzten Adern in diesem schwarzbraunen Knautschgesicht waren mehr am Leben als die Hälfte des jugendlichen Publikums. Leider war nach drei, vier Songs schon Pause. Für Getränkeumsatz. Ich ging zur Bühnenseite und wagte, einen der

Musiker zu fragen, ob ich den Chef kurz interviewen könnte. Selbst auf mehrere Meter stand ein Wall aus Respekt in der Luft. Ich ging endlich zu dem Mann hin, ich weiß nicht mehr, was ich ihn fragte, erfuhr nur, dass er sein ganzes Leben schon tourte, dass er der Chef der Band war, nicht demokratisch, dass Musik und das Touren sein ganzer Lebensinhalt war, und allmählich spürte ich, wie ich errötete, denn ich war dabei, einen Fisch zu fragen, was er von Wasser hält, ob er öfter hier in diesem See ist und ob es ihm vielleicht auch auf Bäumen gefallen könnte. Ich weiß seinen Namen nicht mehr. Aber er meinen ja auch nicht. Das ist Tourleben.

Der Handlungsreisende

Die Unternehmensberatung Kafurke aus Celle definiert frei von der Leber: »Der Handlungsreisende ist kaufmännischer Angestellter, wenn er bei einem Kaufmann angestellt ist.« Mahlzeit.

Ich treffe mich lieber mit Thenko Winger, einem alten Hasen der Zunft. KommSe mit was schnabulieren?

Herr Winger, wie lautet Ihre genaue Berufsbezeichnung?

»Energieberater und Promoter.«

Und was promoten Sie?

»Grillkohle. Und den Umgang mit Festbrennstoffen hinsichtlich Kosteneinsparung beim Einheizen.«

Das kommt aber auffallend schnell.

»Ich habe die Formulierung schon ein paar Mal benutzt ...«

Seit wann tun Sie das?

»Seit zehn Jahren.«

Mit welchem Auto sind Sie unterwegs?

»Mit einem Ford-Transporter mit Kastenaufbau. Ein Diesel.«

Haben Sie unterwegs Muster dabei?

»Ist alles im Auto integriert: ein Kaminofen, Grillkohle, Prospekte, ein Kamin mit Kaminzug von zwei Meter, ein Edelstahlrohr, das oben aufgesetzt wird. Durch die Dachluke kann ich einen Kaminzug herstellen. Und dann kann ich feuern. Der sogenannte Eyecatcher. Und dann Klappe auf, Treppe raus, damit die Kunden reingehen können, so zieht man die Kunden an sich.«

Sie sind saisonal tätig?

»Immer im Winter, von Herbst bis Frühling, sieben Monate.«

Wie muss man sich das genau vorstellen?

»Die offizielle Präsentation sieht so aus: Ich stehe neben dem Auto, immer lächelnd und ansprechbar.«

Wo sind Sie unterwegs?

»In ganz Westdeutschland, in den alten Bundesländern. Zwei Saisons lang habe ich auch die neuen gemacht. Aber wegen den Empfindlichkeiten gibt es einen Westpromoter und einen Ostpromoter. Wenn die ein Kölner Kfz-Kennzeichen sehen, heißt es: ›Oh, der macht unsere Kohle kaputt.‹«

Und wo sind Ihre Kunden?

»In Baumärkten, Raiffeisenmärkten, bei Brennstoffhändlern, Kaminstudios – da hab ich meine Auftritte. Überwiegend im ländlichen Raum.«

Wo übernachten Sie?

»Da ich als freier Mitarbeiter meine Übernachtungen selber bezahle, bin ich auf günstige Übernachtungen angewiesen. In der Anfangszeit bin ich auf gut Glück los. Wenn ich mit der Arbeit fertig war, habe ich in der Nähe geschaut und gefragt. Erst den ganzen Tag in der Kälte gestanden, dann musste ich rumfahren und suchen. Das kostet Geld, das ist einfach nervig. Dann habe ich die Internetseite preiswert-übernachten.de gefunden. Meine Tourenplanung sieht so aus: Ich schaue, wo ich Einsätze habe, suche dann einen zentralen Ort, damit ich nicht dauernd ein- und auspacken muss.«

In welchen Unterkünften übernachten Sie?

»Im Winter in Ferienwohnungen, zum Beispiel in den bayerischen Alpen oder im Pfälzer Wald und in Friesland, wo Sommergeschäft ist und im Winter nix. Da kriege ich im Idealfall schon mal eine 80-m²-Wohnung für 20 Euro die Nacht. Und ansonsten in Pensionen Marke ›Bei Monika‹. Der Nachteil ist, wenn man so etwas online bucht, weiß man nicht, was man für ein Zimmer bekommt.«

Haben Sie Kontakt zu den Einheimischen?

»Kontakt besteht mit den Leuten vom Gasthof, wo du abends sitzt, trinkst, frisst, pennst. Und natürlich zum Kunden vor Ort. Oder die Mitarbeiter bringen mir auch mal nen Kaffee raus. Und je nachdem kommt sehr schnell das Dialektproblem. In Oberbayern zum Beispiel war ich anfangs noch nicht mal sicher, ob der Kunde eine Frage gestellt oder eine Aussage gemacht hat: Schöner Ofen? Oder: Was verkaufen Sie? Ich hab dann auf gut Glück immer ja gesagt.«

Macht das Spaß?

»Schwierig ... Wie soll ich das beschreiben? Das Problem ist, du bist den ganzen Tag draußen, oft in trostlosen Gebieten, bei Winterwetter. Ab und zu hast du interessante Kundengespräche, aber auch Idioten, Sauertöpfe, Nörgler. Du bist manchmal im Baumarkt nicht willkommen – die Umstände können sehr widrig sein. Als Ausgleich ist eine behagliche Unterkunft wichtig, ein netter Gasthof, keine traurige abgerissene Kaschemme. Du brauchst das, was dir

■ ■ ■

* * * Gratis buchen * * * Gratis buchen * * * Gratis buchen * * *
Falls Sie zufällig gerade ein Reiseunternehmen gründen wollen und nicht so recht wissen, wo anfangen, empfiehlt es sich immer, erst mal eine Website einzurichten. Der Rest findet sich. Hier wirklich unverbindlich und gratis für *Sie* diese von mir persönlich überreichten Adressen, die *garantiert* noch zu haben sind:

www.hinundherreisen.de
www.voll-verreist.de
www.die-reis-ist-heiss.de

Und: »voll verfranst« ist in allen Kombinationen und Schreibweisen mit Unterstrichen mit den Erweiterungen *.de, *.com, *.net und *.tv noch frei, zum Beispiel:
voLL_vErFraNSt.com oder Voll-Ver_Franst.net

Viel Glück und viel Spaß mit Ihrem neuen Reiseunternehmen!

■ ■ ■

unterwegs fehlt, ein Zuhause. Der Spaßfaktor steigert sich noch, wenn im September oder Oktober das Wetter noch schön ist, und man kann nach Feierabend noch mit dem Fahrrad rumfahren, und die Sonne scheint. Wenn man nur Beton sieht, nur Gewerbegebiet, das geht an die Nieren. Optimal ist natürlich in der Nähe von Freunden, wenn man abends Gesellschaft hat und einen vom Leder quatschen kann.«

Haben Sie Gelegenheit, Kultur zu konsumieren?

»Ja. (Er denkt nach.) Da kann ich zwei Stichpunkte nennen: Ich habe ein Interesse an Sprache und an Gebräuchen. In jedem Baumarkt gibt es zum Beispiel eine Bäckerei. Da finde ich es interessant, wie die das nennen: Sagen die Brötchen, Semmel, Frikadelle, Fleischküchle, Haferl Kaffee ...? Oder die Mentalitäten, das kann ein Quantensprung sein: ein Tag Landau in der Pfalz, von dort aus siebzig Kilometer ins Schwäbische, Richtung Nordschwarzwald. Die Pfälzer sind lustig, die lachen. Nicht wie diese schwäbischen Sauertöpfe, die ganz zurückgezogen sind und dauernd über die Wirtschaft mosern. Als hätte man mich von Rio nach Trondheim versetzt.«

Das werden die Pfälzer gerne hören.

»Zweitens. Irgendwann habe ich begriffen, ein Fahrrad mitzunehmen. Bei schönem Wetter, mittags, wenn der Baumarkt nicht zu weit von einem historischen Ortskern ist. Die Bewegung tut gut. Auf die Schnelle mal eine alte Kirche ansehen. In Braunschweig habe ich beispielsweise das Grab Heinrichs des Löwen besichtigt. Oder die Burg Hohenzollern oder den Dom zu Fulda oder was weiß ich. Ich hab dann ja nicht viel Zeit, aber immerhin.«

Was packen Sie in Ihren Koffer?

»Wäsche, Waschzeug, Tabak, den ich nicht überall bekomme, da habe ich eine Stange auf Vorrat, eine Flasche Whisky. Ganz wichtig ist ein Korkenzieher, damit ich ihn nicht mit dem Finger reindrücken muss, und ausreichende

Literatur. Lyrik, Belletristik, Sachbuch. Rudimentäres Essbesteck, um sich im Zimmer ein Mahl zu bereiten: Brettchen, Teller, Gabel, Tellerchen, ein stabiles Glas, das im Koffer nicht zerbricht. Auswahl der Wäsche: wärmende lange U-Hose, Schneestiefel, Daunenjacke, Mütze, Handschuhe. Bei Wetter-online schaue ich mir die Langzeitprognosen an, da ich draußen tätig bin.«

Sind Sie schon mal bestohlen worden?

»Nie! Weil ich extrem vorsichtig bin. Das Führerhaus ist immer verschlossen, auch wenn ich mich nur 50 Meter weg bewege.«

Was für einen Koffer benutzen Sie?

»Einen fast 100 Jahre alten Reisekoffer von Louis Vuitton. Etwas unpraktisch, aber sehr stabil, da kann man zu dritt drauf sitzen. Der hat die Patina schon wieder ab. In Niederbayern hat mich mal auf einem Baumarkt einer gefragt: ›Was ham's denn da für einen Judenkoffer?‹ Es gibt heute niemanden, der mit so alten Koffern reist. Die haben alle Samsonite oder Reisetaschen. Ich hab die alten gern.«

Haben Sie durch die Berufsreisen schon Anregungen für eigene Reisen bekommen?

»Auf jeden Fall. Im Hochschwarzwald war ich mal in einem uralten Gasthof, wo ich zufällig vor 20 Jahren gewesen war, im Schneckenhof in Schollach-Eisenbach, sehr preiswert. Das Schöne ist wieder die Heimeligkeit. So eine Pension hat ja viel weniger Komfort, ist enger und kleiner, aber Geborgenheit ist ein ganz großes Thema. Mittlerweile werde ich auch privat konsultiert, dass Leute mich fragen: Wo kann man denn da und da hin?«

Wo ist die Schmerzgrenze?

»Ich habe schon mal in einem Etap-Hotel übernachtet für circa 40 Euro in Saarbrücken, das ist dieselbe Scheiße wie Formule 1, hat den Charme einer Bienenwabe.«

Wie ist Ihr Image als Berufsreisender?

»Wurzellosigkeit. Berufstätige sind abends zu Hause.

Man hat nicht richtig Wurzeln, ist bei Fremden, hat was Unsolides. Das Image von fahrendem Volk war immer negativ. Man wird eher bemitleidet.«

Und wohin reisen Sie, wenn Sie privat verreisen, Urlaub machen?

»Mein Bedürfnis, selber zu verreisen, geht inzwischen gegen null. Ich bin früher viel gereist. Ich achte auch darauf, vor Ort möglichst wenig ins Auto zu steigen. Aber Deutschland ist schön, so vielgestaltig. Ich bin mal Richtung Schleswig-Holstein gefahren und habe bei Bremen eine Pause gemacht. Ich kaufe mir ein italienisches Sandwich und eine Dose Bier und gehe zur Kasse und leg das zum Zahlen hin. Und der Kassierer: ›Moin ... Ach, bei Ihnen is schon Middach. Vorsubbä und Hauptgäng?‹ Alles klar, ich bin im Norden!«

Südtangente, Dreiecksflug und Kegelausflug?

Als die Welt noch eine Scheibe war, war alles ganz einfach. Rom in der Mitte, außenrum ein Radius von ein paar Wochen Schiffsreise, am Rand plumpst das Schiff runter, kurze Schadensmeldung bei der Versicherung, das war's.

Dann malten Portugiesen Querstreifen auf die Erde, die seitdem etwas pummelig durchs All eiert. Diese Breitengrade genügten aber, um Amerika zu entdecken und tüchtig Indianer abzumurksen.

Anfang des 18. Jahrhunderts lobte das englische Parlament eine dicke Belohnung in Höhe von 20 000 Pfund aus für denjenigen, der ein Gerät erfindet, mit dem man die Längengrade bestimmen kann. Der schottische Uhrmacher John Harrison schaffte es, indem er eine ganz spezielle Uhr konstruierte, und er erfand hierfür die sogenannte »Grasshopper-Hemmung«, was immer das genau sein mag. Jetzt konnte man nicht nur nach links und rechts, sondern sogar um die Ecke reisen. Mit einer Kopie von Harrisons Uhr, die stolze eineinhalb Kilo wog, entdeckte Cook Australien.

Ab nun verlassen wir die Ära, in der Geodreieck und Zirkel etwas nützen, und befragen einen Münchner Rabbi:

»Die Zeit ist subjektiv; sie vergeht langsamer, wenn wir uns schnell bewegen. Der Raum ist begrenzt und doch unendlich: Wir können ihn nicht messen, aber er ist in sich selbst gekrümmt, sodass wir an den Ausgangsort zurückkommen, wenn wir immer geradeaus reisen. Je näher wir also dem Himmel kommen, desto näher kommen wir dem Ort, an dem wir begonnen haben. Und genau so soll es sein.«

Man versteht zwar kein Wort, es klingt aber unheimlich gut. Richtig ist, dass Breiten- und Längengrade in Wahrheit keine Linien sind, sondern Kreise, zumindest so ungefähr.

Der Südafrikaner Mike Horn ist mit einem wahnsinnigen Aufwand den Äquator entlang gereist, nur mit seiner Muskelkraft, zu Fuß, per Boot, teilweise schwimmend und auch mal auf dem Fahrrad. 46 000 Kilometer. Ich weiß nicht, wie es Ihnen geht, aber ich kenne auch Leute, die Strohhüte sammeln. Oder veraltete Word-Dateien. Was allerdings weniger mühsam ist.

Diese 46 000 Kilometer hätte der gute Horn mit einer handelsüblichen Concorde in 19 Stunden zurückgelegt. Stattdessen brauchte er 17 Monate. Hätte Horn vor seiner Abreise ein Kind gezeugt, hätte es bei seiner Rückkehr bereits Gleichgewichtsreaktionen gezeigt, in Rückenlage, durch seitliches Kippen der Unterlage, und »Dada« gesagt.

Würde Mike Horn in einer Concorde von Deutschland aus die Erde in westlicher Richtung umrunden, wo sie ja bekanntlich etwas schlanker ist als im Hüftbereich, käme er schon zehn Stunden später wieder an. Er hätte den Vorteil, dass er in Mainz den Gutenbergplatz bewundern könnte, wo der 50. Breitengrad eingezeichnet ist. Er hätte aber den Nachteil, dass ihm die Erddrehung einen Tag seines Lebens unwiederbringlich entwendet hätte. Kaputt, weg, rausgeschnitten. Denn er hätte die Datumsgrenze überquert.

Da man den Atlantik häufiger befuhr als den Pazifik, hat man Mitte des 19. Jahrhunderts diese notwendige Linie in den Osten verlegt, wo sie seltener stört. Rein theoretisch hätte man sie auch senkrecht durch beispielsweise Spanien ziehen können, was große Verwirrung gäbe mit Urlaubspostkarten, die am selben Tag ankommen. Mal angenommen, so eine Postkarte würde noch am Tag des Einwurfs ins Postflugzeug verladen und nachts weiterbefördert.

Diese vertikale Linie, die Datumsgrenze, ist jedoch keineswegs gerade, sie schlägt wilde, krumme Haken um die Aleuten und um Kiribati herum. Letzteres ist ein Staat im Pazifik, der noch bis 1994 das Schicksal erlitt, datumsgeteilt gewesen zu sein. Eine unvorstellbare Masse an romantischen

Hollywoodkomödien ließe sich aus diesem Stoff zimmern. »Und du willst mir wirklich sagen, meine Braut war bereits *gestern* Mittag um zwölf hier vor der Kirche?« – »Um zehn nach zwölf, um genau zu sein.« – »Oh mein Gott, ich kann es nicht fassen!« Aber Kiribati kennt ja leider keiner. Für alle Verwirrten, wie herum denn was passiert, gibt's den feinen Sinnspruch »Von Ost nach West halt's Datum fest, von West nach Ost lass Datum los.«

Ich merke es mir immer mit dem Millenniumssilvester, das man als Erstes in Sydney feierte; also muss gleichzeitig in Hawaii, auf der anderen Seite der Datumsgrenze, noch früher Morgen gewesen sein. Auch bei Jules Verne hat sich Assistent Phileas hierin vertan, und deshalb wäre die Wette fast verloren gegangen, weil 81 Tage nun mal nicht 80 sind.

Lassen wir Jules Verne und Mike Horn mitsamt seinem Tretboot hinter uns und wenden uns hipperen Menschen zu, die an Längen- und Breitengraden entlangreisen, sie heißen Confluencer. Das Prinzip ist simpel: Man steuert die Kreuzungspunkte von Längen- und Breitengraden an, ganz einfach. Ganz einfach? Ja, es gibt diese Leute wirklich, die mit einem GPS-Gerät suchen, wo sich der 50. und der 13. Grad kreuzen, und sie werfen dann irgendwo im Erzgebirge aus Freude eine tote Kreuzotter in den Wald, oder wie immer Confluencer das Erreichen eines Punktes feiern. Es sind einige tausend Menschen, die dieses Hobby ausüben. Und es gibt ein Gesamtziel: das Bereisen aller rund 14 000 Confluence-Punkte auf Erden. Und wenn dann noch Zeit ist, die gut 50 000, die sich im Wasser befinden.

Das Erfreuliche ist doch, dass es überhaupt ein oben und unten, ein links und rechts gibt. Nur so ist es möglich, dass man sagen kann: »Ja, ich war in Oberstdorf, das ist übrigens die südlichste Stadt Deutschlands.« Wer etwas in der Art sagen kann, wird von Männern bewundert und von Frauen geküsst. Sofern es etwas anderes ist als Oberstdorf.

Hier ein paar Vorschläge:

Der *niedrigste Ort der Welt*: auf den Malediven, auf der Insel Wilingili im Addu-Atoll. Er liegt zwei Meter über dem Meeresspiegel.

Der *geografische Mittelpunkt Asiens*: nach Berechnung des britischen Geografen Douglas Carruthers bei Kyzyl in der autonomen russischen Republik Tuwa in Südsibirien am Zusammenfluss von großem und kleinem Jenissei.

Die *nördlichste kontinentale Festlandstelle*: Kap Tscheljuskin auf der Taimyr-Halbinsel in Sibirien. Im Juli herrscht im Schnitt etwa ein Grad plus. Das südlichste Zipfelchen Eurasiens wiederum ist Kap Buru an der Spitze der Halbinsel Malaysias.

Der *westlichste Punkt der Türkei*: Kap Baba.

Östlichster Punkt Eurasiens ist das Kap Deschnjow auf der Tschuktschen-Halbinsel in Ostsibirien. Von hier aus ist der Romanheld in »So weit die Füße tragen« aus der Gefangenschaft nach Hause geflohen.

Der *nördlichste Punkt Afrikas* ist das Kap Ras Ben Sekka in Tunesien, der *südlichste* Kap Agulhas in Südafrika, der *westlichste* Cape Pointe in Senegal und der *östlichste* Ras Hafun in Somalia.

Das ist doch mal eine Alternative zur *deutschen Rundreise* durch den Zipfelbund Sylt, Görlitz, Oberstdorf und Selfkant.

Im Schlussverkauf hätten wir noch den *östlichsten Punkt der maltesischen Nebeninsel Gozo*: das allseits beliebte und aus selten gelösten Kreuzworträtseln bekannte ... »Qala«.

Die schönste Geschichte aber habe ich mir noch zum guten Schluss aufgehoben, die Geschichte von Hammerfest. Unter Erbsenzählern ein Leckerbissen, geradezu die Vereisung auf dem Kuchen. Nein, nicht Hammerfest ist der nördlichste Punkt Europas, sondern das Nordkap. Denkste. Denn der nördlichste Festlandpunkt ist Kinnarodden auf der Nordkinnhalbinsel. Scheinbar. Denn nur einen Katzensprung vom Nordzipfel entfernt liegt das etwas traurige Inselchen

Mageroy. Und dort wiederum der Flecken Knivskjellødden ist der wirklich nördlichste Punkt Europas. Und dorthin kommen Sie durch einen Fußgängertunnel! Zugegeben, Extrempunkttouristen aus Italien beispielsweise kämen alleine nie hierher, weil sie mit Glanz und Gloria scheitern würden bei dem Versuch, sich nach dem Ort mündlich zu erkundigen.

Bleiben nur noch zwei Rätsel zu lösen: Was ist mit Island, was ist mit Grönland? Man sieht es diesem abgelegenen, wohl auch etwas farblosen Island nicht an, aber für Geologen ist es eine Sensation: Es ist gespalten. Mitten durch die Insel Island hindurch verläuft der Riss, der zwei Kontinentalplatten voneinander trennt: die eurasische und die nordamerikanische. Und nun ahnen Sie auch schon, was es mit Grönland auf sich hat. Grönland ist die einzige geologisch amerikanische, aber politisch europäische Insel überhaupt.

Es gibt meiner Kenntnis nach noch keinen Menschen, der sich als »Geometriereisender« bezeichnet. Der e. V. ist nicht gegründet, die Webdomain noch zu haben. Auch der Fußballklub, die politische Partei, das Geometrie-Reisebüro sind alle noch zu gründen. Kümmern Sie sich drum!

Kreisverkehr mit Selbstgespräch

Ich frage mich schon lange, was ein RTW ist. Zeit, dass ich mir endlich antworte.

Was ist eigentlich ein Round-the-world-ticket?

Ein RTW ist ein Flugschein.

Und wohin kann man damit fliegen?

Fast überall hin, außer da, wo man nicht hinfliegen darf. Hauptsache, immer nur in eine Richtung, linksrum oder rechtsrum. Untenrum und obenrum über die Pole ist momentan nicht vorgesehen.

Und was kostet das?

Relativ wenig. Aber absolut viel.

Aha! Und wofür brauche ich das?

Weil es Spaß macht, von Leipzig aus das Theaterfestival in Edinburgh (20. August) zu besuchen, davon einem Kellner in Lima (26. August) zu erzählen, der seinen Schwager auf den Gesellschaftinseln herzlich (29. August) grüßen lässt, damit man von dort den Termin bei laotischen (5. Oktober) Geschäftsfreunden nicht versäumt, von denen man ja ein Päckchen Tee nach Rumänien (irgendwann im November) mitnehmen soll, damit man auf dem Zugweg nach Hause (Silvester) nicht verdurstet.

Ist so eine Reise wirklich möglich?

Keine Ahnung, weil es eine halbe Stunde dauert, um sich den ganzen Kladderadatsch auf der verdammten Homepage der StarAlliance anzusehen, und am Ende fehlt irgend so ein *Scheiss Macromedia Player Plug-in, was diesem Kackprogramm erst jetzt einfällt!*

Aber man kann mit dem Zug nach Hause fahren?

Ja, man kann. Nennt sich Surface-Etappe. Wird einem aber berechnet, als wäre man die Strecke geflogen. Geht mit jedem beliebigen Landfahrzeug sowie einigen Unpaarhufern.

Was ist denn StarAlliance?

Tja, ein Guinness-Buch an sich, ganz witzig. Die haben 897 Flughäfen in 160 Ländern. StarAlliance ist ein Zusammenschluss von zweiundzwanzig Fluglinien, darunter wichtige wie Singapore, United und Air China, aber auch Dinger wie Blue 1 und Adria Airways.

Und?

Es gibt eigentlich nur einen Konkurrenten, Oneworld. Klingt für eine Fluglinie bisschen ökopaxig, zugegeben. Die haben auch immerhin 675 Ziele in 130 Ländern.

Darf man mit denen zum Südpol?

Nix da. Aber man darf innerhalb eines Kontinents wieder rückwärts fliegen. Muss aber beide Ozeane überqueren. Mindestens einmal und höchstens einmal. Einmal halt.

Also wie bei StarAlliance?

Genau. Aber das System ist anders …

Weißt du, dass ich das schon befürchtet habe?

Klar! Also: Das Ticket gilt entweder für vier oder sechs Kontinente – Südamerika zählt als eigener Kontinent –, wobei man innerhalb eines Kontinents kreuz und quer gurken darf.

Ja, super, sollen wir den Flug Leipzig – Lima – Papeete und so buchen?

Hm, nein, irgendwann mal vielleicht. Derzeit ist die Buchung bei Oneworld nicht online möglich »aufgrund der Komplexität«.

Welche weiteren Firmen haben so was?

Zum Beispiel STA bietet ein Ticket über die Staaten, Australien und Japan an, das heißt aber Sushi-Sixty-Six …

Iiih, gibt's nichts ohne blöden Namen?

Klar. Eine Strecke über Hongkong und dann nur Südhalbkugel Australien, Neuseeland und Südamerika mit dem Namen »Tangokoalas & Dragonkiwis«.

Und wie ist das mit Visa und Preis und umbuchen und alles?

Visa braucht man, Preise liegen meist über 2000 Euro. Umbuchen kann man unterwegs, kostet extra. Gut ist, wenn man ein ganzes Jahr Zeit hat, so lange gilt dieser Flugschein nämlich.

Ja fein, und wie finanziert man so was?

Da muss ich kurz nachdenken, stell schon mal die nächste Frage.

Macht so was jedes Reisebüro?

Sofern es nicht in Eriwan liegt, im Prinzip ja.

Äh, Eriwan?

Alter Ostwitz. Praktisch haben die Reiseverkehrsleute meist wenig Ahnung und immer keinen Bock. Ein Wahnsinnsaufwand, und dann fällt den lieben Weltreisenden in

◄ ■ ■

Das tut man nicht! Wir schreiben das Jahr 1861. Der Bürgerkrieg tobt in den USA. Bei der Bull-Run-Schlacht in Virginia kommen nahezu 5000 Soldaten um. Das ist nicht schön. Aus dem nahe gelegenen Washington reisen in nennenswerter Zahl Schaulustige an, um das Gemetzel zu betrachten. Jedermann denkt, die Nordstaaten hätten leichtes Spiel, womit sich jedermann täuscht. Als nun die Truppen der Nordstaatler den Rückzug antreten müssen, stehen die Kutschen der Washingtoner Schlachttouristen im Weg. Fatale Folge: Die Nordstaatler verlieren den Kampf und sterben in großer Zahl.
Ich bin nicht ganz sicher, was wir daraus lernen können, außer vielleicht, was wir seit Asterix & Obelix schon ahnten: unter keinen Umständen mit Kutschen Krisengebiete bereisen.

■ ■ ■

spe ein, dass man in die Route Nürnberg – Portugal – Argentinien – Hawaii – Malaysia – Saudi-Arabien – Litauen ja doch noch die Großcousine in Aachen einbauen könnte – fünf Minuten nach erfolgter Buchung.

Ach, wie witzig. So, und woher haben RTW-Reisende jetzt das Geld?

Da fällt mir ein, dass zum Beispiel Singapore Airlines quasi ein eigenes RTW-Ticket hat, man kann aber eben nur dorthin, wo die selbst hinfliegen.

Ja ja, aber mit welchem Geld macht man das?

Mit dem Geld, das man mit schlauen Büchern verdient.

Ja klar doch. Und warum machst du so was nicht?

Schnauze, kuck dir die Bilder an…

Richtung egal, Tempo egal

Fünf Uhr morgens! Ein Dutzend Menschen versammelt sich bei echter Kälte in dunkler Nacht auf einer menschenleeren Wiese am Rande eines Gewerbegebiets im Außenbezirk am Stadtrand, um nicht zu wissen, wohin sie gleich fahren werden – alles Trottel?

Ballonfahrer Alexander verteilt uns auf den großen und den kleinen Ballon mit einer verblüffenden Methode: »Wer ist Raucher?« Und acht Raucher versammeln sich um den großen, vier Nichtraucher um den kleinen Ballon.

Nicht gefrühstückt, ungeduscht und handfest anpacken: den Fahrkorb abladen, den Ballon abladen. Alexander baut den Ventilator auf, der Luft in die Hülle bläst. Ich denke daran, dass ich nicht daran denken darf, dass ich Höhenangst habe. Die Kälte lenkt ein wenig ab. Dann, als der Ballon schon seine halbe Form hat, wirft er den Brenner an, ein wahnsinnig männlicher Gegenstand, man zieht einen Hebel, tötet alle Gespräche um sich herum und entfacht eine mächtige Flamme – toll!

Die sieben Raucher und ich teilen nicht nur eine erhöhte Anspannung, sondern auch durchtränkte Schuhe und nasse Socken. Die Wiese ist morgenfeucht. Es gibt nichts zu essen oder zu trinken, wie ich gehofft hatte. Sonst müsste ja auch jeder aufs Klo. Ein echtes Problem, das zum Glück keiner anschneidet, sonst müsste wohl plötzlich jeder.

Die Sicherheitseinweisung. Vor allem für die Landung. Man kann zur Seite fallen. Blaue Flecken sind möglich, mehr nicht. Man schaut verstohlen die anderen an, ob sie es auch nur zögerlich glauben.

Zwei Paare und eine Familie mit Tochter, die ihren halben Kleiderschrank in Rosa getaucht hat, teilen sich den Korb mit mir.

Eines der Paare hat die Reise im Ballon als Hochzeitsgeschenk bekommen und absolviert eine Pflichtübung. Der schnauzbärtige Mann freut sich nur, wenn es etwas zu tun gibt. »Wir haben vor einem Jahr jeheiratet, jetzt kuck isch, wie lange der Jutschein noch jilt und dachte, jetzt aber hoppla.« Ich sehe die beiden zwangsläufig vor Frau Kallwass stehen. Das andere Paar liebt sich wie Kinder, knipst sich ständig gegenseitig.

Sehr unvermittelt hebt sich der Ballon ein wenig vom Boden ab, wir warten auf das Kommando »Einsteigen«, und plötzlich geht alles in Sekundenschnelle. Alexander ruft »Einsteigen«, worauf wir wie eine Eingreiftruppe in Kandahar in drei Sekunden im Fahrkorb sind. Wir reden noch kurz über die Festhalteschlaufen, da sind wir schon zehn Meter über dem Boden. Und ich hab doch Höhenangst!

Der andere Ballon war noch schneller als wir.

Kaum sind wir oben »angekommen« – wann und wo immer genau das ist –, muss das rosa Farbtopf-Mädel per Handy einen Bekannten wecken. Und sie sagt das, was man dann so sagt: »Ja, ich bin hier im Ballon. Ja, es ist supercool ... Neenee, das geht bestimmt noch höher.« Puh. Ich kucke möglichst selten senkrecht runter, dann geht's.

Guter Ausblick auf schlechte Luft.

Inzwischen erzählt Alexander, dass es beim Ballonfahren eigentlich nie Horrorgeschichten gibt. Einmal ist bei ihm eine Taube obendrauf gelandet, aber die Luft im Ballon ist 100 Grad heiß, »da muss man als Taube schon ziemlich fertig sein. Und das Geräusch des Brenners vertreibt alles andere Viehzeug.«

Wir schweben sehr langsam, mit drei bis vier Knoten, würde sagen Schritttempo. Zwischendurch geht es mal auf zehn Knoten, und man spürt sofort den Fahrtwind. »Fahren«, sagt Alexander, »heißt es, weil man sich nicht dynamisch bewegt, sondern stabil auf der Luft aufsitzt, so wie ein Schiff auf Wasser fährt, und so fährt das Heißluftgefährt auf der Kaltluft.« Scheiße, unter uns ist ja nur Luft!

Der Wind treibt uns Richtung Flughafen. Wir treten in Funkverkehr mit dem Tower, denn wir treiben direkt auf die Runway 06 zu, wenn auch nur langsam. Meine Mitreisenden einigen sich als Gesamteindruck auf den Begriff »unwirklich«. Man ist so … allein da oben. Obwohl man die Stadt mit Händen greifen kann.

Der Impuls, einfach mal kurz rüberzuspringen, es ist doch so leicht … ich merke, wie ich mich an der Schlaufe festklammere. Später bestätigt mir eine Fachfrau, dass Höhenangst ein Schutz zur Selbsterhaltung ist. Und was, wenn ein anderer durchdreht und einen einfach rauswirft? Ich könnte ihm zuvorkommen … Wusch, so Gedanken muss man verjagen und am Horizont den Sonnenaufgang beobachten, der einfach schneller aussieht, wenn man selbst steigt, ein bisschen wie die mechanische Sonne in »Truman Show«.

Alexander hat eine unkomplizierte Art, einen zu verunsichern. Wir warten nämlich, dass sich das Begleitfahrzeug vom Boden mal meldet. »Eigentlich hat man Funkverkehr mit dem Verfolger, wir aber nicht.« – »Der Höhenmesser ist eh sehr ungenau.« – »Ja gut, wir könnten auch ohne Funk und Kompass fahren.« – »Normal landet man nicht im Wasser.«

Und unnormal? Gewässer üben eine unerklärliche Anziehung auf Ballonfahrer aus, es ist der Kitzel, mit dem Fahrkorb knapp die Wasseroberfläche zu streifen, wie ein Kieselstein drüber zu flitzen. Da aber das Steigen und Sinken nur verzögert beeinflussbar ist, steht der eine oder andere Pilot schon mal bis zu den Knien in seinem Korb im Wasser.

Reisen ohne Sinn, ohne Ziel,
ohne Übernachtung. Gib Gas, Cowboy!

Und wo darf man so landen?

»Grundsätzlich darf man überall landen außer im militärischen Sperrgebiet. Ein Supermarktparkplatz ist okay. Man muss nur schauen, dass man am Wochenende auch den Hausmeister des Supermarktparkplatzes findet, der einem aufschließt.«

Die Versuchung, auf der Autobahn zu landen, kann nur ein Amateur wie ich verspüren.

Da funkt unser Vordermann, dass er in den nächsten zehn Minuten landen will. Huch, das beschließt man einfach so? Ja, denn bei so langsamer Fahrt reicht eben ein ziemlich kleiner Landeplatz. Ein bisschen gehört einem die Welt unter dem Fahrkorb.

Die Montgolfiers waren keineswegs die ersten Ballonfahrer, sie bezahlten das Ganze nur. Die ersten Testpersonen waren Knackis aus Paris, die so die Chance hatten freizukommen. Manche schafften es, manche hatten Pech und verbrannten, manche hatten Glück und stürzten einfach ab.

Wir hingegen sinken auf eine lächerliche Weise auf eine lächerliche Wiese. Es entsteht eine Melange aus Wollen und Sollen. Alexander zieht kräftig an der Sinkleine oder wie das Ding heißt, und wir setzen supersanft und extrasoftig auf dem Rasen neben dem Zentrallager eines Möbelzentrums auf, fünf Meter neben uns ein mannshoher Maschendrahtzaun. Das Bild des Tages: Brummifahrer stehen hinter dem Zaun und glotzen uns ungläubig an, wortlos, gelähmt. Als wären wir Außerirdische, die gerade vom Himmel herabsteigen. Vielleicht sollten wir zur Begrüßung Hitzestrahlen spucken und ihr Blut trinken?

Alexander erwägt die Option, doch noch über den Zaun zu »hüpfen«, also noch mal kurz loszufahren. Ich soll voraus und sondieren, freue mich euphorisch über das feste Erdreich unter meinen wunderbar nassen Füßen und blamiere mich beim Zaunklettern, wie Affen es an Schleifsteinen üben. Aber wir bleiben mit dem Ballon, wo wir sind, sonst kämen wir dem Möbelhochlager zu nahe.

Kaum sind wir unten, kommt der Verfolger gefahren. Der PKW mit dem Anhänger, auf den Fahrkorb und Ballon gepackt werden. Mit Abstand am anstrengendsten ist das Abrüsten: einigermaßen gesittet die Stoffbahnen zusammenraffen, den Überblick bewahren und die Luft herauswalken und -treten.

Die folgende feierlich-spaßige Prozedur könnte für manche Neulinge das sein, was ihnen am lebhaftesten in Erinnerung bleibt. Alexander erklärt die Geschichte der Ballonfahrt, in aller Ausführlichkeit und mit großem Spaß an der Sache. Erde, Feuer, Wasser, Luft. Und statt Wasser nimmt man Sekt. Dann folgt die Sekttaufe, und jeder bekommt eine Urkunde. Man wird aus Tradition pro forma in den

Adelsstand erhoben, da Ludwig XVI. das Ballonfahren nur Adligen gestattete. Nun spürt man, dass zwei Glas Sekt morgens um acht auf nüchternen Magen massiv dröhnen. Ist das der Grund, warum man das alles macht? Man hätte vielleicht die allerersten Testfahrer überhaupt fragen sollen. Aber die drei waren: ein Hammel, ein Huhn und eine Ente. »Glück ab!«

Herbert Feuerstein

Ich reduziere ihn jetzt mal auf den Reisejournalisten. Er schauspielert, macht Lesungen, ab und zu Fernsehen und alles Mögliche andere, in dem er bisweilen ragend, oft herausragend ist. Und das bei einem Meter vierundsechzig, Tendenz fallend, altersbedingt.

Gegen Ende seiner Arbeit als Journalist in den 60er-Jahren in New York schrieb er ein hochgradig unterhaltsames Büchlein namens »New York für Anfänger« – zudem von Tomi Ungerer illustriert –, in dem verblüffend viel steht, das entweder immer noch stimmt oder das Teil eines Bildes von New York ist, das noch immer herumirrt und sirrt. Angefangen mit dem ersten Satz »Man sagt New York und meint Manhattan« über die Einreise, »der Beamte an der Passkontrolle studiert nicht nur Ihren Ausweis, sondern sucht Ihren Namen im Fahndungsbuch, und der Zollinspektor inspiziert nicht Ihr ehrliches Gesicht, sondern wühlt in

Herbert Feuerstein
(bei der Ankunft
im Fotopix-Automaten)

167

Ihren Taschen, taktvoll, aber gar nicht diskret« bis hin zu »die Straßen Harlems sind keine nächtlichen Spazierwege für Weiße, und es könnte sein, dass man gerade Sie für das Unrecht der letzten 300 Jahre büßen lässt«. Dies hat er alles vor über 40 Jahren geschrieben!

Für den WDR und später SAT 1 moderierte er die Sendereihe »Feuersteins Reisen«, nicht nur weil der Name so gut passte. In Mexiko setzte er sich einen Sombrero auf, ritt auf einem Esel, begegnete Mariachis. Auf Hawaii waren Blumenkränze fällig, ein Vulkanbesuch, Surfen.

In Thailand ging es um Massagen, Mönche, Thai-Boxen. Die Themen sind oft vorhersehbar, es ist eben das *Wie* und *wem* er begegnet. Ganz nebenbei fällt bei den Reisedokumentationen vom Ende der 90er auf, dass man vor der Abfahrt weder Websites anschaute noch das Ladegerät fürs Handy einpackte. Man hatte kein Handy.

Herbert Feuerstein hat drei Reisebücher geschrieben: »Feuersteins Reisen«, »Feuersteins Ersatzbuch« und »Feuersteins Drittes«, in denen sich, vorsichtig gesagt, die Fahrten, die er mit dem WDR unternommen hat, thematisch ein wenig zu spiegeln scheinen. Okay, »Geldmache eines alten Sacks« wäre auch unfair und grob.

Für ihn selbst rangieren seine Reisebücher unter seinen Tätigkeiten ganz oben. In der Show »Thadeusz« sagte er: »Also, ich bilde mir ein, dass meine Reisebücher, meine drei, inzwischen schon ein bisschen Kult sind.« Und in einem Interview für suite101.de: »Ich war und bin hauptsächlich mit meinen Reisebüchern beschäftigt.«

Das *Wie* vor dem Losfahren ist ganz einfach: »Ich lese vorher viel, nehme mir bestimmte Ziele vor, ohne mich festzulegen, fahre mit möglichst wenig Gepäck los – und erlebe dann, dass alles ganz anders ist.«

Der Terminkalender des vierfach volljährigen Unterhaltungschamps ist weiterhin rappelvoll. Außerdem will der Zufall, dass ich nur 15 Kilometer von ihm entfernt wohne, zum vereinbarten Interviewzeitpunkt aber 15 000 Kilometer von ihm entfernt bin. Ich lasse mich auf ein E-Mail-Interview ein, was ich so gern habe wie Stechmücken im Schlafsack. Man sieht nicht am Gesicht des anderen, ob er die Frage so verstanden hat, wie sie gemeint ist, man kann ihn nicht unterbrechen, man kann nicht nachfragen. Ich korrigiere: Stechmücken im Schlafsack sind mir doch lieber. Aber wenn dieser Mann nicht das deutsche MAD-Heft zu seiner Glanzzeit als Chefredakteur betreut hätte und damals die Begriffe »lechz«, »hechel«, »würg« geboren hätte, würde ich wohl heute nicht selber schreiben.

Wenn Sie sich ihr erstes Reisewerk, das N.Y.-Buch, ansehen, haben Sie im Nachhinein Sachen bereut, die Sie da geschrieben haben?

»Ganz abgesehen davon, dass dieses Buch nicht das erste, sondern das *dritte* ist: Nein, von Inhalt und Aussage bereue ich nichts – und weil ich ein ordentlicher Handwerker bin, der ewig am Manuskript rumfeilt, bin ich auch sieben Jahre später immer noch mit Form und Stil einverstanden.«

(Er geht offenbar nicht davon aus, dass jemand sein 1969er »New York für Anfänger« kennt und schätzt, und er meint auch nicht »Feuersteins Drittes« von 2005, in dem es ebenfalls um New York geht, sondern, um die Verwirrung komplett zu machen, sein erstes Buch *nach* ... seinem allerersten.)

Wie verändert sich das Reisen, wenn man so erfahren (»alt«) ist wie Sie? Vorbereitungen, Sorgen, Beschwernisse?

»Ich bin ganz einfach bequemer geworden, wobei ›alt‹ die ehrlichere Begründung ist. Natürlich ist die Neugier ungebrochen, aber sie muss in Relation stehen zu den Grenzen eines 70-jährigen Körpers. Ich bereite mehr vor, verzichte auf spontane Abenteuer und besuche (was ich früher nie gemacht habe) sympathische Orte mehrmals.«

Haben Sie ein Lieblingsziel (Standard, ich weiß, muss aber sein)?

»Nein, höchstens Gewohnheits- und Bequemlichkeitsziele. New York gehört dazu, aber auch Wien. Und Bangkok.«

Achten Sie beim Reisen auf das Geld, welche Rolle darf es überhaupt unterwegs spielen?

»Wer knausert, soll zu Hause bleiben. Und wer Geiz geil findet und in einem Drittland mit den Einheimischen um jeden Cent feilscht, ebenfalls. Auch in jungen Jahren, als ich es mir eigentlich gar nicht leisten konnte, habe ich bei Fernreisen immer beschlossen, die jeweilige Landeswährung auf Null abzuwerten und alles auszugeben, was ich mit hatte. Danach muss man ohnehin wieder nach Hause.«

Sollte man mit oder nicht mit Frauen verreisen?

»Also ich persönlich reise immer nur mit *einer* Frau. Und der einzige Bekannte (aus Oman), der mit seinen *drei* Frauen reist, hat – wie er mir immer wieder erzählte – nichts als Ärger damit.«

Von welchen Reisezielen oder gar Formen raten Sie ab?

»Von keinem Reiseziel. Ich bereise auch Diktaturen wie Birma, weil Isolation beiden Seiten schadet und der Kontakt von Mensch zu Mensch immer noch die wertvollste Begegnung darstellt. Und was die Reiseform betrifft, so muss jeder seine eigene Entscheidung treffen.«

Glauben Sie an das Reisen auch in Zukunft?

»Natürlich. Auch Energiekrisen werden die Mobilität nicht abschaffen, bestimmt aber verändern.«

Haben Sie schon mal Reisetagebuch geführt? Warum sind die meisten so öd?

»Ja, aber keine richtigen, nur knappe Notizen, ohne die ich bei der späteren Ausarbeitung verloren gewesen wäre. Die zweite Frage kann niemand beantworten.«

Wie viel ist vorbereitet, wie viel entsteht? Haben Sie bei »Feuersteins Reisen« mit Sendebüchern gearbeitet, oder wurde am Schluss alles im Schneideraum zusammengepappt?

»Die Antworten finden Sie auf 600 Seiten in meinen drei

Reisebüchern. Und die neun Reisefilme wurden von einem Producer, zwei Tonmeistern und zwei Cuttern in einer Gesamtarbeitszeit von drei Monaten ›zusammengepappt‹.«

Ist Ihre starke Kurzsichtigkeit nicht ein Problem auf Reisen?

»Schon im 13. Jahrhundert wurde in Oberitalien eine Sehhilfe erfunden, die man ›Brille‹ nannte. Ich komme damit gut zurecht.«

Gibt es doch einen tieferen Zusammenhang zwischen großer Komik und Reisen – Palin, Feuerstein, Nuhr, auch Pastewka?

»Keine Ahnung. Fragen Sie die andern.«

Tja, Michael Palin von Monty Pythons ist chronisch unterwegs, dürfte zur Abwechslung mal in einem Segelflugzeug den Uranus umrunden, Dieter Nuhr ist auf Dauertour, und Bastian Pastewkas schöne Reisesendung hat ein tumber Privatsender leider wieder eingestellt. Lechz, hechel, würg!

Verwirrt, verratzt, verschieden

Weit nach Mitternacht. Ein Trüppchen überaus heiterer Autoren schlendert durch das nächtliche Lissabon, darunter der große, stämmige Gerro. In Gerros Beisein fühlt man sich immer besonders sicher, denn er wirkt imposant. Aus der Dunkelheit wankt uns ein etwas zerlumpter Portugiese entgegen, sichtlich angetrunken, torkelt auf Gerro zu, der etwas stammelt wie: »Äh, nix. Aleman.« Der Portugiese lacht und krakeelt »Rummenigge! Rummenigge!« und umarmt Gerro herzlich und drückt ihn.

Gerro tätschelt mit seiner Pranke die Schulter des Portugiesen, der in die Nacht hinaus torkelt, dabei »Rummenigge!« salutierend, und lacht. Die Sekunden ticken. Es sind höchstens 60 vergangen, da ruft Gerro: »Meine Brieftasche ist weg!« Nicht dass viel Geld drin war, nicht dass er auf einen der ausgelutschtesten Tricks des Okzidents reingefallen ist wie ein Schuljüngchen, es ist die Tatsache, dass wir am nächsten Mittag zurückfliegen, und Gerros Pass ist fort!

Herr Mutherr kennt solche Situationen, denn er arbeitet seit Jahren für deutsche Konsulate und Botschaften und hat schon einige Stationen hinter sich.

»Der verlorene Pass gehört zu meinen Kernaufgaben. Innerhalb der EU ist das ja nicht mehr so schlimm. In den meisten Ländern gibt es ein Passersatzpapier, das zur Rückkehr berechtigt. Das wird in vielen Ländern akzeptiert. Wichtig ist die Bestätigung, dass einer ein Visum hatte. Die ›Hilfe für Deutsche im Ausland‹ ist in erster Linie Hilfe zur Selbsthilfe. Die Leute kommen und sagen: ›Ich bin beklaut worden, ich will aber noch weiter, geben Sie mir Geld.‹ In Italien hab ich das mal erlebt, da wollten die Leute noch weiterfahren nach Kroatien, da können wir denen doch kein Geld vorstrecken, um weiterzureisen. Erst mal versuchen wir, Bekannte oder Freunde zu kontaktieren. Wir gewähren nur eine Art Kleinkredit, mehr nicht.«

Herr Mutherr ist jemand, dem man einen ganzen Abend lang zuhören kann, nebenbei sich diverser Handarbeiten widmen, vielleicht mit Hinterglasmalerei anfangen oder alte Schulfotos aussortieren.

»Da werden 49 Euro bezahlt. Da ist der Verwaltungsaufwand größer, das Geld einzutreiben. Wenn jemand seine Rückfahrkarte noch hat, dann ist das einfach eine Wegzehrung. Um sich über Wasser zu halten, bis der Flieger geht. Man hilft auch mal unbürokratisch, lässt privat übernachten. Oder man hat Benzingutscheine. Als Diplomat ist man ja steuerfrei, da kriegt man Coupons, wir zahlen nur den reinen Benzinpreis. In einem Fall in Italien wurden die Leute direkt auf dem ersten Rastplatz in Chiasso ausgeraubt. Einer hat die abgelenkt, Konversation getrieben, und der andere hat das ganze Campingmobil leergeräumt. Die hatten dann die Schnauze voll von Italien und wollten direkt wieder heim. Ein Pass kommt ja oft auch zurück, weil die in der Taschendiebbranche nur das Geld möchten. Die klauen einen Rucksack oder eine Handtasche, das Ding wird nach Bargeld durchwühlt und der Rest weggeschmissen. Bei den Fundsachen auf einem Generalkonsulat, wo ich mal tätig war, war teilweise das Bargeld sogar noch drin, weil es nicht das einheimische Geld war, sondern Dollar oder D-Mark, damit waren die nicht vertraut. Zigeunerkinder, ganz klar.«

Was für ein Bild von einer Botschaft oder einem Konsulat haben Reisende?

»Das sind Serviceleistungen des Staates: Passamt, Kfz, Standesamt. Das ist eine One-Man-Show, das verstehen die meisten schon. Aber eines verstehen sie immer nicht: Sie glauben, eine Botschaft im Ausland müsse rund um die Uhr laufen. Die wollen in ein paar Minuten einen neuen Pass haben. Wollen Sie zu Hause in Deutschland auch am Sonntagnachmittag um drei einen neuen Pass? Da heißt es dann: ›Nein, aber ich bin Deutscher, ich bin hier, und ich will den jetzt sofort.‹ Bei uns gab es den Spruch ›Gott schütze uns vor Sturm und Wind und Deutschen, die im Ausland sind‹. Die Leute haben oft eine übertriebene Erwartungshaltung. Auch sollen in jedem Land deutsche Normen angewandt werden. Die wandern aus, weil bei uns alles so bürokratisch ist. Dann ärgern sie sich, dass alles so schlampig ist und nicht so organisiert. Und wenn das nicht klappt, dann hat die Botschaft dafür zu sorgen, dass alles funktioniert.«

Wie sieht es mit gesundheitlichen Problemen aus? Malaria, Haibiss, Juckreiz?

»Das ist selten. Oft haben wir geistig Verwirrte. Die aber irgendwo spüren, sie könnten doch noch was bekommen. Die sich so durchschnorren. Die von einem Honorarkonsul zum nächsten ziehen. Drogenfälle sind so ne Klasse für sich oder welche, die einfach zu Hause abhauen, denen eine innere Stimme sagt: Nichts wie weg. Und das Betteln ist auch nicht immer erfolgreich. Wenn auch die Kirche nicht mehr hilft, dann kommen sie irgendwann zu uns oder werden vorbeigebracht. Zum Beispiel verloren gegangene Reisegruppenmitglieder. Ich erinnere mich an ein älteres Muttchen, das beim Ausflug zum See auf einmal verloren gegangen ist. Das weder wusste, wie das Hotel hieß noch der Reiseveranstalter. Die alte Dame hatte den Bus verpasst und wurde dann aufgelesen. Irgendwo am Gardasee. Die Reise hatte die Tochter arrangiert. Aber die Tochter war selber gerade verreist. Die alte Frau konnte nur ihre Nachbarin klar benennen. Und über die habe ich dann den Reiseveranstalter ausfindig gemacht.«

Was passiert bei Todesfällen?

»Ich hatte zum Beispiel einen Fall, wo ein Paar bei einem Motorradunfall ums Leben kam. Man muss Angehörige ausfindig machen und benachrichtigen, sich um die Freigabe der Leichen kümmern. Bei allem Möglichen mithelfen. Dann kann man denen wenigstens sagen, mit welchen Bestattungsunternehmern man eventuell deutsch oder englisch kann. Den Kostenfaktor muss man dann auch rüberbringen. Oftmals fällt dann auch die Entscheidung: vor Ort verbrennen, dann nur die Urne überführen, oder eben nicht mal die. In Nordthailand landen junge Leute aus völlig zerrütteten Familien. Den Eltern muss man dann sagen: Wenn Sie Ihr totes Kind haben wollen, dann kostet das ein paar tausend Euro. Und dann kommt: Nee, der hat mich mein Leben lang genug gekostet. Wissen Sie, die Leute denken immer, im diplomatischen Dienst geht alles abgehoben zu. Aber oft ist es sehr handfest. Da hat man dann auch mal so eine Blechdose im Büroschrank stehen …«

Wo ist es am stressigsten?

»Wir wechseln ständig die Zuständigkeiten, mal Verwaltung, mal Kultur. Und jedes Land ist verschieden. Früher gab es im Ostblock keine Hippies, Weltenbummler oder Ausreißer, sondern einfach … nichts. Höchstens Geschäftsleute. Die sind dann wieder auf ne andere Art unangenehm. Dort ist die Hauptklientel Russlanddeutsche. Wenn man denen helfen soll, sind sie sehr deutsch. In Osteuropa gibt es ja diesen Heiratstourismus. Das ist lustig, wie naiv deutsche Männer sind. Ein beliebtes Spiel geht so: Wir sollten aushelfen, da wäre eine ›gute Bekannte‹ am Flughafen und würde nicht rausgelassen. Irgendwas stimmt angeblich mit dem Visum nicht, und sie hätte doch schon ein Flugticket, und sie müsse jetzt 2000 Euro zahlen! Nach Nachfragen stellte sich heraus: Er hat sie im Internet kennengelernt. Und viele überweisen dann und wollen sich bei uns einfach nur beschweren über die blöden russischen Behörden! Das ist halt nur ne Abzocke.«

Was fällt Ihnen auf, wenn Sie nach längerer Abwesenheit nach Deutschland kommen?

»Deutschland ist relativ gemächlich. Und es ist fast egal, wo man herkommt, man ist immer überwältigt von der Sauberkeit in Deutschland. Ein großer Teil der Welt ist in einer ganz anderen Dimension von dreckig. Und man wundert sich über das Gemecker. Und grün ist es. In Syrien zum Beispiel, da haben Sie nur Steine, Wüste. Und nur da, wo Leute sind, ist es ein bisschen bunt durch zerfetzte Müllsäcke. Überall liegt Müll und Dreck, das ist der Farbtupfer. Wenn man zum Beispiel aus Mali zurückkommt, denkt man an den früheren Papst, der den Boden geküsst hat, man könnte schier weinen vor Rührung und fühlt sich wie von einem anderen Stern.«

Und wie ist es mit den Multikulti-Leuten?

»In einem arabischen Land kam mal eine Deutsche zu uns, die mit einem Einheimischen verheiratet war. Und ihr Mann hatte sie zum wiederholten Mal verprügelt. Sie stand mit dicken blauen Augen vor uns und bat um Hilfe. Die haben wir dann im Kofferraum eines Autos außer Landes geschafft. Fünf Wochen später war sie wieder da. Ja, er hatte geschworen, es nie wieder zu machen … Es ist erstaunlich, wie anpassungsfähig der Mensch ist. 80 Prozent der Leute müssten unter ihren alltäglichen Lebensbedingungen Selbstmord begehen. Aber man ist anpassungsfähig.«

Gibt es ein Traumland, wo Sie gerne mal zum Einsatz kämen?

»Ich habe mal Feuerwehr gespielt auf Trinidad. Aber da kann man nur ohne schulpflichtige Kinder hin. Wenn man keine Kinder hat – das wäre wirklich was. Eine herrliche Natur. Kriminalitätsbelastet, okay. Aber der Dschungel, das ist traumhaft.«

Paranoia vor der Abfahrt

Den österreichischen Erfinderpreis »Idee des Jahres 2001« erhielt ein Gerät namens Memorycap, das bei handelspalast.de für 59 Cent zu haben ist: Es zeigt Paranoikern durch ein silbernes Kügelchen an, ob das Türschloss auf oder zu ist, geht für rechts- und linksdrehende Schlösser.

Sind alle Stecker raus, ist der Kühlschrank zu, sind die Fische im Aquarium gefüttert, ist die Alarmanlage an, sind die Fenster zu, die Garage auch?

Die Psychologin Jutta Rothmund beruhigt mich: »Alltagszwangsneurosen sind nicht krankhaft. Selbst wenn man sie ganz exklusiv hat. Gerade vor Reisen sind sie, gepaart mit anderen Ängsten, durchaus verständlich. Zwangsneurosen sind immer Stellvertreter für eine größere, andere Angst. Ich selber bereue kurz vor der Abfahrt auch, dass ich über-

■ ■ ■

Wahre Exotik   Waren Sie schon mal in einem »wenig bereisten Land«? Sie wissen schon: Es gibt keine Hotels, schlimme Wege und Straßen, Kriminalität und andere »unheimlich authentische« Bedingungen. Zum Beispiel ist in Sambia die Infrastruktur besonders mangelhaft. Auch die Ukraine, Weißrussland und Russland sind keine Reiseländer. Zumindest wenn Sie weder Ukrainisch, Weißrussisch noch Russisch sprechen. Auch wenig Organisiertes finden Sie in Mazedonien, Madagaskar, Vietnam, Armenien und Malaysia.

Am kritischsten neben Nordkorea dürfte Bhutan sein. Der Staat dort findet Ausländer, die zum privaten Vergnügen unterwegs sind, lästig und verlangt von jedem eine Reisepauschale von 220 Dollar – pro Tag! Drei Wochen Bhutan kosten so über 3000 Euro alleine an Gebühr. Und im gesamten Land gibt es genau ein Privathotel! Wie heißt »wenig bereist« auf bhutanesisch?

■ ■ ■

haupt wegfahre, und denke, ach, zu Hause ist es doch schöner, meine Mutter könnte einen Schlaganfall bekommen, während ich weg bin, dann fällt mir die Kaffeemaschine ein, oder die Wohnung könnte abbrennen. Aber bei mir ist es nicht dramatisch. Ich brauche keine Hilfsmittel. Das ist einfach eine Macke. Es sei denn, man verdirbt sich damit den ganzen Urlaub, so ein Fall ist mir aber nicht bekannt. Normalerweise geht es nicht über den Abreisetag hinaus. Und wirklich Zwangsgestörte fahren erst gar nicht weg.«

Was passiert, wenn man wirklich nicht abschließt, den Herd nicht ausdreht, und das Wasser läuft? Nun:

1. Wenn man nicht abschließt, passiert allerhöchstwahrscheinlich *gar nichts*. Denn die meisten Einbrecher brechen das Fenster auf oder hebeln die Tür aus den Angeln oder kommen durchs Kellerfenster rein.

2. Die meisten Küchenherde haben Ceranfelder. Ich habe mir von einem Ceranfeld-Fachmann erklären lassen: »Die Platte selbst gibt irgendwann die Hitze nach unten weiter. Nun können Sie Glück haben, die Isolierung zweier Drähte schmilzt, und Sie bekommen einen Kurzschluss, die Sicherung fliegt raus, und der Herd bekommt keinen Strom mehr und erkaltet. Wenn Sie Pech haben, entsteht ein Kabelbrand, woraus ein Schwelbrand werden kann mit überwiegend unerwünschten Folgen.«

3. Der Wasserhahn läuft noch? Also, Ihnen zuliebe teste ich das mal. In ein Waschbecken passen im Schnitt acht Liter, nach etwa einer Minute ist es voll. Ein Kubikmeter kostet etwa 1,50 Euro. Ein Kubikmeter sind 1000 Liter. Angenommen, Sie sind zwei Wochen weg. Das sind 20 160 Minuten. Die mal acht Liter sind dann 161 280 Liter. Geteilt durch tausend – Gott, was ein Terz –, geteilt durch tausend, damit wir auf Kubikmeter kommen, wären dann grob 160. Und endlich macht 160 mal 1,50 Euro = 240 Euro. Na, lohnt sich denn für 240 Euro, dass man zehnmal die Haustreppe wieder hochläuft, womöglich vor Panik den Schlüssel im

Schloss abbricht samt allen Zusatzkosten für den Schlüssel-dienst, gepaart mit einem amtlichen Ehekrach, lohnt sich das wirklich? Nö. Sagen Sie sich doch einfach: Bevor ich in Urlaub fahre, schalte ich alle Lampen an, drehe die Wasser-hähne auf und öffne weit die Haustür – und entspanne.

Die sich mit Geländewagen
ins Gelände wagen

Gastkapitel von Matthias Penzel
(zur Zeit off road)

Abenteurer der Lüste kennen das: Ist man zu fortgeschrittener Stunde in einem abgelegenen Tanzpalast gestrandet oder mit Damen im fortgeschrittenen Alter in einer Bahnhofskneipe in Gespräche vertieft, dann kommt es irgendwann zur Sprache: Männer. Sind nicht mehr das, was sie mal waren. Von da ist es ein Katzensprung, und man vernimmt die Gleichung: Je dicker das Auto, desto kleiner der Schaltknüppel.

Je stärker ausgeprägt beim Kraftfahrzeug das, was Italiener mit »potenza« bezeichnen, die Motorenleistung, desto lahmer wird der Verkehr mit dem jeweiligen Kfz-Halter in der Horizontalen.

Doof, aber wahr – ein Mitternachtsmythos?

Dass die Gleichung nur bedingt dem TÜV skeptischer Untersuchungen standhält, weiß ich, seitdem ich selbst ein paar große Wagen hatte, sogar einen abgetakelten BMW. Doch ich fuhr auch lange einen Mini, dessen Motor man mühelos im Handschuhfach eines VW verstauen könnte – und von daher weiß ich, dass der Umkehrschluss (konkret: kleines Auto, dicker Knüppel) nicht stimmt.

Wahr, aber doof?

Tatsache ist, Männlein wie Weiblein mögen große Dinger. Sind fürs Grobe zu haben. Deshalb lieben ja schon Kleinkinder Dinosaurier. Auf denselben Urtrieben scheint der phänomenale Aufstieg von SUVs zu fußen. Moment, »Essjuh-wie«? Nie gehört? Allrad? Nein? 4×4? Ich nehme einen anderen Weg: Sie heißen Rav4, Q7, X5, Touareg, M-Klasse,

Cayenne und Cruiser, Blazer, Range- und Land-Rover, auch einen Niva gibt es. Selbst wer von SUVs noch nie gehört hat, sieht sie ständig. Mitten in der Stadt, an Ampeln, vor Schulen, immer wieder im Weg stehen sie, die ... Geländewagen.

Auf Deutsch heißt das Sports Utility Vehicle »Sportvehikel für Nützlichkeit«. Also, anschnallen und los, Steigerungen von über 500 Prozent liegen vor uns. Erster Gang: Neudeutsche beziehungsweise denglische Geländewagen sieht man kaum im Gelände, selten auf Campingplätzen, hauptsächlich in Großstädten, manchmal bei kniffligen Manövern vor Parkhäusern an den Ausfahrschranken, wo es nur Schlangenmenschen gelingt, sich aus dem Seitenfenster ihres mehr als zwei Tonnen schweren Vehikels nach unten zu verrenken, um das Ticket in den kleinen Schlitz zu schieben. Die Gefährte sehen nicht mehr so funktional und eckig aus wie früher, nicht mehr so, als seien sie von Fünfjährigen entworfen worden – wie noch der Land-Rover mit dem auf die Motorhaube gepappten Reserverad oder der Jeep der Befreiungsmacht. Mit ihnen erklimmt keiner den Mount Everest, auch in die Weiten der russischen Taiga dringen sie nicht vor. SUV-Fahrer kurven von Dahlem zur Arbeit, auf dem Heimweg stoppen sie, um Frauenherzen in Mitte zu erobern oder bei McDrive in Marienfelde einen Doppel-Whopper einzufordern.

Doof, aber wahr: von allem zu viel.

Sie haben viel PS, viel Blech, viel von allem, sie verbrauchen auch viel Sprit, 13 bis 20 Liter. Die Renaissance der unhandlichen Autos begann, als sich Arnold Schwarzenegger verliebte. Der Mr. Universum aus der Steiermark sah im Fernsehen, wie im ersten Irak-Krieg das Militärfahrzeug Humvee in Fernost das unumstößliche Recht auf Sprit einklagte. Humvee ist eine Art Abkürzung, steht für High Mobility Multipurpose Wheeled Vehicle, das ist ein Hochbeweglichkeitsvielzweckvehikel mit Rädern.

Arnie gefiel, wie das Gefährt eine Rebellion der Maschinen anführte wie ein nicht fleisch-, sondern blechgewordener barbarischer Conan: muskelbepackt, von allem zuviel. Doof, aber wahr. Arnie bestellte sich im April 1991 bei American Motors einen Humvee. Und weil das Gefährt auf den Straßen von Hollywood den Leuten die Köpfe verdrehte wie ein Dinosaurier in Lego-Land, wollte bald jeder so ein Ding. Dem folgte eine zivilere Version des paramilitärischen Vehikels, der »Hummer«, gesprochen Hammer.

Hammer? Tatsächlich: Der beräderte Klotz ist bis auf deutsche Straßen vorgedrungen – auf Autobahn-Baustellen freilich wegen seiner Überbreite stets auf der Kriechspur für Lkw. Dann bauten andere, erfolgreichere Autohersteller als American Motors, Geländewagen. En masse. Die Gewinnmargen sind, wie bei Autos der gehobenen Preisklasse, phänomenal. Ein Spielverderber, der da eingreifen wollte: Niemand tötet eine heilige Kuh, kein Politiker würde den Motor der deutschen Wirtschaft in Stuttgart, München oder Wolfsburg bremsen – und man ließ dem irrsinnigen Doping seinen freien Lauf. Die dahinsiechende Industrie in Detroit und Ohio wurde von dem SUV wiederbelebt. Die Wirtschaft brummte mit Allrad, im Land der begrenzten Unmöglichkeiten erreichten SUVs zusammen mit Pick-ups Marktanteile von sagenhaften 50 Prozent.

Doof, aber wahr: nicht zu stoppen.

Alles klar, wer hier nicht darf?

Nicht ganz so rasant begaben sich die Vehikel hierzulande in eigentlich abgegraste Marktsegmente. Sie kamen langsam, aber gewaltig. Mit fast zehn Prozent Marktanteil unter den Neuzulassungen in Deutschland haben SUVs das Segment der oberen Mittelklasse überholt. Im Januar 2007 lagen die Zuwachsraten des Audi Q7 bei 170 Prozent, der Mercedes-R-Klasse bei 324 Prozent, bei anderen Modellen noch höher. Allein der BMW X3 und X5 wurden im Januar 2005 stolze 3800 Mal zugelassen – im kompletten Segment der Oberklasse, vom Audi A8 via diverse Ferrari bis zum VW Phaeton, gab es im selben Zeitraum nur 2500 Neuzulassungen. In anderen Monaten verbuchte das Kraftfahrt-Bundesamt im Segment der Geländewagen fast 19 000 Neuzulassungen auf deutschen Straßen.

Der Erfolg bei in Großstädten lebenden Babyboomern und Wirtschaftslenkern war so groß, dass man sich in Detroit irgendwann fragte: wieso? Während Porsche, VW und andere, von denen man es traditionell nicht erwartet hätte, in diesem Segment nach vorne preschten, beschäftigten sich in Übersee die Intelligenzija des Magazins New Yorker sowie Heerscharen an Psychologen mit den »Chelsea Tractors« – so ihr Spitzname in London.

Im New Yorker stellte man fest, dass die Geländewagen asphaltierte Wege höchstens dann verlassen, wenn ihre Halter nach durchzechter Nacht die Einfahrt in den Vorgarten verfehlen.

Aber man beobachtete auch, dass die Gewinnmargen nicht nur wegen des hohen Anschaffungspreises die kriselnde Autoindustrie in Detroit erfreuten, sondern wegen der Gesetzgebung: Sie gelten als Nutzfahrzeuge, umkurven amerikanische Vorschriften für Sicherheit, Umwelt und Steuern. Doof, aber wahr, dass SUVs selten ins Gelände stechen, noch doofer, dass sie nicht die Sicherheit gewähren, die man von ihnen erwartet. Sicher: Im medialen Minenfeld des Informationsoverkills – versiegende Ölquellen in Fernost, Terror überall – will ein ganzer Mann wenigstens auf dem Weg zur Arbeit aussehen, als habe er alles im Griff, erhaben über anderen positioniert, vor der Kühlerhaube ein Gestänge, das ursprünglich mal Vieh wegrammen sollte und das schon bei kleinen Unfällen Fußgänger schwer verletzt. Doch Gefahr besteht auch nach innen: Der hohe Schwerpunkt der SUVs führt zu proportional mehr Todesfällen als bei anderen Autotypen. Im Jahr 2000 waren 62 Prozent der Todesfälle mit SUVs darauf zurückzuführen, dass sich die hochbeweglichen Nutzfahrzeuge überschlugen.

Doof, aber wahr: Der Schein trügt.

Wie kommt es also, fragte man sich in Detroit, dass Autos, die aussehen wie Kleinlieferwagen, bei denen ein Besitzer auch mal aus Versehen über sein zweijähriges Kind fuhr und hinterher sagte: »Ich dachte, das wäre der Bordstein«, solch

■ ■ ■

Seekrank, zugkrank, autokrank   Reisekrankheit, bei Fachleuten Kinetose genannt, gibt es grundsätzlich in allen Fahrzeugen. Wenn man selbst lenkt, nicht von außen bewegt wird und mit Muskelkraft vorankommt, kann keine Kinetose entstehen. Das Problem entsteht nur, wenn man von anderen herumgeschleudert wird.

Ein schönes Beispiel sind moderne ICEs. Mit 300 km/h durch die Landschaft, Supersache, man ist schneller da und kann umso früher kotzen.

Würde man mit dem Fahrrad dieselbe Kurve mit demselben Tempo durchfahren, also mit 300 Sachen durch den Westerwald brettern, dass die Pedale glühen, dann würde man sich im »richtigen«, dem natürlichen Winkel neigen. Im Zug aber nicht. Resultat: Man wird kinetös.

Mein Lösungsansatz: Ähnlich wie bei Pkws in jedes Fahrzeug nur eine Person setzen, jedem seine Privatlok verpassen, und schon wird niemandem mehr schlecht. Nachteil: Passt nicht in den Carport.

■ ■ ■

einen Siegeszug antreten konnten? Die Käufer entstammten derselben demografischen Gruppe wie die Fahrer eines Minivans à la Renault Espace. Es waren Babyboomer mit höherem Einkommen, Kindern und einem Eigenheim am Stadtrand. Doch es gab Unterschiede, wie die New York Times neckisch fragte: »War Freud eher ein SUV- oder Minivan-Typ?«.

Der französische Anthropologe Dr. Clotaire Rapaille näherte sich den Gründen, die in den Urtrieben der Psyche verankert sind, folgendermaßen: Das Design von SUVs appelliere an Urängste vor Gewalt und Verbrechen, erinnerte an Jeeps mit aufgeschraubten Maschinengewehren. SUVs glichen »gepanzerten Fahrzeugen für das Schlachtfeld«.

Auf der Suche nach dem Unterschied zwischen SUV- und Minivan-Käufern fand man heraus, dass beide Kinder haben, dass die einen im Dschungel der Großstadt signalisieren, dass bei ihnen zwar im Fonds hinter verdunkelten Heckscheiben kleine Monster quengeln könnten, dass sie aber Abenteuern und Eskapaden gegenüber offen bleiben. »So in der Art«, sagte David Bostwick, der Direktor für Marktforschung bei DaimlerChrysler. »Ich habe zwei Kinder, muss aber nicht 20 haben.«

Wer einen Kleinbus lenkt, gibt dagegen offen zu, dass er happy ist, 20 Kinder aus der Nachbarschaft durch die Gegend zu fahren. Solch drastische Unterschiede gibt es zwischen Fahrern anderer Fahrzeugtypen nicht.

Nicht nur bei DaimlerChrysler, auch bei General Motors sah man, dass es sich bei beiden Käufertypen um eher ängstliche Menschen mit übermäßigem Kontrollbedürfnis handelt, allerdings mit völlig unterschiedlichen Konsequenzen. Minivans parken vor Gemeindezentren, SUVs vor Fitnesscentern. Der Geländewagenfahrer sitzt wie auf einem Hochsitz, er sorgt sich primär um seine eigene Sicherheit, nicht um die der Menschen um ihn herum. Bei Lincoln nutzte man diese Erkenntnis und bewarb das Modell Navigator als Urban Assault Luxury Vehicle. Doof, aber wahr, mehr als ein Katzensprung vom High Mobility Multipurpose Wheeled Vehicle, dem »Militärgerät mit hoher Mobilität für viele Zwecke und mit Rädern«, hin zum »Luxus des Angriffs im großstädtischen Raum«.

Wahr und keineswegs doof: Die Geschichte ist schon zu Ende.

SUVs werden schon bald ein Fossil in den Museen sein. Der »Gipfel der Coolness« (Spiegel-Online) liegt hinter uns. So unsinnig wie Schulterpölsterchen und weiße Tennissocken, so lächerlich wie Plateausohlen und stone-washed Jeans und andere vergangene Modeaccessoires. Die martialischen Kühlergrills werden zähneknirschend nur noch in Museen an eine Zeit erinnern, als sich wahre Männer animalisch und bestialisch auflehnten gegen die Tatsachen der Welt – versiegende Energieressourcen und schmelzende Eisberge. Doof, aber irgendwie auch süß, dieses unermessliche Mehr an blinder Blödheit.

Wahr, dass SUVs weg sind. Doof, dass der nächste Unsinn unvermeidlich ist, Fun-Rudergaleeren auf dem Rhein, Wettabstürzen an der Nordwand oder Lkw-Rundfahrten durchs Sauerland.

Straßenbahn durchs Ruhrgebiet

Es ist die längste Straßenbahnfahrt durch Deutschland, ohne sich dabei sinnlos im Kreis zu bewegen. Touren von solch überdimensionierter Schwachsinnigkeit sollte nicht ein Schwachsinniger alleine unternehmen. Mein alter Freund Chris hatte zu einer Zeit, als die Welt noch sehr analog war, diese Route bereits mittels gedruckter Straßenbahnpläne ausgetüftelt. Und Dirk aus Essen drängelt sich bei Nonsens gerne sehr weit nach vorne, also sind wir zu dritt.

Wir werden in Witten starten, und bei der Anfahrt mit dem ICE über Wuppertal murmelt Chris: »Wuppertal ... hab mal gehört, das soll ein Regenloch sein.« Eine Standortanfrage per SMS von Dirk beantworte ich mit »W« und erhalte von ihm die Replik: »Wuppertal – die regenreichste Großstadt Deutschlands.« Diese beiden Knilche lernen sich heute erst kennen!

Natürlich verstehen sie sich prächtig. Frauen verstehen so etwas oft nicht. Es geht nicht um die Übertrumpfung mit blödsinnigen Fakten, es geht um die Vermehrung blödsinniger Fakten, die man kennt. Und je mehr wahren Kokolores man dem anderen hinknallt, desto mehr knallt er zurück.

Start. Wir stehen malerisch in Witten-Heven an der Straßenbahnhaltestelle, in der Folge Sbhs abgekürzt. Und die Straße hier heißt »Auf dem Knick«. Um die Ecke ist ein Aldi. Wir lassen uns von einer Urwittenerin fotografieren, und ich bereue schon, mir aus Übermut einen Kompass um den Hals gehängt zu haben. Die Dame ist nicht die letzte, die unseren Plan »Mit der StraBa durch den Pott« mit einem abschätzigen Blick quittiert: »Na und? Hier gurken täglich Hunderte Ranzgesichter wie ihr durch, die Schwachsinn machen.« Ich hätte genauso gut sagen können, dass ich Postkarten aus Rumänien sammle. Es hätte sie mehr interessiert.

Ursprünglich wollte Chris sich extra für heute ein iPhone kaufen, um unterwegs seine Börsenkurse abzurufen, hatte aber wohl kurzfristig Schiss, dass man im Ruhrgebiet Aktienspekulanten meuchelt oder ihnen wenigstens die Hand mit dem iPhone abhackt.

Zeit für eine letzte Urinverbringung vor der Losfahrt, natürlich knipst einer der beiden Spaßvögel. Lustig. Dafür sichten wir immerhin die erste folkloristisch wertvolle Haltestellenwerbung: »Kurt's Chickenhaus«.

Dirk und Chris wissen, dass die Bogestra – irgendwie weiß »man« das – die Bochum-Gelsenkirchener-Straßenbahngesellschaft ist. Angeblich ist der Pott ein Flickenteppich der Verkehrsverbünde. Angeblich gibt es sogar verschiedene Spurbreiten. Und für folgenden modernen Mythos übernehme ich nicht die geringste Gewähr: Die durchschnittliche Breite eines westfälischen Pferdehinterns ist das Maß für die Normschiene! Wieso? Das Space Shuttle wurde per Zug transportiert. Also durfte der Rumpf eines Space Shuttle nur so breit sein wie die Schienen, damit es überall durchpasst. Schlussfolgerung: Wenn Aliens irgendwann ein Space Shuttle vor die Füße plumpst, können sie spielend die Gesäßmaße eines Erdpferds errechnen.

Wir sitzen noch keine zehn Minuten in der ersten von vielen Straßenbahnen und erregen eine zweifelhafte Art von Aufmerksamkeit. Amüsieren uns über die Exotik Wittener Vorortbezeichnungen. Und kalauern mit Einheimischen zusammen eine hiesige Eheanbahnung zusammen: Erst beim *Crengeldanz* einen *Heven*, gleich einen in der *Krone*, direkt *Annen* fragen: *Witten Papenhook*? Zu Recht rasseln wir in die erste Ticketkontrolle. Chris fragt überflüssigerweise, wie das denn wäre, da das reguläre Ticket ja nur 240 Minuten gültig ist. – Ich hatte zuvor todesmutig die Verantwortung übernommen, falls ein Kontrolleur sich daran stören sollte. Ich sage langsam und betont zur Kontrolleurin: »Wir sind nicht entlaufen.« Sie schaut skeptisch.

Die Wittener Fußgängerzone ist ein erstes Highlight. Minimum drei Tchiboläden, also jene Ruhrgebietsinstitutionen, in denen sich Helge Schneider die meiste Inspiration holt. »Heißt es Tchibos oder Tchibi?« Ach, Jungens ...

Ich verliere meinen Stift und schäme mich wieder wegen meines blöden Kompasses um den Hals. Ein mitfahrendes Pärchen findet unsere Aktion gut: »Ihr macht ja PR für den Nahverkehr. Und das Ruhrgebiet ist ja wirklich toll. Wat soll man denn immer wechfahren, ne.«

Kurz bevor die StraBa die Autobahn überquert, steigt ein sehr dicker Mann mit einer Brötchentüte aus und geht in den Wald. Ein Bild, das mir noch lange hängen bleibt, aber ich kann nicht dechiffrieren, welche Symbolik darin liegt.

Bochum. Opelwerk. Am Hauptbahnhof bekommen wir natürlich Flugblätter für ein nicht näher spezifiziertes »Solidaritätsfest: Alle Betroffenen, Kollegen, Familien, Nachbarn, Onkel und Tante, Jung und Alt sind eingeladen.«

Ich erinnere mich, das ist die Stadt, die ein Viertel offiziell Bermudadreieck getauft hat und eine U-Bahnstation gleich mit. Die unterirdischen Haltestellen hier sind sehr spacig und ... Moment, ist das denn überhaupt noch eine Straßenbahn? »Dochdoch«, weiß Dirk, »nur fährt die eben in den Stadtzentren unterirdisch.« Ah, klar!

Langsam wird spürbar: Heute ist Samstag. Shoppingvolk ist unterwegs. In der nächsten Bahn sitzt mir gegenüber ein Senior, als hätte ihn jemand bestellt. »20 Jahre Kran gefahren am Hochofen, bei Thyssen gelernt.« Wir fahren an der Backsteinmauer von Thyssen vorbei. Der Senior hat eine sägende Stimme wie der VfL beim Heimsieg gegen Schalke. Der Alte gerät ins Plaudern: »Hier haben die Amerikaner gebaut«, was und wann und warum, ist unverständlich. Arme Historiker, die hier Quellenstudium betreiben.

Die nächste Schaffnerin kontrolliert uns. Und nickt Richtung Thyssen hinüber: »Bei dem Verein happich auch geleeeant.« Und dann wird man Kontrolleurin? »Schaffnerin.

Die ham 225 Leute eingestellt, kriegen ein halbes Jahr EU-Förderung, aber nur 30 Prozent werden übernommen. Sauberer ist es geworden in der Bahn! Und natürlich fühlen sich die Frauen sicherer.«

Wir erzählen der Schaffnerin von unserem Trip. »Wir hatten die Tage eine Gruppe Schwaben, die war ganz begeistert von der Gegend. Vor allem von unserer Freundlichkeit! Witten ist schön, ne? Lummerland haben wir immer gesagt.«

Was sie nicht leiden kann, sind Leute, die den Mitfahrertarif missbrauchen.

»Da kommt den ganzen Morgen einer nach dem anderen, geht durch die Bahn und sagt: Wer kann mich mitnehmen?«

Ja, in der Tat, die Straßenbahn ist nicht das typische Verkehrsmittel der Oberschicht. Aber Golfwägelchen fahren nun mal nicht durchs ganze Ruhrgebiet. Wo die Kneipen »Freiheits-Schänke« heißen. Und das schon vor der Umgehung des Rauchverbots.

Wir erreichen Wattenscheid. Die Schaffnerin schenkt mir zum Abschied einen Werbekuli der Bogestra. Den muss ich sofort weitergeben, denn angeblich bin ich meinen beiden gebildeten und aufmerksamen Mitreisenden irgendwas schuldig.

Dirk zeigt aus dem Fenster: Nebeneinander prangen unerschütterlich wie Gottheiten drei Lokale: Rhodos, Exodus, Hellas. Griechenpower pur. Wattenscheid kann nicht groß sein, denn ruckzuck sind wir in Gelsenkirchen. Wir müssen 20 Minuten auf unsere Anschlussbahn warten. Nebenan ist der Fritz-Rahkob-Platz – kommunistischer Widerständler, 1944 von Nazis erschossen, hatte schon so was vermutet.

Auf dem Platz ist eine Minikirmes. Zehn Rentner verteilen sich weitflächig mit ihren Pilsgläsern unter Sinalco-Sonnenschirmen. Der DJ bläst »Seemann, lass das Träumen!« im aktuellen Las-Palmas-Beat raus. Und prompt krakeelt die unterbeschäftigte Kellnerin: »Wenn du dat Lied aufleechst, jucktet mir in die Knieää.« Wir warten an der Haltestelle

»Musiktheater«, ein Zufall? Dirk erwägt, eventuell die letzte Etappe zu schwänzen, er hat Famillje. Wir erwägen die Option, uns von Dirks Gattin eine Flasche tadellos dekantierten Rotwein samt langstieligen Gläsern am Essener Hauptbahnhof reichen zu lassen. Nun herrscht aber in der Bahn Ess- und Trinkverbot. Ob das auch für einen durchschnittlichen Mouton-Rothschild gilt?

Wir werden durch die Ankunft unserer nächsten Bahn unterbrochen. Ein Essener sagte mir mal, es sei ein falsches Gerücht, dass Ruhrmenschen dauernd Städtegrenzen überschreiten, sie blieben in Wahrheit meistens in ihrem Ort wie die Leute anderswo auch. Ich versuche, die Gelsenkirchener Physiognomie von der Bochumer zu unterscheiden, und scheitere.

Wir passieren die Trabrennbahn Gelsenkirchen, ohne sie zu sehen. Eine Ecke weiter ist schon Essen-Katernberg mit einem Zoofachmarkt Ernst Schulte, angeblich seit 1794. Wir rätseln, ob man damals Hühner und Schweine in dekorativen Volieren gehalten hat. Wir sitzen in der Linie 107, und wir werden mal wieder kontrolliert.

Chris packt der Missionarseifer. Ich könne meine Fotos auch genauso gut beziehungsweise schlecht mit einer modernen Digitalkamera 4 Megapixel, blabla Standleitung zur ISS, machen. Ich will aber keine. Wohl wissend, dass ihn solche Sätze zur Weißglut bringen. Ich mag grobe analoge Fotos.

Da steigt mein Puls: Ich erkenne die Trinkhalle an der Ecke wieder. Essen-Schonnebeck. Da vorne liegt der Ur-Aldi, die allererste Aldi-Filiale der Welt! Das Spektakuläre daran ist, dass sie genauso aussieht wie alle anderen Aldi-Filialen auch. Dabei gäbe dieser Bau doch ein Spitzenmuseum ab. Garantierter Besuchermagnet. Details entnehmen Sie bitte dem weitgehend volksnahen Reader »Die spinnen, die Deutschen«.

Mittagspause am Essener Hbf.

Ein unschönes Gebilde, von dem die örtliche Zeitung seit

zwölf Jahren regelmäßig verkündet, dass es kurz vor dem Einsturz stehe. Wir schmausen Pommes Bahnschranke. Mit Currywurst. Einfach Pflicht und Ruhe. Du isst, was auf deinen Pappteller kommt.

Wir schaffen es immer noch, kein Bier zu bestellen. Das Kloproblem bei Straßenbahnreisenden ...

Mir gelingt kein Foto des einzigen Weltkulturerbes auf der Strecke, weil die Bahn recht voll ist und mein Aushilfsfotograf sich nicht traut, zwischen knurrigen »Kontis« hindurchzuknipsen. Erste Ermüdungserscheinungen.

Beim Umsteigen nach Mülheim fotografieren wir uns gegenseitig, fragen uns, ob es, wenn man dieselbe tausendstel Sekunde erwischt, zu einer Atomexplosion kommen kann. Beschämend, und nicht nur im Nachhinein.

Von der Autobahn aus ist Mülheim sehr grün, und diese Strecke stellt einen Abwechslungsreichtumsrekord auf: Autobahn ... Tunnel ... Wald ... Tunnel ... Wohngewerbemischgebiet ... Tunnel ...

Wie kann eine Haltestelle wortwörtlich den Namen »Heißen Kirche« tragen? Selbst für blutigste Wortspielanfänger ist das eine offene Einladung. Auffällig viele junge Menschen sind unterwegs. Dirk meint ... nein: »weiß«, dass sie zum Oberhausener Centro unterwegs sind, an dem wir leider nicht vorbeikommen, wo doch gerade Oberhausen mit dem Gasometer obendrein über gleich ZWEI Attraktionen verfügt und somit ein Top-Pott-Hotspot ist.

Mülheim ist ein *Muss*!

Nicht nur das fehlende Stadtzentrum in Mülheim, nicht nur die Tatsache, dass die Straßenbahn mitten auf dem Mittelstreifen der Autobahn daherrauscht, nein, die farbig leuchtende Musterung der Sitze versetzen mich in einen sanften Psychedelikrausch, und seltsamerweise finde ich es gar nicht seltsam, gerade hier zu erfahren, dass es in Belgien auch ein Essen und ein Duisburg gibt. Und dass in Mülheim/Ruhr ein Wassermuseum existiert. (Mit Taucherflossen freier

Eintritt?) Diese rotblau marmorierten Spacesitze starren mich an. Heißen die Ortsteile wirklich so? Styrum, Saarn, Dümpten? Gott, bin ich breeeit. Die Linie 901 bis Duisburg verkehrt offensichtlich nicht mehr in dieser Welt.

Am Duisburger Bahnhof finde ich eine Ausgabe der Zeitschrift »emotion« mit den Titelthemen: lauschigste Hotels, beste Strände und Verwöhnideen – dahinter steckt doch ein raffinierter Plan. Erwäge, die Zeitschrift »Gefühlskälte« zu gründen. Titelthemen: anonyme Bettenburgen, quallenverseuchtes Watt und Verärgerideen.

In Duisburg gibt es zahlreiche Bedarfshaltestellen, an denen wir vorbeirattern, dafür darf man in der Bahn was trinken, aber laut Verbotsschild nur mit »Vol. 0 Prozent«, was wohl alkoholfrei heißen soll. Lieber Herr Amtsschimmel, haben Sie mal den Test gemacht, an einer örtlichen Trinkhalle ein alkoholfreies Bier zu bestellen? Wissen Sie, was Sie allen, ich betone *allen*, Duisburgreisenden zumuten? Pardon, das musste mal raus. Oder aber jemand unterstellt, man könne Duisburg nüchtern ertragen … nein, das ist jetzt doch zu abwegig!

Innere Schönheit (Duisburg).

»Düssburch«, wie es hier heißt. Chris sagt sinngemäß, von Duisburg sei er »irgendwie enttäuscht«. Lustig. Genauso gut könnte man behaupten, Berlin sei »irgendwie groß«, Kempten »irgendwie abgelegen« und Stuttgart »irgendwie provinziell«.

Uns erwartet die längste Teilfahrt, mit der U79 nach Düsseldorf, die aber wiederum fast nur oberirdisch fährt, und das 51 Minuten lang!

Das Rheinland. Flach und grün mit braunen Ziegelhäusern, eine immergleiche landschaftslose Landschaft. Man bekommt Lust, jemanden zu ermorden, und wenn niemand da ist, dann wenigstens sich selber.

Wir erreichen laut Durchsage eine »Zahlgrenze«! Ab hier gelten wieder Taler und Heller. Der Wahnsinn regiert? Was Wunder, die Haltestelle heißt Froschteich. Mitten auf dem Acker. Eine Weile geht die Reise über Land. Bis wir in Düsseldorf eintauchen, wo uns dann endlich der Durst besiegt. Wir steigen an der bedeutsam und urban klingenden Ecke Kö und Berliner Allee aus und probieren das örtliche Bier. So recht versteht man nicht, wie nur einen Katzensprung von Kohle und Stahl entfernt eine künstliche, geschmacklose, instinktfrei geldorientierte Proletenluxuswelt gleich einem Paralleluniversum entstehen konnte. Selbst das Frankfurter Bankenviertel bedient ästhetisch höhere Werte.

Dirk muss uns verlassen und zu Hause seine Blagen füttern, aber Chris und ich steigen tapfer und zäh in die U76 bis Krefeld. Samstags kommt man vom Edelshopping zurück, und der Fahrscheinautomat scheint aus blankem Mattsilber. Ich muss mich belehren lassen, dass es sich wohl um Platin handelt. Der Topshopper des Tages: ein karibisch-orientalischer Herr in beiger Hose mit in Karomuster eingestickten Lederflecken, umgehängt eine blaue BASE-Männertasche, Kérastase-Papiertüte und Kevin-Kuranyi-Bärtchen, unter dem Arm ein Bündel langstieliger gelber Rosen, vierreihiges Holzkugelarmband, helle Ledersandalen. Und sein Handyton? Nokia-Standard. Der Herr muss Krefelder sein!

Wir gondeln an Getreidefeldern entlang und der denkwürdigen Haltestelle Meerbusch-Wüderich-Landsknecht. Manch einer träumt davon, in eine Familie mit so einem Namen einzuheiraten.

In Krefeld, einer ereignisfreien und nicht weiter von Kultur belasteten Wohnstätte, entdecken wir hinter der Baustelle vor dem Bahnhof doch tatsächlich ein ehrwürdiges altes Bähnchen mit dem Zielschild »St. Tönis«. Ein Ort aus rotem Backstein, von dem man sich in diesen Breiten vermutlich auch ernährt. Seit den 80ern heißt es angeblich Tönisvorst, weil man es mit Vorst vereinigt hat.

Endstation. Sieben Stunden waren wir unterwegs. Der St.-Tönis-Straßenbahnfahrer gibt sich beeindruckend unbeeindruckt, als wir an der Endhaltestelle offenbaren, welche wahren Identitäten sich hinter unseren neutralen Gesichtern verbergen: Wir sind von Witten mit der Bahn hergekommen!

Der Preis, den (k)einer haben will.

Seine Worte: »Ach ja?« Sein Blick: Ich sehe jeden Tag dermaßen viele gescheiterte Figuren, da kommt es auf euch Kirmesclowns auch nicht mehr an.

Fazit: Erstens, extremes Qualitätsgefälle zwischen Weg und Ziel. Nichts gegen St. Tönis, die selbst ernannte »Apfelstadt am Niederrhein«. Um den Vorstern einen Gefallen zu tun, wählte sie als Partnerstadt das belgische Laakdal, genauer gesagt dessen Ortsteil Vorst! Zweitens ist das Ruhrgebiet nur stellenweise urban, zeigt nur selten seine schönen Industriebrachen. Drittens ist das Preis-Leistungs-Verhältnis für die Entfernung kombiniert mit den Erfahrungen dieser ursprünglichen Kulturen unschlagbar.

Hinweis für passionierte Extremstraßenbahnfahrer: Die Linie 16 von Köln-Niehl nach Bonn-Bad Godesberg bringt es auf eine Gesamtstreckenlänge von stolzen 40 Kilometern mit 48 Haltestellen. Die absolut längste Linie der Welt soll an der belgischen Küste entlangfahren, 68 Kilometer mit 70 Haltestellen.

Der unwahrscheinliche Fall
eines Druckabfalls

Autofahrangst, Fahrradfahrangst, Schifffahrangst oder Kitesurfangst hat keiner. Und vor Stahl, Holz, Kunststoff mit einem Gewicht von dreihundert Tonnen, dem sichersten Transportgerät überhaupt, haben die Menschen Angst?

Die Gesellschaft für Konsumforschung nennt drei Prozent mit echter Flugangst. Plus neun Prozent, die deswegen überhaupt noch nie geflogen sind.

Allensbach ermittelt gar 16 Prozent mit Flugangst und noch mal 22, denen dabei unbehaglich zumute ist. Okay. Konservative Institute ermitteln gerne mal »mehr Angst«, weil das ihr politischer Auftrag ist.

Vorschlag zur Güte: Vielleicht könnten bei Abstürzen nur Flugängstliche drin sitzen, dann hätten die anderen ihre Ruhe?

Theorie

Bei den Theoretikern klingt es recht schwerfüßig. Ich habe eine Diplompsychologin ausgefragt, wieso es zum Beispiel eine weit verbreitete Flug-, aber keine Autoangst gibt.

»Bei der Risikowahrnehmung und -einschätzung gewichtet man ein Risiko nicht nach der Wahrscheinlichkeit seines Eintretens, sondern nach der Schwere des Risikos, wenn es denn eintritt. Das heißt, die Wahrscheinlichkeit, in einen Autounfall verwickelt zu werden, ist ungleich höher als die Wahrscheinlichkeit, in einen Flugzeugunfall verwickelt zu sein. Und das heißt: Der Mensch müsste mehr Angst vor dem Autofahren als vor dem Fliegen haben – wobei es Autoangst übrigens durchaus gibt! Hat der Mensch aber nicht.

Er hat deshalb mehr Angst vorm Fliegen, weil bei Flugzeugunfällen generell ungleich Schlimmeres passiert. Die meisten sterben dabei, und es sind mehr Tote als bei einem Autounfall.«

Würde jeder sein Privatflugzeug nehmen, wie es sich gehört, hätten wir keine Sorgen mehr. Ich selbst hatte mal einen heftig rumpelnden Atlantikflug und danach zwei Jahre lang Schweißausbrüche beim Fliegen. Danach legte sich diese Unruhe aber wieder. Stimmt es denn, dass man ein Risiko gerne so einschätzt, wie es aktuellsten Erfahrungen entspricht, irrational wie an der Börse?

»Wenn ein Unfall passiert ist oder wenn die Aktienkurse in den Keller fallen, dann hat man mehr Angst und schätzt das Risiko eines Flugzeugabsturzes beziehungsweise eines Geldverlusts höher ein. Ich bin mir nicht sicher, ob diese Aussage richtig ist, denn, Beispiel Aktien: Viele Studien zeigen, dass Anleger sich irrational verhalten und so ihre Geldvermehrungschancen mindern. Bei Kursverfall verkaufen sie zu spät, weil sie hoffen, dass sich der Kurs wieder erholt. Bei Kursanstieg verkaufen sie zu früh, weil sie die Gewinne mitnehmen wollen. Erfolgversprechender wäre, wenn sie bei Kursverfall schneller verkaufen würden und bei Kursanstieg später. Aber: Der Mensch gewichtet einen Verlust höher als einen Gewinn! Wenn die Aktien nun fallen, hat man schon was verloren, man hält sie aber, weil dieser Verlust schmerzlich ist und man hofft, dass die Aktien wieder steigen. Wenn die Aktien steigen, will man schnell den Gewinn mitnehmen, weil man Angst hat, dass sie alsbald wieder fallen und man des Gewinns verlustig geht. Vernünftiger wäre es, sie zu halten, weil: Wenn die Aktien wieder sinken, kann man immer noch verkaufen, und wenn sie weiter steigen, hat man mehr Gewinn.

Beispiel Naturkatastrophen. Meines Wissens verhalten sich die Leute da gerade antizyklisch. Es gibt insbesondere für die USA viele Studien, in denen untersucht wurde, warum die Leute nach einem Erdbeben die Häuser immer wieder aufbauen oder warum die Leute wie die Teufel nach San Francisco ziehen, obwohl dort mit schweren Erdbeben zu rechnen ist.

Ein wesentliches Ergebnis war das: Wenn eben erst ein Erdbeben war, dann schätzen die Leute die Wahrscheinlichkeit, dass bald wieder eines passiert, als extrem gering ein. Sie können also getrost ihre Häuser wieder aufbauen oder nach San Francisco ziehen. Diese Einschätzung ist völlig irrational. Denn: Erdbeben verhalten sich nicht nach der Statistik. In meiner kurzen Lebenszeitspanne können sich durchaus mehrere Erdbeben ereignen – dann bin ich halt ein Pechvogel.

Richtig ist aber sicherlich: Wenn in Deutschland ein Flugzeug abgestürzt ist oder irgendwo ein Flugzeug mit deutschen Urlaubern, habe ich mehr Angst, als wenn in Sibirien eine Inlandsmaschine mit Russen abgestürzt ist. Oder: Wenn ich gerne nach Mallorca fliege und es stürzt eine Maschine über dem Irak ab, dann habe ich weniger Angst, weil ich mir denke: In den Irak würde ich eh nie fliegen, und wer das tut, ist selber schuld.«

Ich gestehe, keinen Urlauber zu kennen, der auf dem Weg nach Bagdad abgestürzt ist. Beweist dies nun, dass Bagdad das sicherste Reiseziel der Welt ist und dass alle Flugangsthasen dorthin reisen sollten? Ja, denn diese Statistik habe ich selbst gefälscht.

Praxis

»Na klaaaar kannst beziehungsweise *musst* du mich ansprechen zum Thema ›Flugangst‹ – wenn du drei Tage Zeit und drei Liter Wodka hast. Denn da gibt es viiiel zu beachten, bevor man es wagt, in so eine Feuerfliege zu steigen. Das kannst du mir glauben! Allein bei dem Gedanken daran braucht's drei Pinnchen Schnappes.«

Heike ist Bankangestellte aus Berlin, Ende 30, durchaus lebenstüchtig, aber es gibt ein Thema, bei dem ihr die Sicherungen durchrattern.

»Wie soll so ein Riesending fliegen? Vielleicht ist das ja Frauenlogik. Schiffe gehen ja auch nicht unter ... Ich musste mal von meinem Arbeitgeber aus neun Wochen lang von Berlin ins Rheinland pendeln. Da habe ich jedes Mal einen Untergebenen abkommandiert, der mich ablenken musste und Händchen halten. Beim Einchecken ziehe ich lieber einen Gürtel zu viel aus als zu wenig. Wenn die nicht genau nachkucken, gehen bei anderen die Bomben hoch.«

Ist aus dem Fenster zu schauen eher panikverstärkend oder beruhigend?

»Ein Fensterplatz muss sein. Außer du kuckst raus und siehst: Weia, direkt neben der Düse! Ich kucke mir die Tragfläche an, und man sieht ja, wie die zusammengenietet ist – hält das? Wenn einer die Jalousie zumacht, wo ich rauskucken will, und dann ist nur ein Miniruckler ... sofort Panik. Wenn das Startgeräusch weggeht, denke ich: Düse ausgefallen. Wenn die Räder einklappen, kriege ich sofort so ein *Umpf*! Ich bin extrem geräuschempfindlich, und dann ziehe ich den Gurt ganz eng. Dann spricht der Kapitän. Ist die Stimme jung, denke ich: superfit. Eine Sekunde später denke ich: Ach du Scheiße, der hat ja überhaupt keine Erfahrung. Klingt die Stimme reifer, denke ich: Der ist ja fast scheintot. Die Stimme ist oberwichtig. Wenn der stammelt ... oh mein Gott.«

Man meint, du kennst dich selbst und durchschaust alle Mechanismen, wann bei dir was passiert. Wieso setzt du dich nicht einfach hin und lenkst dich ab und liest?

»Das kann ich überhaupt nicht leiden, wenn ich mit jemandem fliege, und der setzt sich sofort hin und fängt an, Zeitung zu lesen. Ich bin mal mit meiner Freundin Martina geflogen und hatte vorher Rescue-Tropfen genommen, das sind Bachblüten. Vor dem Abflug ging die Stewardess durch und sagte: Heute darf eine Person im Cockpit mitfliegen – es war Valentinstag. Und ich hab's gemacht. Als ich da saß, dachte ich: Wie bin ich denn auf die Idee gekommen? Durch die Bachblüten? Die checken im Cockpit ja alles, alles gegen. Der hat alles vorgeführt, super. Und dann sagte der Pilot: In Köln landen wir von Hand – und hat sich bekreuzigt!!!

Beim Rückflug hab ich für alle Fälle wieder Bachblüten genommen, und ich sag zu Martina: Am liebsten würde ich wieder ins Cockpit. Ich hab das der Stewardess gesagt und dass ich Flugangst habe, und sie sagt: Normal gerne, aber unser Kapitän fliegt heute zum ersten Mal! Von dem Flug hab ich nix mitgekriegt, weil ich mich nur in den Sessel gekrallt hab.«

Spielt die Fluggesellschaft eine Rolle?

»Fluggesellschaft nur mit Rang und Namen, Egypt Air kannst du bei mir knicken. Lieber ne Stange mehr bezahlen. Lufthansa-Piloten landen und starten anders als BA-Piloten. Das merkst du total!«

Und käme für dich ein Flugangstseminar infrage?

»Von der Vernunft her weiß ich schon, dass das sicherer ist als Auto fahren. Ich habe nur Angst vor dem Moment, wenn du abstürzen würdest, dass du das mitkriegst. Und du kannst da nicht zurück!«

Heike übersieht hier eine entscheidende Kleinigkeit. Falls der wirklich unwahrscheinliche Fall eintritt, dass Sie in einem Flugzeug sitzt, das abstürzt, ist ihre Chance zu überleben verschwindend gering. Und ihre Flugangst würde sich in Sekundenschnelle in so etwas wie Luft auflösen.

Der Kölner Flughafen nennt als Tipps *gegen* die Flugangst:	Ich nenne als Tipps *für* die Flugangst:
1. Suchen Sie sich eine bekannte Airline, mit der Sie fliegen.	1. Denn wer will schon in Atemmasken von anonymen Airlines hecheln?
2. Kommen Sie rechtzeitig zum Flughafen.	2. Denken Sie rechtzeitig an Ihr Testament! Das dauert nämlich.
3. Sprechen Sie beim Einchecken und mit der Stewardess über Ihre Flugangst, man wird Ihnen helfen.	3. Und lassen Sie sich den Weg zum Hauptbahnhof zeigen!
4. Meiden Sie zu viel Alkohol und Tabletten.	4. Wieso? Tot ist tot.
5. Denken Sie immer dran: Das Flugzeug ist das sicherste Reisemittel überhaupt!	5. Und die Antwort auf alle Fragen ist 42!

Kompass zu Kompost

Reisen heißt meistens, sich orientieren. Wenn man sich nicht orientiert, weiß man nicht, wo man landet, und bekommt vielleicht in der folgenden Nacht einen Schnupfen, weil man in einer Pfütze geschlafen hat. Ein Beispiel für Reisen ohne Orientierung ist die Vertreibung aus dem Paradies, wo das wohlbekannte Paar keine Ahnung hatte, wohin es danach ging. Prompt saßen sie in Dornen, Disteln und Staub. Könnte heute nicht mehr passieren, denn wir haben Routenplaner.

Die erste deutsche Straßenkarte stammt aus dem Jahre 1503, ist schwer zu kriegen, kostet ein Wahnsinnsgeld und gilt als veraltet. Viele dort eingezeichnete Burgen sind heute nur noch Ausflugsziele. Weg damit. Konsequent teste ich den Routenplaner von Google, weil er so wunderbar kostenlos ist und werbefrei scheint. Die Welt ist nur einen Klick entfernt. Ich erlaube mir, in der Quadratestadt Mannheim die Route von R5 nach B2 zu nehmen. Das ist billiger als Drogen. Siehe nächste Seite.

Auch recht malerisch ist mein Test in der Kölner Innenstadt von der Großen Brinkgasse 2 in die Große Brinkgasse 1. Natürlich eine Einbahnstraße. Immerhin braucht das Programm nur eine Minute für 500 Meter, denn es verfügt über keinen Rückwärtsgang.

»Ost auf Große Brinkgasse Richtung Apostelnstraße 5 m. Bei Apostelnstraße links abbiegen 87 m. Bei Ehrenstraße links abbiegen 0,2 km. Bei Benesisstraße links abbiegen 11 m. Nach links abbiegen, um auf Benesisstraße zu bleiben 51 m. Bei Große Brinkgasse links abbiegen 0,1 km.« Hut ab.

Leichtsinnig im Sinne der Vergangenheitsbewältigungen wird das Programm, das die Anfrage »Karl-Marx-Stadt nach Brünn« arglos mit 433 km beantwortet, ohne nachzufragen,

Mannheim von R5 nach B2		
1.	Südwest auf R4/R5 Richtung Q5/R5	66 m
2.	Links halten bei Q4/Q5	94 m
3.	Bei P4/Q4 rechts abbiegen	67 m
4.	Rechts halten bei P3/Q3	69 m
5.	Geradeaus auf P2/Q2	71 m
6.	Geradeaus auf P1/Q1	71 m
7.	Geradeaus auf F1	73 m
8.	Bei E1/E2 links abbiegen	79 m
9.	Geradeaus auf D1/D2	0,1 km
10.	Geradeaus auf C1/C2	0,1 km
11.	Geradeaus auf B1/B2	0,1 km

ob ich wirklich von Chemnitz nach Brno will oder doch in einem Deutschland von vorgestern lebe.

Aber von Königsberg an die Etsch ist ihm doch zu revanchistisch, denn er schlägt mir neun verschiedene Königsberg vor – nur eben nicht Kaliningrad. Das Ziel »Etsch« hingegen ist für das Programm glasklar ... nicht das italienische Flüsschen aus der abgeschafften Strophe der Nationalhymne, »von der Etsch bis an den Belt«, sondern das Etsch aus dem »Fanclub FC Bayern München Etsch – Inn – Donau«.

Auch kennt das Programm die Entfernung von Sofia nach Ufa in Russland: 2709 km. Und von Sofia nach Ufa in Chile 12 747 km. Aber die Routen kann es nicht berechnen, weil keine Straße über den Atlantik führt. Kleingeistig.

Nun legen wir mal eine Schippe drauf: von Gera zum Mond. Die Antwort kommt schnell:

»Meinten Sie: Gaststätte Zum Vollen Mond – mehr Infos → Blankenhainer Str. 2, 99441 Magdala 44,4 km

Sonne, Mond und Sterne-Holzdekor – mehr Infos
→ Puschkinplatz 11, 07973 Greiz 26,2 km
Gaststätte Zum Halben Mond – mehr Infos
→ Buttstädter Str. 12, 99510 Niederreißen 52,8 km
Führen Sie eine neue Suche nach Unternehmen durch, um alle 40 Ergebnisse für ›Mond‹ anzuzeigen.«

Von Quedlinburg zum Nordpol – Kleinigkeit für Google Maps. Den Nordpol gibt es in Övelgönne 257 km, in Wiefelstede 262 km und in Apen, Entfernung leider unbekannt. Besonders entzückend fand ich das Resultat von Berlin nach …

◀ ■ ■

Aber sicher! Nur einige Beispiele für Gerichtsurteile, die man kennen sollte, bevor man auch nur eine der zahllosen unnötigen Reiseversicherungen abschließt, deren Kunst es ist, nicht zu zahlen.
Einen Koffer darf man nicht neben sich stellen, sondern er muss zwischen die Beine geklemmt werden. Sonst wird der Verlust nicht ersetzt.
In südlichen Ländern darf man keinen Schmuck tragen. Der Verlust wird nicht ersetzt.
Eine Kamera darf nicht über die Schulter gehängt werden, sondern muss – wegen der Mopedräuber – am Körper befestigt werden. Der Verlust wird, na, Sie wissen schon, nicht ersetzt!

■ ■ ■

nu sach ma ehrlich, Bolle, wo willste von Berlin aus hin, wa? Nach Berliiin, klar! Also Berlin – Berlin. Und die Meldung war einwandfrei: »Richtung Ost auf Karl-Liebknecht-Straße: 0,0 km.«
   Eine Nullfahrt!
   Wenn Sie mal einen Sonntagnachmittag vertrödeln wollen, geben Sie die Ziele von Haus in Fabrik, von Deutschland nach Italien, von Garage in Garten ein, oder fragen Sie Ihren minderjährigen Sohn, er weiß genau, was Spaß macht.

Afrika-Reporter (ein Süchtiger)

Ludger Schadomsky ist einer von denen, der immer mal eine Weile weg war. Lang weg. Richtig weit weg.

Wir kennen uns seit Längerem, hatten uns einige Jahre lang aus den Augen verloren, aber wiedergefunden, und sitzen in der Kantine der Deutschen Welle, die gerade den Kantinenweltmeistertitel gewonnen hat. Ludger grüßt ständig Leute, führt kurze Checks, ob alles okay ist, denn in solchen Einrichtungen verbringen Menschen nachweislich 70 Prozent der Zeit mit Mobbing und 30 Prozent mit Trinken. Kaffee natürlich. Und der ist hier in der Kantine in der Tat ebenso vom Feinsten wie das Kudu-Antilopen-Schnitzel, das der Küchenchef heute kredenzt. Ludger ist beliebt, sieht gut aus, ein Frauentyp, immer charmant, weltgewandt, mehrsprachig, locker, auch emotional.

Er ist Redaktionsleiter des amharischsprachigen Radioprogramms der Deutschen Welle in Äthiopien, das angeblich von 20 bis 30 Prozent der äthiopischen Bevölkerung täglich gehört wird, für viele das wichtigste Medium darstellt. Positiv gesagt. Es ist aber auch der Sender, mit dem sich die BRD und ihre Ansichten im Ausland darstellt. Hier in Bonn wird Weltpolitik gemacht, wenn auch etwas kleinere als früher. Zu allen Regierungseinrichtungen wie dem Bundesrechnungshof und den berüchtigten »Spiegelministerien« ist der neue Turm der UNO hinzugekommen, in dem das »Sekretariat des Abkommens zur Erhaltung der europäischen Fledermauspopulationen (UNEP/EUROBATS)« residiert. Der Bus heißt Deutsche Welle-Bus, die U-Bahn heißt Telekom-Express. Dies ist die Exhauptstadt Bonn, die wie ein abgetakelter Schlagerstar auf Baumarkteinweihungen Syrtaki tanzt. Mit Wampe.

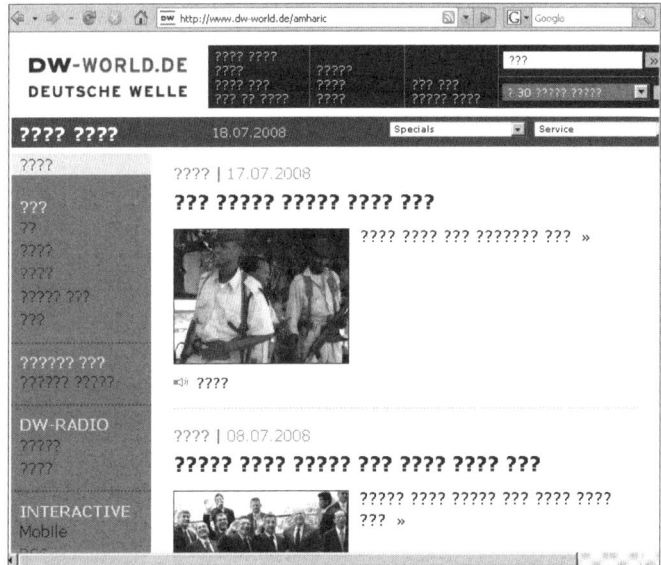

Mein Browser kann kein Amharisch.

Als Schüler baute Schadomsky mal das größte Papierboot der Welt, kam für fünfeinhalb Minuten ins Guinness-Buch, dann tauchte ein größeres Papierboot auf. Der Zufall führte ihn zu den Auslandsreportagen fürs Radio. Und inzwischen befasst sich Schadomsky zum Beispiel damit, dass »Addis Abeba keine Straßennamen hat. Zur Zeit kümmert sich ein Deutscher darum, eine komplette Stadt zu straßenbenamen oder bestraßenzunamen, oder wie das heißt.«

Aber der Reihe nach.

Was waren deine wichtigsten Reisen?

»1990 bin ich ein Jahr lang durch Australien und Neuseeland mit dem Rad gefahren. Da hatte ich nur einen Lonely-Planet-Reiseführer und ein Gastgeberverzeichnis von Biobauern, wo ich dann mitgearbeitet habe und freie Kost und Logis bekam. Ich bin gar nicht so öko, aber da kommt man mit den Leuten in Kontakt. 1994 habe ich mit dem Fahrrad von Nairobi nach Kapstadt die ›kleine‹ Tour gemacht. Und später dann die große von Kairo nach Kapstadt.«

Wie kam's?

»Feuer gefangen am Reisen habe ich durch das Aufwachsen in Ostwestfalen-Lippe in einem kleinen Örtchen namens Salzkotten. Da liegt Neuseeland ja nah ... – im Ernst, man muss erst mal weg! So weit wie möglich!«

Was nimmt man mit, wenn man auf größere Fahrt geht?

»Damals war das eher Überflüssiges, was man so mitschleppte: Schnürsenkel, Pflaster, Nähzeug, Erfrischungstuch, Kohletabletten ... Auf Berufsreisen hat man das Laptop, Mikros, Aufnahmegerät dabei, man reduziert das andere. Ich habe immer versucht, nicht zu stinken. Aber schlecht angezogene Weiße sind das Peinlichste, was man Afrikanern anbieten kann. Diesen ganze Backpacker-Style in bettelarmen Ländern oder sich da bei Einheimischen durchschnorren finde ich unsäglich. Bei Afrikanern ist es üblich, Stolz über Kleidung zu transportieren.«

Kurz bevor dein erster Sohn kam, wolltest du noch nach Uganda auswandern. Und jetzt? Du fliegst heute nur noch beruflich nach Addis Abeba, sonst nichts?

»Zum einen ist das private Reisen weniger geworden. Als Familienvater werden plötzlich Ziele wie Juist und St. Peter-Ording attraktiv. Der europäische Horizont reicht völlig. Meine Hochzeitsreise ging zum Beispiel auf eine griechische Insel. Und privat ist Reisen für eine Beziehung lebensnotwendig. Reflektionsmöglichkeiten von außen sind sehr wichtig. Aber so zwei Jahre Südamerika könnte ich mir schon irgendwann vorstellen. Im April geht's mal eine Woche nach Ruanda, und das bucht das Inhouse-Reisebüro.«

First Class?

»Ts! Alles unter acht Stunden ist Economy. Auch New York zum Beispiel.«

Du bist ja ein vernünftiger Mensch, aber du musst doch auch aufregende Dinge erlebt haben.

»Ich bin zwei bis drei Monate den Kongofluss hoch. Und an der Kongoquelle ist ein Medizinmann des Dorfes, der sie überwacht. Na ja, die Quelle ist so ein kleiner Tümpel. 4200 Kilometer weiter ist das Delta einen Kilometer breit. Und der Medizinmann muss dort eine Zeremonie durchführen, bevor man den Kongo bereist, um die Götter milde zu stimmen. Dazu gehört, von dem Brackwasser mittels eines Baumblatts einen tiefen Schluck zu nehmen. Da ist eine große Amöbengefahr. Und der Häuptling hatte am Abend davor einen Honigschnaps angesetzt, der ein bisschen hochprozentig geraten war.«

Welche Impfungen hast du?

»Alle, die es so gibt. Und Hepatitis A hatte ich, das ist fürs Leben erledigt.«

Bildet Reisen nach wie vor?

»Auf jeden Fall. Wenn ich einen buddhistischen Tempel sehe, gehe ich da rein. Auf Reisen lernst du, dass Fluchtmechanismen nicht greifen. Du musst dich den Sachen von zu Hause stellen. Und in letzter Zeit meint jeder zweitklassige Musiker, der keine Platte mehr verkauft, er müsse sich um afrikanische Kindersoldaten kümmern, ich nenne mal den Namen Niedecken ... Dabei lernst du auf Reisen ganz andere Sachen: Wenn man sieht, wie glücklich die Leute sind, obwohl sie *nix* haben.«

Hast du Hornhaut bekommen?

»Die Geschichten, die ich in sehr frühen Jahren mitbekommen habe mit erschossenen, zerstückelten, vergewaltigten Frauen, haben mich hart gemacht. Das wirkt bei mir zwei Tage, dann ist Feierabend.«

Wie verhältst du dich heute unterwegs im Vergleich zu früher?

»Ich nehme mir mehr Zeit. Ich minimiere das Programm.«

Wenn ich dich jetzt in eine Region schicke, die du weder kulturell kennst noch per Sprache dir erobern kannst wie beispielsweise den Kaukasus oder Mittelasien, wie würdest du rangehen?

»Kaukasus oder Mittelasien sind gute Beispiele, da habe ich kaum Ahnung. Ich würde mich ins Café auf den großen Platz setzen oder an die Uni gehen. Reisen ›von unten‹. Ich habe eine totale Aversion gegen Reiseführer, gegen Tagesprogramme. Weil dann die Annäherung nur begrenzt stattfindet. Auch wenn ich in eine fremde deutsche Stadt komme, renne ich nicht in ein Goethe-, Schiller- oder ein Sonstwie-Haus, sondern eher ins Studentenviertel. Ich fand in Kopenhagen Christiania total enttäuschend. Wenn ich privat reise, suche ich zunehmend Familienanschluss. Keine Museen. Der größte Horror sind weiße Auswanderer, die sich am einzigen Swimmingpool des größten Hotels treffen und Daiquiris trinken.«

Kannst du dir vorstellen, den Rest deines Lebens in Bonn zu bleiben?

»Ich weiß auch noch nicht, hier stößt man ständig an die Grenzen dieses engen Landes. Bonn kann nicht wirklich gegen afrikanische Weiten anstinken.«

Ich verspreche Ludger beim Abschied, ihn in die Pfanne zu hauen. So, Herr Schadomsky: Sie sind für mich mit Abstand der breitohrigste Afrikareporter aus ganz Ostwestfalen! Ach ja, und Luttcher mag er gar nicht genannt werden, der Luttcher.

New-York-Vorhersage

Die Stadt gehört den Kakerlaken, vergiss die Italiener, vergiss die angeblich so gewaltigen angeblich jüdischen Großbanken, und vergiss die Chinesen erst recht. Hier in New York haben sie noch lange nichts zu melden. Nicht solange die Kakerlaken die Stadt regieren. Nicht dass wir uns falsch verstehen, hier geht es nicht um eine blöde Metapher für Kunstgaleristen oder Taxifahrer oder Boxpromoter – es geht um kleine Krabbeltiere, die gar nicht so klein sind. Und sie sind viele, sehr, sehr viele, Mann.

Die Stadt ist so gebaut, ihr Grund und Boden ist zu wertvoll, um auf ihm Hinterhöfe zuzulassen, wo Platz für Mülltonnen ist, also steht der Müll in Tüten auf der Straße, parat für die Kakerlaken zum Abholen, auch wenn sie sich ihre Mahlzeiten mit den Ratten teilen müssen.

Wenn du denkst, dass JFK ein riesiger Flughafen ist, dann denkst du es nur. Denn egal, ob du schon in Chicago, London-Heathrow oder Frankfurt gelandet bist, du *weißt*, dass er riesig ist, aber das *sieht* man bei riesigen Flughäfen nie. Man sieht immer nur die eine Ecke, wo alle zehn Minuten derselbe Shuttlebus einen Fahrgast zu seinem Hotel bringen will, und man fragt sich, wer zahlt überhaupt für einen solchen Service?

In New York passt nichts zusammen – ich spreche es amerikanisch aus [nu-jork]! Die meisten Menschen reden ein krummes und schiefes Behelfsenglisch wie Berliner Türk-Rapper, bei denen sich Booty auf Schnuti reimt.

Ich teile das Taxi in die Stadt mit einer indischen Geschäftsfrau, für die es dann selbstverständlich ist, wenn ich ihre 50 Dollar mitbezahle – auf einem Bein kann man nicht stehen.

Das Grundnahrungsmittel ist fettfrei und glutenfrei, und

man kriegt es überall, wo man sprichwörtlich geht und steht: Kaffee. Für manche Leute hier die einzige Nahrungsquelle. Meine europäischen Lieblingsbonbons Ricola haben sie mir am Zoll abgenommen – sie sind ja ein Nahrungsmittel, das nicht verschweißt ist und Ebola aus Deutschland einschleppen könnte! Übrigens, wenn ich hier Werbung mache, will ich so ein paar Beutel gratis, und seid so nett und produziert »Ricola original Schweizer Kräuterzucker« nicht mehr zuckerfrei. Zuckerfrei ist albern und macht dick.

Ich suche einen Schweizer Laden in der Stadt, in der es alles gibt, rund um die Uhr. Auf der Suche nach einem »Swiss shop« im Telefonbuch nutze ich die Gelegenheit, nach Namensvettern zu stöbern. Baumänner habe ich sogar einige in Helsinki gefunden, nur werden sie im Ausland oft mit einem n geschrieben. Also Swiss … Ja, die Swissair rufe ich an. Scheiße, Call-Center. Ich beweise Geduld, schließlich ist ein Mensch in der Leitung, und der schickt mich zum Times Square.

Achtung – das ist alles erfunden!

Allzu gerne würde ich die Müllkippe sehen, auf der auch immer mal Rattenforscher vorbeischauen, weil die zweitmächtigsten Herren von New York kurz davor sind, sich zu einer speziellen Spezies zu entwickeln. Aber man muss mit einem Boot auf eine unbewohnte Insel, und die Abfahrzeiten passen leider nicht.

Immerhin erfahre ich bei dieser Gelegenheit, dass gerade die Mermaid-Parade ist – es ist immer gerade eine Parade, aber das dachten Sie sich sicherlich schon –, und bei der Parade der Seejungfrauen versammeln sich nicht nur heitere Karnevalsfans. Die Parole könnte viel eher heißen: Fetischisten aller Länder, vereinigt euch (miteinander, aber gut geölt).

Ich meide den verräterischen Touristenblick nach oben und kaufe mir eine Sonnenbrille, aber so sehr schielen kann man gar nicht. Also kucke ich mir nur die Hochhäuser an, die in der Ferne sind.

Schon am ersten Tag ertappe ich mich bei dem Gedanken, dass ich froh bin wegen meiner halben Höhenangst, dass das World Trade Center nicht mehr steht. Sorry. Ich suche überall nach Witzen über 9/11, aber bis man in Deutschland Hitlerwitze machen konnte, vergingen ja auch 53 Jahre (Walter Moers, sein erster Adolf-Band).

Ich teste New York ein bisschen, nachdem es beim Thema Ricola schon versagt hat, und suche den Arzt und Künstler, der *mit* menschlichen Körperteilen malt. Mit Körperteilen von Toten. Aber schlagen Sie mal eine Gazette auf und blättern zum Stichwort »art«. Wenn der betreffende Beitrag älter als vier Wochen ist, können Sie es vergessen. Früher habe ich immer nach Second-Hand-Plattenläden gesucht, und nun versuche ich mein Glück in einem rumpeligen Laden, der von einem Typen rumänisch-pakistanischer Abstammung geführt wird. Ich mach's ihm mal schwer: die CD »John Zorn's Radio Hour«. Ein New Yorker Jazz-Musiker wie ein Radiosender! Fehlanzeige. Und die New York Dolls – warum kennt die keiner? Wer ein Herz für Punk und Glamrock und Entertainment hat, inklusive Drogentod – ist doch alles da!

Der Autor war noch in seinem Leben in New York!

Aber die meisten Straßen, durch die ich planvoll planlos laufe, glänzen mit beliebigen Lebensmittelläden – und diese mit zu vielen Fertiggerichten für eine Person. Nominell! In Wahrheit reicht so eine Packung »Rib eye« mit Kartoffelpüree für zwei. 24 Stunden geöffnet? Ja, aber was hilft es, wenn man unglaublich viel findet, aber niemals das, was man sucht.

Ich stehe vor einem Kino im »Village« – man soll ja die Slangausdrücke der Einheimischen übernehmen, dann laden sie einen zu sich nach Hause ein und schenken einem Omas selbstgebackene Kekse –, wo tatsächlich ein Film mit Til Schweiger läuft, aber eben nicht jetzt um 2.30 Uhr nachts.

Ist das eigentlich gefährlich, was ich gerade tue? Mir wird plötzlich unwohl, ich will heim, aber da war auch was mit Minicabs, die man nicht nehmen soll – ich setze mich doch nicht in die Subway! Ich beschließe, erst noch ein

■ ■ ■

Anecken Das Zirka-Hotel liegt in Odessa, bietet wirklich günstige Zimmer, nur zwei Kilometer vom Strand entfernt, und bekommt teilweise grausige Bewertungen in Reiseforen. Das könnte daran liegen, dass das Zirka-Hotel die kleinsten Hotelzimmer der Welt hat. Fünf Quadratmeter – Weltrekord! Oder es liegt daran, dass manche Zimmer kein Fenster haben oder eine brummende Klimaanlage oder miefen oder alles zusammen.
Nur in Tokio gibt es eine noch kuschligere Unterkunft, das berüchtigte Capsule Hotel: eine Art Regal für Menschenmaterial für 15 bis 35 Dollar.

■ ■ ■

Stück zu Fuß zu laufen, bis ich an eine große Straße komme. Denn das Dümmste wäre, einen Stadtplan herauszuholen, nein, das Dümmste wäre, diesen freundlichen armenischen Drogendealer zu fragen: »Hey, fuckin brother, where is the 3rd Avenue?«

Mich nerven jetzt schon die andauernden jaulenden Sirenen, Polizei oder so. Dabei bringt der Krach doch meistens nichts: Eine verstopfte Straße mit todesmutigen Motorradkurieren zwischen den fluchenden Brokern wird durch den Heulterror kein bisschen leerer, der Verkehr scheint dadurch eher noch langsamer zu »fließen« – bizarr.

Ich vertraue darauf, dass NYC heutzutage sicher ist wie das Logo auf den Baseballmützen und Sweatshirts, steige mutig in die Subway und achte darauf, meine Tüte nicht auf den Sitz neben mich zu stellen, was fast so illegal ist, wie innerhalb von drei Metern Abstand von einem öffentlichen Gebäude zu rauchen. Wie macht man das eigentlich, dass man unter dem Mob so billig aussieht – nur deswegen habe ich irgendwo eine gebrauchte schmutzige Plastiktüte aufgeklaubt –, aber wenn man in ein »fancy« Restaurant will, trägt man plötzlich einen Anzug? Ich entscheide, dass es sich um zwei verschiedene Arten New Yorker handelt, und der eine würde nie das andere tun.

Lüge. Schwindel. Gaukelei.

Soll ich das Haus suchen, in dem Doug und Carrie in »King of Queens« wohnen? Ach, Quark, das hat sich doch nur ein kalifornischer Szenenbildner ausgedacht und billig aus Sperrholz zusammengetackert.

Wenn es alles gibt, muss es doch auch einen Ort geben, wo man beim Bier eine Zigarette rauchen kann. Ich frage einen Raucher vor einer Bank, der rät: »Go to Mexico.« In Mexiko gäbe es auch sonst allen möglichen illegalen Stoff. Ernsthaft, ich solle mich doch einfach ins Freie setzen oder bei der Gelegenheit in Long Island die Mermaid-Parade anschauen!

Ich tue es nicht und lande im ... Central Park. Grün ... was für eine Abwechslung. Aber sonst ist er äußerst unspektakulär, nur eben groß und voller Jogger. Mir fällt eine Berliner Freundin ein, die in den 90er-Jahren beleidigt in den Prenzlauer Berg gezogen ist mit dem pikierten Hinweis, Kreuzberg sei doch »voll 80er«. Was ist dann das hier? Späte 60er? Okay, das Eis kostet das Zehnfache, und es gibt Laptops, aber alles andere?

Ist hier eigentlich Frank Sinatra begraben? In derselben

Sekunde schäme ich mich für den Gedanken. Genauso gut könnte ich eine dieser King-Kong-Postkarten nach Hause schicken.

Wer's glaubt ...

Welche Musik hört man hier im Moment eigentlich? Jajaja, natürlich jede. Aber das ist falsch: Es dominiert der kubanisch-puertorikanische Dancefloor, der Reguetón.

Am Times Square ist so etwas wie eine Demo. Wobei kaum ein Hahn danach kräht, wenn sich bei uns am Samstagmorgen fünf Figuren für die Menschenrechte in Kirgistan in die Frankfurter Fußgängerzone stellen – außer den Kirgisen erfährt so was niemand. Hier wird es von mehreren Teams gefilmt, fotografiert und natürlich live im Internet gezeigt wie *alles*, was am Times Square passiert.

Am nächsten Tag habe ich Blasen an den Füßen, sitze den ganzen Tag im Hotel und schaue Fernsehen. Die Nachrichten sind lokal, und wenn vom anderen Ufer des Hudson, aus New Jersey, berichtet wird, fällt das unter »World News«.

Am nächsten Tag bin ich wieder einsatzfähig und fühle mich schon ein wenig heimisch. Irritierend finde ich die vielen Hauseingänge, in die man nur mit irgendeinem Ausweis reinkommt. In anderen Städten zeige ich gern meinen Stadtbibliotheksausweis und gehe achtlos und selbstverständlich hinein – das funktioniert hier nicht. Und aus Spaß mal »Hamdulillah!« rufen geht auch nicht als Studentenscherz durch.

In meinem Kopf summt seit Tagen »Safe in New York City« – der wohl politischste Song von AC/DC. Giuliani sei Dank.

Ein Mann kniet auf dem Gehweg und klopft kräftig auf die Steinplatten. Was er da tut, erkundige ich mich vorsichtig. Er ranzt mich an, dass ich das genau wisse, dass er das tun muss, damit die Erde nicht unter unseren Füßen auseinanderbricht!

Ich frage ihn, wie lange er sich schon darum kümmert. Er sagt, ich solle abhauen. Ich zweifle, ob er wirklich mich meint, mich überhaupt sieht. Ich hake hart nach und biete ihm sogar meine Hilfe an. Er sagt, dass er das hier schon verdammt lange macht, dass ich zurück nach Hause nach Schottland gehen solle oder wo immer ich herkäme. Hey, er hält mich für einen Muttersprachler! Auch wenn er nur ein alter bärtiger Typ ist, der wie behämmert Gehwegplatten behämmert – im Grunde könnte ich jetzt heimfahren. New York – ich gehöre dazu.

PS: Inzwischen war ich tatsächlich in New York und muss sagen: Alles, was ich gehört hatte, war gelogen! New York ist mit über 325 000 Einwohnern die größte Stadt der Region → Ostwestfalen-Lippe. Es wird von dem unmittelbar südlich anschließenden Teutoburger Wald überragt. Im Süden hat New York mit dem Industrie-Stadtbezirk → Brackwede Anteil an der Emssandebene und verfügt mit dem traditionsreichen Fußballverein Arminia New York über eine → Fahrstuhlmannschaft. Wirtschaft: → Backpulverindustrie.

PS 2: Anfang der 80er-Jahre schickte der Bastei-Lübbe-Verlag eine Reihe Autoren nach New York, der Verlag, in dem die Heftchenreihe »Jerry Cotton« erscheint. Die Beschreibungen der Stadt und der Verhältnisse sollten etwas authentischer werden. Für viele jetzt erst mal der Schock: »Jerry Cotton wird von Deutschen geschrieben? Das ist doch eine infame Lüge!« Infam mag es sein, eine Lüge ist es nicht.

Also bestaunten die Lübbe-Autoren New York, kamen zurück und schrieben zur Freude des Verlags viel lebhafter. Und die Reaktion der Leser fiel ebenso lebhaft aus – sie beschwerten sich. Zahlreiche Zuschriften, vor allem Protestbriefe, trudelten bei Lübbe ein, wie unecht »Jerry Cotton« plötzlich geworden sei, gar nicht dem wahren New York entsprechend!

Reingeschnuppert

Mit Reisebüros verbinde ich Läden mit zu vielen Prospekten von zu vielen genormten Stränden und Hotels von Firmen mit drei Buchstaben. 11 000 existieren in Deutschland, Tendenz fallend. Also nehme ich mir vor, eines näher anzusehen, eine Art Eintagspraktikum zu machen, solange es diese Einrichtungen noch gibt. Quasi im Tante-Emma-Laden und Milchkannen auswaschen.

Ein kleiner Laden soll es sein. Mit persönlicher Beratung von Mitarbeitern, die selbst reisebegeistert sind, und einigermaßen repräsentativ. Um die Ecke ist so ein kleiner, wo ich mal einen Maltaflug gebucht habe, die Angestellte hatte solche manische Angst, dass ihr Laden vielleicht morgen schon zumacht. Zwei Ecken weiter, heißt Travelplanet oder so, ein Spezialist für Fähren zwischen Panama und Belize, nichts für Normalsterbliche. Vorne an der Hauptstraße, der Laden gehört einem Ägypter, der mir trotz heftigsten Widerspruchs noch zwei Jahre lang pfundweise Werbung in den Briefkasten katapultierte. Die nächsten zwei sind Studi-Experten, alles Billige dieser Erde. Ich probier's anders, schaue in die Gelben Seiten und telefoniere.

»Eff-ßi-ämm-die-ii-aa. Bissnes-trewwl-meier-ws-knich-fössi-duua?«

Deutsch reden, denke ich.

»Bin ich nicht bei Rominger?«

»Noi, bei D-E-R«, knarzt es mir in gequetschtestem Knödelschwäbisch entgegen.

»Dann sind Sie nicht die Erben von *dem* Rominger?«

Also bei dem Mann, der 1842 das erste deutsche Reisebüro betrieb.

»Ja, des war der vor hundert Jahren oder so, gell? Vielleicht des erschte Reisebüro ubahaupt. Noi.«

Das ist ja schade, wenn man so einen Traditionsnamen hat und ihn dann nicht mehr benutzt.

»Sie, das dürfen wir gar nicht.«

Wie schade.

»Und wie heißen Sie jetzt heute genau?«

»Wir sind auf Geschäftsreiseservice spezialisiert: FCM DER Business Travel.«

Sie haben gar kein Ladengeschäft?

»Noi, des hend mir net. Mir ghöret zur Atlasgruppe, die hat scho auch Ladegschäfte. Abba mir hier net.«

Ach, schade. Mal sehen, ob sie eine echte Schwäbin ist. Das wäre jetzt Ihre Gelegenheit, mir was anzudrehen.

»Haha, da muss ich Sie enttäuscha. Sehet Sie, dafür bin ich hier gar net zuständig. Ich mach ja nur Gschäftsreisa.«

Mein Praktikum wird also nicht in einem Reisebüro stattfinden, das eine Tradition seit 1842 hat. Ich beschließe, jetzt den nächstbesten Laden zu nehmen, der mir zufällig begegnet.

»Du musst ja auch immer kucken, ob da noch Kerosinzuschläge draufkommen. Und kuck mal hier, wir benutzen ja die Software Sabre, Lufthansa hat Amadeus, am schlechtesten ist Status Q7, das ist Storno, oder die Zeiten ändern sich. Und Obacht, hier hat er eine Datumsgrenze drin, das hat die Kollegin von Singapore Airlines übersehen. Aber dafür sind wir ja da.«

Michael Hartje gehört zur erhaltenswerten Tierart der positiv Bekloppten. Er redet klares Norddeutsch und mag es auch offen und direkt, und Wortkargheit ist für ihn auch ein Fremdwort. Eine Kommunikationsbranche.

»Meistens verkaufen wir nur Flüge.«

Während Michael frei von der Leber weg plappert, schaufelt er größere Mengen Papier und Prospekte beiseite.

»Ich mache das hier jetzt seit sechs Jahren. Da sammelt sich eine Menge Papier an. Unsere Nachbarn, das sind drüben das Kosmetikstudio. Und der da hinten hat eine Model-

Agentur. Die läuft aber nicht mehr so gut. Und das hier, das sind meine 38 Quadratmeter.«

Hartjes trinkt einen Schluck Kaffee, zügig-dynamisch, wie alles, was er tut.

»Eine Bekannte von mir ist reine Visabeschafferin, früher hat sie bei der Botschaft gearbeitet. Das hat alles seine Vorteile. Genauso wie mein Name hier: Adventure-Holidays. Der Gründer hieß Norbert Lux, und der hat eine Stellenanzeige aufgegeben, und auf die Frage ›Kennen Sie Australien, Neuseeland und die Südsee?‹ konnte ich bei der Bewerbung sagen: Ja, ich war im Zielgebiet, bin in Neuseeland mit den Walhaien geschwommen. Und Asien kenne ich auch.«

Adventure-Holidays ist tatsächlich eine Marke, die inzwischen Hartje gehört, aber die alte Telefonnummer von Lux aus dessen Nürnberger Zeit besteht weiterhin, weil einige treue Kunden dort weiterhin anrufen.

Die Reisebürobranche an sich ist eine andere geworden durch die Möglichkeit, selbstständig im Internet zu buchen, und in der Zeit nach dem 11. September 2001.

»Ich habe von Reiseexperten für Tahiti und Fidschi Visitenkarten gesammelt. Nach einem halben Jahr gab es von drei Visitenkarten zwei nicht mehr. In Deutschland gibt es 100 bis 150 Reisebüros, die sich auf diesen Raum spezialisiert haben. Aber kennen die Leute sich da wirklich aus?«

Weiß ich doch nicht, ich bin doch bloß der Praktikant.

»1993 in Peking hat (Name unverständlich) dafür gesorgt, dass mich einer vom Zug mit einem Schild empfangen hat: ›Mr. Hartje‹. 1993! In Peking! Damals sind dort noch alle Autos ohne Licht rumgefahren, also die paar, die es gab. Nach 35 Stunden Zugfahrt bin ich in Shanghai von einer Schlange gebissen worden. 35 Stunden! In der dritten Klasse mit Hühnern und sonstwelchen Tieren. Im 16. Stockwerk hat mich dann ein argentinischer Arzt versorgt, mit einem Salzbad und mit Antibiotika. Dann bin ich einem Schmuckbetrüger aus Singapur aufgesessen, da waren 4000 Dollar weg, einer der Hintermänner war der Polizeipräsident von Bangkok. ›Blue sapphire stones‹ mit dem königlichen Zertifikat. Die Deutsche Bank hatte an dem Tag fast schon zu. Der Taxifahrer wollte mich abzocken, aber ich wusste, wie weit das war und was das kostet, da bin ich mit 4000 Dollar in der Tasche mit dem öffentlichen Nahverkehr zur Bank gefahren. Mein Kumpel hatte schon mal solche Steine gekauft und ein tolles Geschäft gemacht! Generell musst du dir merken, du darfst da unten auch auf den Märkten nie Getränke annehmen.«

Aber jetzt nehme ich eins an, einen frisch aufgebrühten Kaffee in der Hoffnung, dass mein Hirn vielleicht etwas weniger kreist.

»Dann bin ich mit der Fähre von Timor nach Darwin und habe drei Wochen lang in Australien Orangen gepflückt. Für den kompletten Landweg da runter hab ich neuneinhalb Wochen gebraucht.«

Heute ist Donnerstag, ein ruhiger Tag. Aber wir haben ja auch erst elf Uhr morgens. Ich kann mich nicht erinnern, jemals an einem Wochentag um elf Uhr morgens ein Reisebüro aufgesucht zu haben.

»Am Wochenende planen die Pärchen, Montag und Dienstag kommen die Anrufe. Mittwoch ist mäßig, und Donnerstag und Freitag ist ganz ruhig. Samstags kommen die Leute spontan vorbei und lassen sich aber nur beraten. Mein Lieblingssatz ist: ›Machen Sie uns ein Angebot, kostenlos und unverbindlich.‹ Die Kunden gehen zu drei Reisebüros und fragen nach demselben Flug.«

Nebenbei schaut Hartje im Internet, wie das Wetter wird. In Neuseeland. Tägliche Routine.

»Das Vorwissen der Leute gerade über Down Under ist mehr geworden durch ›Traumschiff‹ – ja ehrlich! –, durch Olympia 2000 und die Dreharbeiten zu ›Herr der Ringe‹. Der Lux hat Anfang der 90er-Jahre mit Diavorträgen dreimal die Liederhalle in Nürnberg ausverkauft, ehrlich.«

Hartje zeigt mir Kunden-Dankesbriefe, Lobpreisungen über und über. Im Regal steht ein Modell irgendeiner Boeing, die mal zu zwei Dritteln mit Kunden seines Reisebüros gefüllt war. Die Bürodeko ist nicht originell. An der Nordseeküste erwarte ich Krabbenschiffer, verknotete Seile und Seesterne an der Wand. Hier sind es die gelben Aufkleber, die vor Koalas, Wombats und Kiwis warnen, nein, die in Wahrheit diese Tiere schützen sollen.

Leute, die zum Reisekaufmenschen ausgebildet sind, können die Kykladeninseln aufzählen, mal aus dem Ärmel eine Alaskakreuzfahrt zusammenstellen, wissen, dass die Codes für kanadische Flughäfen mit X und Y anfangen. Ob er die Geschichte kennt mit dem Ostdeutschen, der aus Versehen in Sidny, Montana, gelandet ist?

»Soll ich dir mal ehrlich was sagen? Ich halte das für erfunden. So blöd kann einer nicht mal sein, wenn er selber bucht, alleine weil er da mindestens eine Zwischenlandung in den USA hat. Genauso wie es einen Ort gibt, der Barcelon heißt, ohne a.«

Das Telefon läutet. Eine Kundin schwärmt Hartje vor, seine Planung sei vom Feinsten gewesen, überhaupt die ganze Reise, höhere Töne zum Loben gibt's gar nicht.

»Ja, dann können Sie uns ja gerne weiterempfehlen.«

Ich muss lachen, denn wenn es inszeniert wäre, wäre es zu einfallslos.

»Ach, mir sind oft Studis als Kunden lieber als betuchte Rechtsanwälte.«

Aus dem Nichts ruft ein 88jähriger Nachbar an, für den Hartje einen Kasten Bier mitbringen soll, denn der hat nur noch zwei Flaschen für heute Abend. In diesem Büro menschelt es gewaltig. Während wir plaudern, kommen zwischendurch zwei Briefträger, einem stellt Hartje einen Kaffee hin, eine Alkifrau, die Hartje übel beschimpft und die er bewundernswert freundlich hinauswirft. Hier kommt alles herein: Handleser, Bettler, Heilsarmee. Erst jetzt betrete ich wirklich die Welt von jemandem, der ein Ladengeschäft betreibt, dessen Tür grundsätzlich offen steht. Und der gleichzeitig konzentriert per Headset telefonieren kann. Er erzählt erstaunlich offen, wie er es schafft zu überleben.

»Junge Leute, die nur ›work holiday‹ wollen, schicke ich weg – warum? Manche Leute lassen sich rundum beraten und fragen ganz zärtlich ›Können Sie das mal ausdrucken?‹ und gehen dann nach Hause und buchen das Ganze bei Expedia und Opodo. Leute, die ›mal den Ayers Rock sehen‹ wollen, gibt es nicht mehr. Mit innerdeutschen Flügen kann man kein Geld verdienen, das lohnt sich nicht. Am häufigsten sind Flüge nach Down Under, dann komplette Reisen, danach Camper-Van. Ganz selten: nur Mietwagen.«

Seine Kunden scheinen ihm wichtig zu sein.

»Wichtig? Ich habe Verantwortung. Da kann ich dem Kunden sagen: Ich erlebe so eine Buchung zehnmal am Tag. Aber für den Kunden ist das ... Australien! Das ist der Urlaub seines Lebens. Ich war mal bei einem Kunden zu Hause, setzte mich aufs Sofa. Da sagte er: ›Da! Setzen Sie sich *da* hin. Ich war früher Richter, der Angeklagte saß immer auf *der* Seite. Und jetzt hören Sie zu: Wissen Sie, wer die Reise zahlt? Mein Sohn. Das geht alles von seinem Erbe ab!‹ *Das* ist meine Verantwortung.«

Und von welcher Reise träumt Michael Hartje selber noch? Ich rechne mit etwas wirklich Exotischem, mit dem Bollerwagen nach Bad Kreuznach oder barfuß nach Bingen. Aber nein. Hartje muss zu meiner Überraschung nicht nachdenken.

»Ich will irgendwann mal ein Jahr lang da runter ... nach Neuseeland!«

Die vierte Dimension – Astralreisen

Ich gebe zu, so viel von Meditation zu verstehen wie vom Tanzen mit Zebras. Bei meinen beiden halbherzigen Versuchen habe ich mir einmal die Fußknöchel verrenkt und bin ein anderes Mal noch vor meinen Füßen eingeschlafen.

Neben normaler Materie, aus der normale Dinge wie Taxis und Flughäfen gemacht werden, soll es eine sogenannte feinstoffliche Ebene geben. Ich habe keinen Dunst, was das ist, ich plappere hier nur nach. Auf oder in oder um solch eine Ebene herum kann man sich bewegen, indem man ganz

■ ■ ■

Die meisten Flüge In 841 verschiedenen Flugzeugen ist ein Brite namens Edwin Shackleton in seinem Leben privat geflogen. Das ist offiziell Weltrekord. Mit anderen Worten, 841 verschiedene Sorten feuchtwarme Handtüchlein, Plastikbestecke und gespannte Blicke auf Stewardessenhüften. Das ist inoffiziell Weltrekord.

■ ■ ■

normal seinen eigenen Körper verlässt. Hierzu setzt man seinen Astralleib in ein Astraltaxi und fährt mit ihm zum Astralflughafen. Eine völlig unastrale Hausfrau und Mutter namens Jennifer hat es getan und tapfer versucht, mir zu erklären, wie das ist. Ich habe tapfer versucht, sie ernst zu nehmen.

Ist Meditation eine Reise ins Nichts?

»Wenn sie klappt, schon.«

Aber ist sie dann überhaupt eine Reise?

»Jaja, denn man ist ja unterwegs.«

Wie muss ich mir Astralreisen vorstellen?

»Astralreisen, das sind silberne Fäden.«

Ist das ein Symbol oder so?

»Nein, nein!«

Ja, und dann reise ich astrallos und bleibe damit im Baum hängen, und dann?

»Der silberne Faden ist ja am Steißbein festgemacht. Du weißt es, willst wach werden, kannst aber nicht. Wenn du es kannst, trittst du aus deinem Körper und fliegst materiell nach Brasilien.«

Und hast du da nicht Angst, nicht in deinen Körper zurückzukehren?

»Du siehst dich, hast das Gefühl, quasi wegzuziehen, man sträubt sich und hat Angst einzuschlafen. Wenn du fortgeschritten bist, kannst du Selbsthypnose machen: Das ist ein Zwischenzustand zwischen Wachsein und Schlafen. Man hat kein Gefühl von Körper, nur von Geist.«

Ist das so wie Yoga?

»Yoga ist Tiefenentspannung. Einmal habe ich eine Panikattacke gekriegt und das Gefühl gehabt, die Kopfhaut löst sich ab. Das ist wie 1000 Nadeln. Ich habe versucht, meine Hände zu ballen, es ging nicht. Bei der Hypnose musst du so reingehen, wie du rausgehst; du startest und landest in deinem Lieblingssessel.«

Aha.

Im Bahnstreik nach Russland

Die westlichen Tränendrüsen-Medien deklamierten im Spätherbst 1990 den drohenden russischen »Hunger-Winter« und sammelten Lebensmittel, doch zu diesem Humbug später mehr. Russische Bekannte hatten mir ein Bahnticket besorgt, das es in den Übergangsjahren durch den Umtauschkurs für kleinstes Geld gab: 50 Mark bezahlte ich für einen hochoffiziellen Fahrschein von Deutschland nach Russland, wenn auch nur für die Hinfahrt, und nicht von Köln nach St. Petersburg, sondern von München nach Moskau – na und, 50 Mark! Mein Vorteil war, dass ich Russisch spreche, und zu jener Zeit waren Westdeutsche in Russland so etwas wie Adlige.

»Guten Tag, die Fahrkarte hier geht nach Moskau. Kann ich die umschreiben lassen auf St. Petersburg? Und wenn's geht, halt auch gerne ab Köln.«

Der Schalterbeamte der Deutschen Bahn nahm das Papier mit mehreren Durchschlägen, wendete es ein-, zweimal und sah über seine Brille: »Das ist ja alles auf Russisch!«

Ich nickte, und ihm dämmerte annähernd, was folgen würde. Ich empfahl den Menschen in der Schlange hinter mir, sich an einem anderen Schalter anzustellen. Hier wurden internationale Eisenbahnabkommen überprüft. Hier kamen mehrere ausländische Kursbücher zum »Zug«. Und ab und an glühte der Taschenrechner, der mit mehreren Währungen und vielen Entfernungstabellen gefüttert wurde. Ich bin nicht sicher, ob schon ein Computer dastand. Und falls ja, dürfte es maximal ein 386er gewesen sein. Meine Reise hatte eigentlich schon begonnen. Schließlich mussten hungrige Russen gefüttert werden. Und der Bahnbeamte rechnete eine schweißtreibende Stunde lang hin und her, bis er feststellte, dass ich keinen Pfennig Aufpreis zahlen musste, und tackerte diverse Zusatzpapiere an mein Ticket für die Fahrt von Köln nach St. Petersburg. Pojechali! (Russisch: »Fahren wir!«)

Um den hungernden Großmüttern meiner russischen Saufbekanntschaften was Gutes zu tun, kaufte ich ein. Einmal Aldi komplett bitte, alles, was in eine Reisetasche geht, nur Lebensmittel, Filterkaffee, Teebeutel, Riquetten-Schokolade, ibu-Chips, die berühmte serbische Bohnensuppe, überhaupt Dosen, Dosen, Dosen. Man glaubt gar nicht, wie viele verschiedene Konserven es so gibt. Die Tasche wog 25 Kilo, die ich noch schwer bereuen sollte.

Normal geht das so: Man steigt am Kölner Bahnsteig nicht in einen dunkelgrünen schweren russischen Waggon, man steigt direkt in Russland ein.

Durch die Fenster kann man kaum hineinsehen, und wer einem Einlass gewährt, ist der Prowodnik: Kontrolleur, Schaffner, Mutti, Geheimdienstmitarbeiter, Aufpasser, Teekoch, Parteigenosse und Notarzt sind seine wesentlichen Funktionen. Bestechlich, verschwiegen, undurchsichtig, zäh seine Haupteigenschaften.

Das Abteil besteht aus zwei Pritschen – die Luxusvariante – und einem Klapptischchen am Fenster, auf dem das unvermeidliche Universaltrinkglas steht mit dekorativ hineingeschraubten Papierservietten. Und es gibt zwei Arten von Mitreisenden: Die einen sind russische Mütterchen, die sich sofort hinlegen und grundehrlich schlafen, die anderen sind all die anderen Menschen, die schon nach kurzer Zeit anfangen miteinander zu plaudern und zu saufen. Pojechali! (Russisch: »Saufen wir!«)

Montag.
Heute aber nuschelte ein Bahnmitarbeiter am Bahnsteig was von Ersatzverkehr, der Zug nach Russland würde erst ab Berlin fahren. Die Reichsbahner der frisch verstorbenen DDR fürchteten zu Recht, entlassen zu werden, und heute war der erste Tag, an dem stellenweise gestreikt wurde.

Warnstreiks. Ich befand mich in einer Lebensphase, in der solche kleingeistigen bourgeoisen Nachrichten mit leichter Zeitverschiebung und an nachgeordneter Prioritätenstelle zu mir durchdrangen ... Ich hatte ein Jahr zuvor die Maueröffnung zwei Tage lang verpennt.

Einstweilen stiegen verwunderte grummelnde Menschen in den IC, damals noch der normale Zug für Fernstrecken, man ging nicht »an Bord«, saß nicht in Handyzonen und bekam keinen »Am-Platz-Service« aufgedrängt. Meine Mitreisenden tauschten über den Streik der Reichsbahner mehr Vermutungen aus als Informationen. Ich wusste, dass mich ein russischer Zug erwartete, in dem man nicht mal Fenster öffnen konnte, fand den IC als Aperitif eine erfrischende Abwechslung. Aber wer unsere Landsleute kennt, weiß, dass alleine eine andere Zugnummer bei vielen für Herzrhythmusstörungen sorgt. Ich zeigte meinen Mitreisenden mein herablassendstes Mitleidslächeln, als der Zug anhielt.

In Braunschweig. »Da haben wir's!« – »Der fährt nicht weiter ...« – »Wo sind wir denn?« – »Braunschweig.« – »Schatz, hast du nicht ne Cousine in Braunschweig?« – »Die Elli. Die wohnt aber in Braunlage.« Schweigen. »Drüben ... obwohl, die gehören ja jetzt zu uns.«

Der Zug hielt am letzten altwestdeutschen IC-Bahnhof. Nach einer Weile nervtötenden Kurbelns der Gebetsmühle, dass ja endlich diese unmenschliche Mauer weg war, dass aber auch nicht alles schlecht war, dass man das alles dem Willy Brandt zu verdanken hatte, erwog ich einen Fenstersturz, ja, selbst aus ein Meter achtzig Höhe.

Dann wurden wir hinausgebeten. Ende. Wir würden mit Bussen weiterfahren. »Und wer zahlt das?« Die Bahn, ihr Idioten. Vor dem Bahnhofsgebäude standen tatsächlich Reisebusse, die von der DB spontan bestellt wurden. Und wer zahlt das? »Wohin wollen Sie denn?«, fragt der Fahrer. »Berlin. Hier ist meine Fahrkarte.« Ich zeigte ihm meine acht zusammengetackerten bunten deutsch-russischen Zettel. »Tut mir leid, ich muss kassieren. Das müssten Sie aber von der Bahn wiedererstattet bekommen.«

Nun brachen größere Tumulte aus. Menschen begannen aus Angst vor dem Hungertod, einander aufzuessen. Noch mal bezahlen??? In diesem Moment lud sich mein Deutschenverabscheuungsakku für Jahre auf. Kleingeistig, hysterisch, intolerant, unentspannt bis in die letzte Faser, mit diesen Menschen teilte ich ungern denselben Pass und denselben Bus.

Nach einer Fahrt über die noch real existierende Ostautobahn nach Berlin wurden wir am Bahnhof Zoo abgesetzt. Überforderte Bahnmitarbeiter (West) fragten ebenfalls überforderte Kollegen (ebenfalls West), wie das mit den Kollegen (Ost) weitergeht. Hier wusste keiner irgendwas. Irgendein Privatberliner rief uns zu: »Na, wo soll wohl der Zug nach Russland fahrn? Ihr müsst Ostbahnhof, wa!« Dies leuchtete mir zwingend ein, und ich hangelte mich per U-Bahnen bis dorthin durch. Die Grenze war definitiv noch fühlbar. Und bei der Umsteigerei wurde mir zum ersten Mal klar, dass meine 25-Kilo-Tasche ein bisschen zu schwer war.

Der Ostbahnhof. Düster, stinkend, definitiv Kriminalität und Film noir ausdünstend und noch weitgehend westwerbefrei. Hier lagerten Dutzende verlauste Tatarenhorden aus der weiten Steppe der Wolgamündung, deren Frauen aus ihren Brüsten Pfefferwodka in die plärrenden Mäuler ihrer Kinder feuerten. In Wahrheit waren es einfach Menschen mit Kindern, die kein Geld für ein Hotel hatten. Aber warum nahmen sie nicht den Zug? Irgendjemanden fragte ich nach dem Zug, und die Antwort war das noch allgegenwärtige »njet u« – gibt's nicht. Es war ja wie gesagt der »Hungerwinter«.

Inzwischen war längst Abend, neun oder zehn. In Ostberlin kannte ich niemanden, am Ostbahnhof konnte ich kein Münztelefon finden und musste erst mal wieder in den alten Westen zurückfahren, um überhaupt telefonieren zu können. Zwei Westberliner Bekannte erreichte ich nicht, die Jugendherberge lag jotwedee – es blieb mir nur ein säuerlicher Apfel. Er hieß, glaube ich, Stefan, irgendein Geologiestudent, der auf meine damalige Freundin scharf war. Wohnte in einer dieser vulgär billigen Riesenwohnungen in Schöneberg. Ich habe verdrängt, wie warm und gemütlich es dort war und dass dieses Arschloch auch noch nett war.

Später fragte mich mal eine Frau, wieso ich in dem Moment nicht einfach umgekehrt und zurückgefahren bin. Zweifellos kann so eine Idee kaum von einem Mann kommen. Eine Handvoll der einfachsten Antworten sind: 1. Wer so weit ist, kehrt nicht um. 2. Was hinter mir lag, kannte ich, was vor mir, nicht. 3. Der Weg ist das Ziel, nicht der Rückweg. 4. Was sollen die Leute zu Hause mit einer Sporttasche voller Aldi-Nahrung? Die haben selber welche. 5. Ich hatte nur eine Hinfahrkarte, zudem galt sie nur für dieses Datum. Die Rückfahrkarte würde ich mir erst in Russland kaufen. Ich würde für eine einfach Karte von St. Petersburg nach Köln *weniger* bezahlen als von Berlin nach Köln. 6. So ein Russland-Visum gilt nicht ewig. 7. In Russland warteten Wodka, Weißkohlsalat und Olgas Bratkartoffeln auf mich. 8. Was zum Teufel will man im November in Nordrhein-Westfalen?

Dienstag.
Am Morgen des zweiten Tages tat ich, was Stefans schwuler Mitbewohner mir am Küchentisch empfohlen hatte: »Nimm die S-Bahn. Die müsste fahren. Ich hab gerade mit nem Kumpel telefoniert. Die gehört nämlich nicht zur Reichsbahn, sondern zur BVG. Mit den Regionalbahnen kommst du bis zur polnischen Grenze.« Der Mann wurde zum Mitbewohner des Tages gewählt, einstimmig, von mir. Ich musste wieder einmal am Bahnhof Zoo umsteigen. Am Ostbahnhof erkundigte ich mich vorsichtshalber noch einmal nach mei-

nem russischen Zug, und der Tatarenhaufen hatte sich zur einen Hälfte aufgegessen und die andere begattet. Ich fuhr mit der S3 nach Erkner. Und tatsächlich trug mich ein ganz normaler Regionalzug Richtung Frankfurt/Oder. Das Erstaunlichste war, dass es niemanden erstaunte. Hey, Leute, da draußen ist Streik! Westdeutschland ist abgeschnitten!

Gelächter rumpelte mir entgegen. »Na und? Gibt doch Flugzeuge.« Frankfurt/Oder war damals noch richtig Osten, jeder Coca-Cola-Aufkleber an einem Ladengeschäft eines Plattenbaus wirkte wie ein Eindringling. In Ermangelung eines Nahverkehrssytems ging ich zu Fuß an die Brücke zur Grenze. Ich faselte den Zöllnern auf Russisch irgendwas von Streik in die Ohren. Sie warfen nur einen kurzen Blick in meine 25-Kilo-Tasche, mittlerweile gefühlte 45 Kilo, und wunderten sich, denn normal gingen Deutsche mit leeren Taschen rüber, mit vollen zurück.

Nach einer kurzen Wegstrecke fand ich in Słubice den Busbahnhof. Es war nicht schwer. Słubice bestand nur aus dem Busbahnhof. Es fuhr auch nur ein Bus. Also nahm ich ihn, wunderte mich, dass es schon wieder dämmerte, und kam nach einer halben Stunde in der Kreisstadt Rzepin an. Ich spürte Hunger und tauschte für meine D-Mark eine obskure Summe Złoty, um einfach Brot zu kaufen. Selten war mir klarer, dass man mich gerade beschissen hatte. Dafür hatten in diesem Dösdorf die Lebensmittelläden schon zu. Egal, denn Lebensmittel gab es bestimmt eh keine.

Die gute Nachricht war, dass ich einen Zug nach Warschau erwischte. Und endlich bot mir im Zug jemand etwas zu trinken an! Ich versicherte dem Polen, dass polnischer Wodka der beste sei, hätte aber auch jedem Azteken geschworen, dass aztekischer Wodka wie Ambrosia schmeckt. Merkwürdigerweise werden ab hier meine Erinnerungen an die Reise lückenhafter.

Polnische Zöllner stiegen ein, betrachteten fasziniert mein buntes Ticket mit russischer Tarnung, identifizierten mich aber sofort als Deutschen und knöpften mir für ein polnisches Visum 30 Mark ab. Gesetz? Beschiss? Polski Chumor?

Spätabends hielt der Zug zwischen Betonsäulen unter Neonröhren voller Spinnweben. Dieser Ort hieß Warschau-Hauptbahnhof. Der Vorteil war, dass ich direkt einen Anschlusszug nach Osten hatte. Der Nachteil, dass mir gerade fünf Minuten blieben, um bei einem vollgestopften »Kiosk«, an dem es scheinbar nur Zigaretten aller Erdteile gab, irgendwas zu essen zu kaufen. *Irgendwas, nur schnell!* Es gab Salzstangen. Glücklich bestieg ich den Zug Richtung Brest, öffnete mit zitternden Fingern die Packung, biss genüsslich in mehrere Salzstangen auf einmal und spuckte sie an die Wand. Sie waren süß. Zuckersüß. Slawen machen da keine Kompromisse, salzig oder süß ist immer extrem salzig oder extrem süß. Ich weiß nicht mehr viel von dieser Fahrt. Ich weiß, wie ich meine Tasche anblinzelte und überlegte, wie kalte serbische Bohnensuppe aus der Dose wohl schmeckt. Aber die armen hungernden russischen Omis!

An der russischen Grenze nun vollzog sich ein Ritual, von dem sich selbst der Vatikan noch was abkucken könnte.

Der Schaffner ging durch und warnte und kuckte und mahnte und war ganz aufgeregt und sammelte alle Pässe und Visa ein. Spätestens jetzt wurde einem mulmig. Polnische Polizisten gingen durch, warum auch immer. Wer floh schon von Polen nach Weißrussland? Russische Zöllner gingen durch, schraubten hie und da mal eine Platte aus der Decke und schauten, ob jemand was schmuggelt. Dann passierte lange nichts. Dann kam die Miliz. Es roch und klang nach Gulag, nach Unnachgiebigkeit, humorlos und natürlich mit Kalaschnikow. Dies war keine Ausnahmesituation, es gab keine Spannungen mit der NATO. Es war normal.

Indessen wurden die Waggons voneinander getrennt, die Radsätze abmontiert, der komplette Zug hochgehoben, die Radsätze davongeschleppt, breitere russische Radsätze unter den kompletten Zug geschoben, der Zug wieder abgelassen, die neuen Radsätze festgeschraubt. Uff. Terespol in Polen und Brest in Weißrussland liegen eine Handvoll Kilometer auseinander, aber man brauchte, wenn alles ganz, ganz super klappt, zwei Stunden dafür. Die Blicke der Milizionäre, als ich meine dicke, schwere Sporttasche mit Aldi-Waren öffnete, werde ich wohl nie vergessen. Eine Mischung aus Ungläubigkeit, Mitleid und Skepsis, ob ich sie verarschen wollte. Als der Zug endlich weiterrollte … blieb er stehen. In Brest war Endstation.

Mittwoch.
Verschlafen, stinkend und planlos schleifte ich meine Aldi-Tasche zum Fahrplan im Warteraum. Jemand hatte den Kalender gerade auf circa 1957 gedreht. Alles war gelb-braun. Irgendein Mensch rumorte hinter dem Fensterchen des Fahrkartenschalters. Man muss da klopfen, einfach immer weiter klopfen, beharrlicher sein als die. Dann schreien sie einen zwar an, aber manchmal gaben sie einem auch die richtige Auskunft oder fanden plötzlich noch eine Fahrkarte – Fahrkarten waren Mangelware. Ich schlief einige Stunden im erfreulicherweise beheizten Warteraum – Glück im Unglück –, da sprang jemand neben mir auf. Und wenn hier irgendein Zug fuhr, musste ich mitfahren, egal wohin.

Der Boden war teilweise mit Eis bedeckt, es war furchtbar kalt, ich war müde. Trostlose, viel zu hohe trübgelbe Straßenlampen beleuchteten den groben Schotterweg neben den Gleisen, als dieser strunzdoofe deutsche Student mit einer 50-Kilo-Aldi-Sporttasche den weißrussischen Lokomotivführer fragte, wo er hinfuhr. Der nickte nur und zeigte nach hinten. Um es kurz zu machen, der Zug war lang. Etwa 20 Waggons entlang hetzte ich, war sicher, dass hinter mir Ingrid Bergman lief, und am letzten Waggon schaute ein grinsender Schnauzbart mit Glatze heraus, der auf meinen Hinweis, dass ich eigentlich keine richtige Fahrkarte für diese Teilstrecke hätte, nickte, mir meine Sporttasche ab-

nahm, mich in einen vollkommen leeren warmen Groß-
raumwagen führte und mir eine Decke brachte. Ich schlief
komatös ein.

Ich träumte lebhaft von zu Hause, als mir Schnäuzerchen
auf die Schulter tippte und mir Tee und ein paar Kekse hin-
stellte. »Na, woher bist du denn?« Also, danke für den Tee,
aber ich würde gern noch so 15 bis 20 Stunden schlafen. Er

■ ■ ■

Tempo 30 XXL   Es wird ein wenig kühl gewesen sein, als Was-
sili Chaskewitsch am Morgen des 25. Aprils 2005 sich auf seinen
Traktor setzte, losfuhr und seiner Frau zurief: »Es wird etwas
später werden. Du brauchst nicht mit dem Borschtsch auf mich
zu warten!« Als er am 6. August nach einer etwas ausgedehnte-
ren Russlandrundfahrt zurückkehrte, hatte er 21 100 Kilometer
zurückgelegt, das ist verbürgt. Ob seine Frau noch da war, nicht.
Verglichen damit mutet Gerry Mayrs winterliche Fahrt mit dem
Quadbike von Konstanz um die Nordsee herum bis zum Nordkap
und zurück richtig bescheiden an.

■ ■ ■

grinste, das ginge nicht, wir würden demnächst ankommen.
Ach ja, ich brauchte ja noch eine Fahrkarte. »Mach dir keine
Sorgen um deine Fahrkarte. Woher bist du?« Er erklärte mir,
wie selten man hier Ausländer sähe, dass die Zeiten span-
nend wären, aber nicht leicht, und faselte so im Kreis rum.
Bis irgendwann endlich kam: »Hast du D-Mark?«

Mein Groschen fiel. Um es kurz zu machen, tauschte ich
bei ihm Rubel ein für fast die Hälfte mehr als in St. Petersburg, was mich hier entsprechend noch reicher machte.
Mein Zugticket interessierte diesen Prowodnik so sehr wie
die Stadtgeschichte von Worms. Inzwischen dachte ich, in
St. Petersburg hatten an diesem Morgen meine Bekannten
Sascha und Wolodja vergeblich gewartet, vielleicht auch
herausgefunden, dass bei uns dieser Streik war. Mit Sicherheit gäbe es schon sorgenvolle Anrufe aus Deutschland, um

sich zu erkundigen, ob man was von mir gehört hätte. Ich trank Tee.

Spätnachmittags kam ich im Dunkeln in Minsk an, einem Fanal Stalins. Stein. Klobig, kantig und bedrohlich. Eine unfreundliche parteikonforme Architektur lud mich dazu ein, lieber die zwei Stunden am Bahnhof auf den nächsten Zug zu warten, der mich durch die Nacht nach Moskau fahren sollte. An dieser Stelle herrscht Leere in meiner Erinnerung. Ich muss in diesen Zug gestiegen sein, sofort eingeschlafen und morgens um halb acht in Moskau aufgewacht sein. Diese Nachtzüge sind so gesehen sinnvoll getaktet. Sie könnten vielleicht schneller fahren, aber wozu will man unausgeschlafen irgendwo um 4.20 Uhr ankommen, wo dann keine U-Bahn fährt?

Donnerstag.
In Moskau kannte ich mich genügend aus und hatte Bekannte, bei denen ich auf Risiko auftauchen konnte. Ich erreichte Ljoscha sogar per Telefon, der natürlich etwas überrascht war, hin- und hergerissen zwischen Geschäftsterminen – Hehlerei, Schwarzhandel, Schmuggel –, die er für heute absagen musste, und Gastfreundschaft. Immerhin hatte Ljoscha in einer Silvesternacht in Deutschland auch mal ausgiebig mein ganzes Badezimmer samt Flur lückenlos vollgekotzt. Ich nahm die U-Bahn in die Vorstadt, wo mich Ljoscha nach erprobter Sitte »am letzten Waggon« auf dem Bahnsteig abholte.

Ljoscha hat ein asiatisches Gesicht und einen komischen Sprachfehler: Er konnte das r nicht rollen und sprach es deutsch aus. Er stellte mich seinem hornbrilligen Onkel Leonid im Feinrippunterhemd vor, bei dem er wohnte: »Leonid, so wie Breschnjew.« – »Verstehe, mochte er denn auch Breschnjew?« – »Nee, Leonid mag Stalin.«

Wir tranken eine Weile Tee, dann spazierten wir ein bisschen durch die Stadt, schauten im Kaufhaus GUM vorbei, das immer noch altsowjetisch strukturiert war – in jedem Stockwerk war derselbe Laden direkt obendrüber noch mal, und darüber wieder. Viele Läden wurden gerade renoviert, denn die große Kommerzialisierung stand an. Erstaunlich. Dann tauschte ich mit Ljoscha aus Höflichkeit noch ein bisschen Geld, was er anscheinend eher mir zum Gefallen tat, bei ihm lief es gerade prächtig. Abends brachte er mich zum Zug nach St. Petersburg und half mir noch, für einen Appel und ein Ei ein Ticket am Veteranenschalter zu bekommen. Man stellte sich einfach in die Schlange, und dann kam von ganz alleine so ein Väterchen und sprach einen an, ob man ihm eine Fahrkarte abkauft. Ich glaube, in den russischen Metros sind noch heute Sitzplätze für Kriegsveteranen des Großen Vaterländischen Krieges reserviert. Ich wusste, dass sich die Bekanntschaft zu Ljoscha abgekühlt hatte, denn in St. Petersburg hatte ich Menschen kennengelernt, mit denen mich mehr verband als Schwarztausch.

Freitag.
Ich wache auf, stelle fest, dass meine Aldi-Tasche, die mir inzwischen ein Bauarbeiterkreuz und Bizepse eines Diskuswerfers verpasst hat, noch friedlich neben mir steht. Tee, Frühstück, bestehend aus russischen Zigaretten und etwas Sonderbarem … meiner Ankunft. Natürlich holt mich niemand ab. Aber ich weiß noch … wie ich ein Taxi zu Sascha nach Hause nahm … wie ich ein Begrüßungswodkachen nahm … kurz in Deutschland anrief … und Olga, Saschas Frau, brutzelte schon ihre legendären Bratkartoffeln mit angebratenem Speck … und dann noch ein Wodkachen … nur zum Verdauen … man muss ja vorbereitet sein, wenn es um halb drei schon wieder dunkel wird um diese Jahreszeit … und dann weiß ich nichts mehr. Pojechali!

Tortourismusmesse

Mama, ich will wieder heim. Solch eine Aussage lässt sich schwerlich als kritisch-sachlicher Ansatz eines investigativen Undercoverjournalisten, der mit den meisten, wenn nicht gar allen Wassern gewaschen ist, interpretieren als Grundlage einer kritisch-heuristischen Hinterfragung des Kulturclashes zwischen ontologischen, äh, Deppen und Trotteln?

Ich dachte, auf einer Reisemesse treffen sich wilde zottelhaarige Globetrotter mit Leuten, die nur mit den Zähnen eine Jurte aus Eberleder flechten können. Ich dachte, da werden am Feuer aus Baobab-Rinde Geschichten ausgetauscht, wie man im Einbaum mit 20 Dollar in der Tasche den Yukon hochfährt und sich dabei von einem einzigen handerwürgten Elch ernährt. Dachte ich. Stattdessen gibt's am Hollandstand Käseecken, eine Pappfrau Antje, Windmühlen und eine Holzschuhdekoration.

Von all den Tourismusmessen hält die CMT irgendeinen Rekord, ärgert sich, dass Berlin in einer anderen Disziplin die Nase vorn hat. Aktuell.

- 105 000 Tage volles Programm
- über 100 Besucher
- knapp 200 000 Nationen
- 9 m² Fläche

Und wenn hier etwas durcheinander ist, liegt es an der lähmenden Ödnis allüberall.

Zu viele wohlhabende Baden-Württemberger, die stolz darauf sind, im Land des Reiseweltmeisters das meistreisende Bundesland zu sein. Eines der etwas higheren Highlights hier ist das Kamel oder auch Dromedar am Stand eines arabischen Veranstalters, der genau deswegen kräftig Zulauf hat. »Isch des jetzt a Dromedaa? Mit denne zwei Högga?«

Freundlich erklärt der arabische Reisefachmann immer wieder: »This is camel.«

So gesehen können Publikumsmessen auch charmant berechenbar sein. Die herumschlurfenden angehenden Frührentner sind leidenschaftliche Kollektionisten. Allessammler. Tüten und »Broschbeggde«, Feuerzeuge und Fähnchen, Aufkleber und – WUUUUOOOOOOOOAAAAIIII-EEEN-NNNOOO. Wie zu erwarten, dröhnt vom Australienstand plötzlich ein Didgeridoo sein ewig gleiches Lied, zu dem kein Schwein tanzen kann.

Eine Halle ist öko. Ökotourimus in Erweiterungseuropa in Südpolen und Tschechien. Es riecht nach Jugend- und Kulturzentrum, gleich kommen wieder die Frauen in langen Baumwollröcken und tanzen, wie sie es in den 80ern und 90ern in ihren Workshops immer und immer wieder (nicht) gelernt haben.

Ich flüchte den langen Fußweg vorbei an den zahllosen Caravanhallen bis in die letzte Halle, deren vordere Hälfte mal ein etwas anderes Flair hat, stellenweise Stil. Plüsch, Schampus, Kronleuchter an den Ständen. Ah, hier sind die Kreuzfahrer versammelt. Und anscheinend passend – bamm! – dazu wird die zweite Hallenhälfte von – bamm! – einer gigantischen Golf-Driving Range belegt. Was die herrlich unsinnige – bamm! – Situation ergibt, dass das mit Abstand reichste Publikum – bamm! – regelmäßig den meisten Krach – bamm! – aushalten muss.

Der einzige Ort, der Atmosphäre aufkommen lässt, ist der halbzeltige Irish Pub im Viertelfreien, wo Aschenbecher auf den Tischen stehen. Hier fragt keiner »Hennt Sie Uffbäbbale?«, sondern mampft und säuft.

Im Pressebereich lasse ich mir noch alle möglichen Zettel geben. Sehr gut gelungen ist die Auswahl der Partnerländer:

2002 war das Partnerland der CMT: Schweiz
2003 war das Partnerland der CMT: Kroatien
2004 war das Partnerland der CMT: zehn neue EU-Länder: Tschechien, Polen, Ungarn, Estland, Lettland, Litauen, Malta, Zypern, Slowakei, Slowenien.

2004 war es sicher kuschelig voll in den Hallen. Kuscheliger als heute. Mama, darf ich jetzt heim?

Glossar – schwäbisch:

Broschbeggde – Prospekte
Högga – Höcker
Uffbäbbale – Aufkleber

So weit die Hufe tragen

Es ist immer wieder schwer, Leuten, die bekloppte Sachen machen, klarzumachen, dass ich Leute mag, die bekloppte Sachen machen, auch wenn die Sachen wirklich sehr bekloppt sind. Ich bin kein großer Freund von Pferden. Sie riechen, können beißen, einem den Schädel eintreten, und sie können einen abwerfen. Doch man kann tollen Sauerbraten aus ihnen machen.

Wenn der Mann, mit dem ich zum Telefonat verabredet bin, ein Reisetagebuch schreiben würde, läse es sich etwa so:

»Heute Scheißwetter. Lord scheut vor Porsche Xsara. Kluges Pferd.«

Peter Ritz ist Weitreiter. Es ist eine Form des Reisens, aber auch eine Sportart, ein Hobby, ein Wettbewerb, eine Passion, eine ... eine dieser bekloppten Sachen, die Menschen nun mal tun.

Vorab hatte seine Mitarbeiterin Jana Hanke vorgeschlagen, ihn persönlich kennenzulernen, »wenn Sie mal in der Nähe sind«. Von Köln nach Görlitz? Sie hätte auch anbieten können, »kommen Sie doch zu uns nach Brighton-on-Sea, wir haben gerade Tee fertig«. Es wäre dieselbe Entfernung, nein, in Wahrheit ein gutes Stück näher, indeed.

1. Anruf: 15.41 Uhr.

»Sie erwischen mich jetzt gerade beim Reiten, ich bin irgendwo zwischen Wittenberge und Ludwigslust. Können wir es heute Abend gegen 21 Uhr noch mal probieren? Ich telefoniere lieber in Ruhe. Ich bin gerade zwischen Nebenflüssen der Elbe, hier gibt es Mücken ohne Ende. Deswegen reite ich jetzt schneller.«

2. Anruf. Abends. Peter Ritz ist völlig erschlagen.

3. Anruf. Es soll sein, wie es ist, man kann auch auf Pferden sitzend sprechen.

»Zum einen wollte ich wissen, wie das war, als die Leute noch keine Autos hatten. Zum andern zählt einfach der sportliche Aspekt, mal Strecken abzureiten in Europa. Dazu zu versuchen, die besten Wege zu finden. Aber der sportliche Hintergrund ist schon da. Das ist nichts für jedermann, verwechseln Sie's nicht mit Wanderreiten, wo man ein paar Kilometer unterwegs ist. Auf der aktuellen Tour reite ich den alten Handelsstraßen nach, auf denen früher die Kuriere geritten sind, von Berlin über Potsdam, Magdeburg, Stendal, Schwerin und Güstrow. Der andere große Ritt war im Jahr 2000 nach Rom. Mich interessiert: Wie ging es da per Pferd von Italien nach Aachen? Die Stationen lagen 25 Kilometer auseinander, das waren früher die Etappenziele. Ich mache 60 bis 70 Kilometer am Tag.«

Wechseln Sie oft das Pferd?

»Ob ich das Pferd wechsle? Verstehen Sie was von Pferden? Vom Blut, der Leistung, den Nerven?«

Ich verstehe nichts von Pferden, und im Hintergrund rauscht es gerade sehr laut.

»Ich stehe jetzt gerade an der Bundesstraße, da kommt ein 40-Tonner angerast. Wenn das Pferd nervös ist, dann hänge ich zwischen den Reifen. Die BRD gehört den Landwirten, überall sind Wiesen, Kuhzäune, frisch gesäte Äcker.«

Ich dachte immer, das Land gehört den Autofahrern?

»Das stimmt allerdings auch. Wenn ich nach dem Weg frage, kommt die Antwort: ›Bis zum zweiten Kreisverkehr, die Abfahrt rechts raus, da geht's zur …‹ Ja was, sag's ruhig: Autobahnauffahrt!«

Ursprünglich wollte ich den Reisereitrekordler bitten, mir eine Rundrittroute durch Deutschland für Reiseexperimentalisten zu entwerfen. Dieser Plan verwirft sich gerade von selbst. Wie lange ist Ihre Planungsphase vor einer Tour?

»Für die Tour jetzt relativ kurz. Nach acht Jahren hat man doch große Erfahrung. Drei bis vier Wochen Vorbereitung reichen. Das hat auch nichts mit dem Training des Pferdes zu tun.«

Wie viele Helfer haben Sie, und wie finanziert man das?

»Ich habe einen Trossfahrer dabei, der das Futter mitnimmt, mit dem stehe ich unterwegs in Telefonkontakt, mit dem kläre ich, wie viel wir an dem Tag machen. Momentan mache ich zum Beispiel einen Auftrags-Werberitt mit Presseterminen, auch mal mit Bürgermeistern, wie heute in Schwerin, und danach richten sich auch die Touren. Es ist auch toll, dass man auf einmal Aufträge kriegt. Dafür zieht man auch mal ein Kostüm an. Deswegen kam dann heute auch mal im NDR-Magazin ein Bericht. Das ist schon eine gewisse Popularität, die man nutzt. Aber es langt sich auch fast jeder an den Schädel. Heute Morgen in Schwerin kam einer aus seinem Haus und sagte fassungslos: ›Morgens um sieben ein Pferd!‹«

Was steht im Vordergrund: das Pferd, der Reiter oder die Strecke?

»Man muss sich fragen: Was ist die Ausrüstung, die man völlig neu entwickeln muss. Aber diesen Winter werde ich mich selber an ein Buch machen, ich darf nicht allzu viel verraten. Man muss in jedem Fall an Grenzen gehen, auch mal durch einen Sumpf oder nen Steinbruch runter und …«

Peter Ritz flucht plötzlich.

»Scheiße! Da sind jetzt zwei Lkws aneinander vorbeigefahren, und das ist ne enge Straße hier, daneben sind Leitplanken, dahinter ist Moor. Es ist ständig unangenehm und überraschend. Nach 12 bis 16 Stunden im Sattel kommt auch Müdigkeit und Unkonzentriertheit dazu. Aber es ist immer wieder spannend.«

Seit fünf Jahren arbeitet er an einem gigantomanischen Projekt, einer Mittelmeerumrundung auf dem Pferd. Was das bedeutet, kann man erahnen, wenn man es sich alleine mit dem Auto vorstellt: Sprachen, Klima, Ersatzteile (braucht

Quadriga for one.

das Pferd allerdings nicht), Diebe, Schlamm, sich verirren, Visa, immer mal ein Bürgerkrieg auf dem Balkan, auch gerne in der Ecke Jordanien und Israel. Und dann sieht man in der Tagesschau, wie da so ein Wahllausitzer durch den Gazastreifen reitet und sagt, er käme aus Görlitz und wolle nach Marokko ...

»Ich habe von allen 21 Ländern Einladungen und Veterinärgenehmigungen. Von Hussein II. ein Referenzschreiben. In arabischen Ländern hat das Pferd ne andere Stellung als bei uns. In Mitteleuropa das Kulturgut Pferd? Alle Züchtungen sind vom arabischen Pferd beeinflusst. Und damit das nicht nach Kreuzzug klingt, habe ich gesagt: Ich reite mit einem europäischen *und* einem arabischen Pferd.«

Dagegen war die 3000 Kilometer lange »Zipfeltour« zu den Extrempunkten Deutschlands von Aachen nach Oberstdorf nach Sylt nach Görlitz ein Klacks.

Er bittet mich, seine Website mpa-culture.com zu nennen, denn er braucht noch ein paar kommerzielle Aufträge, um dieses Riesenprojekt umzusetzen. So wie die aktuelle Aktion, auf der er 600 Kilometer unterwegs ist in vermeintlich gemütlichen 19 Tagen.

Dass er mal den Beruf eines Versicherungsmaklers gelernt hat, liegt ferner als ein Ritt in die Mongolei, auch wenn es Momente gibt, in denen ihm Carabinieri eine MP an den Hals halten. Reiter-Ritz ist gespalten.

»Klar, ich könnte gar nicht mehr daheimsitzen einerseits. Andererseits, kucken Sie mal auf die Uhr. Und meine Familie sitzt jetzt zu Hause. Und ich reite hier durch die Gegend...«

PS: Verwechseln Sie Peter Ritz nicht mit Lorenz Schröter, der Ende der 90er mit seinem Esel Bella unterwegs war. Nachdem der Herr Schröter in zwei Jahren gemütlich oder auch nicht so gemütlich mit dem Fahrrad um den Globus geradelt war, hatte er die Idee, mit Esel Bella vom Hunsrück bis zur Elbe zu reiten. Der Esel hatte diese Idee hingegen nicht – so musste Schröter den Esel hinter sich herzerren, ist somit wohl ein Rekordhalter im Eselweitzerren.

Reisende in Roadmovies oder:
Born to be Pauschaltourist

Gastkapitel von Roger Schmelzer

Das Reisen ist ja im Lauf der letzten 100 Jahre zu einer ziemlich entspannten Angelegenheit geworden.

In ein paar Stunden fliegen wir ans andere Ende der Welt, sagen wir nach Neuguinea oder Ostfeuerland, und das Schlimmste, was uns normalerweise dabei passieren kann, lässt sich unter dem Oberbegriff »Unannehmlichkeiten« zusammenfassen (ein Wort, das uns nicht gerade vor Schrecken zusammenzucken lässt): »Dreimal haben die unsern Flug abgesagt! Ne ganze Nacht in Stanstead auf nem Plastikstuhl – die Hölle, Alter!«

»Und wohin haben die meinen Koffer geschickt, hm? Nicht nach Rom – nein, nach Nairobi! Ich musste komplett neue Klamotten kaufen – und in Italien haben sie doch nur diese Pygmäengrößen!«

»Und dann, bei 40 Grad in Thessaloniki, bekommt Katrin plötzlich diesen fiesen Durchfall – und keiner von uns hat ne Ahnung, was ›Immodium akut‹ auf Griechisch heißt!«

Tja, das Abenteuer ist vorbei. Selbst Himalaja-Trekking – früher mal *das* Synonym für Extremtourismus – wird heute in Seniorenheimen als Freizeitangebot fürs Wochenende geführt, neben Wassergymnastik und Gedächtnistraining.

Aber ein paar echte Hardcore-Touristen gibt es noch: die Hauptpersonen in Roadmovies. Wenn ich mir die Roadmovies, die ich in meinem Leben gesehen habe (und das waren mehr als die Reisen, die ich angetreten habe), ins Gedächtnis rufe, dann fällt mir auf, dass die Beteiligten erschreckend wenig Spaß dabei haben.

Wie sollten sie auch? Sie kommen selten dazu, sich zu

waschen, geschweige denn, mal ein Bad zu nehmen, sie wechseln kaum einmal die Klamotten. Sie schlafen in heruntergekommenen Motels, wenn überhaupt, und sie ernähren sich minderwertig, vorzugsweise in billigen Diners oder Autobahn-Imbissen. Meistens wird wenig gesprochen, und fast nie macht mal jemand einen guten Witz.

Dazu kommt, dass diese Trips oft tödlich enden – als normaler Urlauber müsste man schon in einem Stars-and-Stripes-Shirt ins afghanische Grenzgebirge fahren, um eine ähnlich herabgesetzte Lebenserwartung zu haben.

Kein Wunder, dass die meisten der Protagonisten ihre Fahrt nicht aus Jux und Dollerei antreten: Sie überführen Tote (»Highway 61«, »Guantanamera«), verkaufen Drogen (»Easy Rider«) oder besorgen sie sich (»Drugstore Cowboy«), flüchten vor dem Gesetz (»Thelma & Louise«, »Wild at Heart«, »Sugarland Express«), der Mafia (»Midnight Run«) oder sich selbst (»Professione: Reporter«), suchen nach Angehörigen (»Paris, Texas«, »Broken Flowers«) oder besuchen sie (»Five Easy Pieces«), oder sie stürzen sich in eine kriminelle Karriere, die sie reich und/oder berühmt machen soll (»Bonnie and Clyde«, »Natural Born Killers«, »Badlands«).

Ob Clint Eastwood in »Thunderbolt and Lightfoot«, Cary Grant in »Der unsichtbare Dritte« oder Mel Gibson in »Mad Max« – keiner von ihnen ist aufgebrochen mit den Worten: »So, wir machen uns jetzt ne ganz toll schöne Zeit, und nachher sind wir dann wieder fit und frisch fürs Büro!«

Eine bemerkenswert hohe Anzahl der Vorhaben unserer Protagonisten scheitert außerdem oder führt ins Verderben, sodass man zusammenfassend sagen könnte: Der Mitwirkende in einem Roadmovie ist ein unfreiwilliger Tourist, der eine Reise mit denkbar miesem Service antritt, selten dazu kommt, die touristischen und landschaftlichen Highlights, an denen er vorbeifährt, angemessen zu genießen, und der dummerweise vergessen hat, eine Reiserücktrittsversiche-

Reisende suchen

Reisende suchen:
Wärmeres Wetter, kälteres Wetter, mehr Sonne, mehr Schnee, exotisches Essen, genau das gleiche Essen, aber billiger, Sex, morgens ausschlafen, die Bekanntschaft mit anderen Leuten, alles, bloß das nicht, den Kellner, andere Gerüche, gar keine Gerüche, anderes Licht, überhaupt Licht, Sonnenuntergänge zur Musik von Café del mar III von Tchibo, mehr Vollmonde, quer liegende Monde, andersrum abnehmende Monde, Special-effects-Monde, Strand, Berg, Bergseestrand, Bergseestrandpartys, Bergseestrandpartydrogen, echte Paella, Kultur, Hochkultur, Keilschriftkultur, Ruhe zum Bild-Lesen, Gewässser zum Schwimmen oder Tauchen oder Offshoreskiten oder Hochseefischen, Krach, Ehekrach, spirituelle Erkenntnisse, gastronomische Hochgenüsse, Erdnüsse, den Weg zum nächsten Mäc.

Reisende finden:
Alles, nur nicht, was sie gesucht haben.

rung abzuschließen – ansonsten würde er unter solch katastrophalen Bedingungen spätestens nach einem Drittel des Films die Heimreise antreten und dann das Reisebüro mit Beschwerdemails bombardieren: »Geld zurück, Ihr Schweine, oder Ihr hört von meinem Anwalt!«

Einen Vorteil genießen diese bedauernswerten Gestalten uns gegenüber allerdings: Die meisten von ihnen sind nicht nur auf dem Weg von A nach B – sie sind auch auf dem Weg zu sich selbst. Und das können wir – in den allermeisten Fällen – nicht von uns behaupten.

Natürlich sind nicht alle Roadmovie-Charaktere bei ihrer Selbstfindung gleich erfolgreich: In europäischen Roadmovies zum Beispiel finden die Helden meistens gar nichts über sich und das Leben heraus, außer dass sie Kommunikationsprobleme haben und sowieso alles scheiße ist – und das auch noch in Schwarz-Weiß!

Aber im psychologie- und geschichtenbegeisterten Amerika ist das anders: Thelma und Louise emanzipieren sich und erlangen die ultimative Freiheit, Sailor und Lula (in »Wild at Heart«) finden wieder zu ihrer Liebe, Don Johnston (in »Broken Flowers«) überwindet seine Apathie, während Kit (in »Badlands«) zwar sein Leben verliert, aber den ersehnten Ruhm findet.

Offensichtlich sind unbequeme, leidvolle Reisen von Vorteil, wenn man vorhat, sich selbst zu entdecken. In unserem Alltag funktioniert das nicht ganz so gut: »Hatte mir fürs Wochenende vorgenommen, mein Leben zu ändern – oder wenigstens, die Ursachen für meine Sexsucht rauszufinden. Aber dann mussten die Kinder zum Tennis, und Samstagabend gab's Raclette bei Torsten und Inge …«

Auch wenn wir verreisen, sieht's nicht viel besser mit der Selbstfindung aus. Das liegt wohl daran, dass wir versuchen, unsere Reisen dem Alltag anzugleichen. Der costa-ricanische Dschungel ist toll – aber bitte nur als Tagestrip, nach dem wir in unser vollklimatisiertes Vier-Sterne-Hotel zurückkehren. Dann essen wir zu Abend ein gutes Schnitzel mit … Schauder, wie exotisch: Topinambur-Gemüse, und dann geht's in den Fernsehraum, zum Glück haben die hier Satellit, und so muss man keine Folge von »Deutschland sucht den Superstar« verpassen.

Ich für meinen Teil habe beschlossen, den inneren Schweinehund zu überwinden und zu mir selbst zu finden. Ich werde verreisen und Hauptdarsteller meines eigenen Roadmovie werden. Ich werde keine Wäsche zum Wechseln mitnehmen, nur das Hemd, das ich am Leib trage. Und das wird ein weißes sein, denn das ist zeitlos, und Schmutz, Blut und Schweiß sind besser sichtbar. Und meine Wertsachen kommen in die Brieftasche, nicht in ein Täschchen am Bauchgurt.

Ich werde mir eine Gegend suchen, wo die Landschaft weit ist und die Straßen endlos (als Detlef Buck »Wir können auch anders« drehte, machte er die beiden Hauptpersonen zu Analphabeten – weil sie ansonsten innerhalb von ein paar Stunden zu jedem beliebigen Punkt innerhalb Deutschlands gelangt wären).

Ich werde meinen Honda Civic verkaufen (oder kann sich irgendjemand vorstellen, wie Bonnie und Clyde oder Sailor und Lula in einem Civic durch die endlose amerikanische Einöde kreuzen?) und mir stattdessen einen 1966er Ford Thunderbird Convertible besorgen.

Ich werde nur das Nötigste an Bargeld dabeihaben, vielleicht 200 Dollar, die gerade mal für die billigsten Motels und Diners reichen werden – und natürlich 10 000 Dollar für Benzin. (He, ein Thunderbird? Das sind locker 25 Liter Sprit auf 100 Kilometer!)

Vielleicht werde ich vorher noch ein Verbrechen begehen, damit ich von der Polizei gesucht werde, auf jeden Fall aber mit meiner Freundin Schluss machen, um das nötige Quantum Depression und Einsamkeit zu erzeugen.

So gerüstet, werde ich aufbrechen, eine unglaublich miese Zeit haben und mir all die Fragen stellen, denen ich hier, in der Bequemlichkeit meines abgesicherten Alltags, immer ausgewichen bin: Hat mein Leben einen Sinn? Und wenn ja, welchen? Ist es schon zu spät, mich noch zu ändern? Kann ich ein neuer Mensch werden?

Ja – genau das werde ich machen. Sofort! Oder besser: morgen. Heute Abend wird nämlich »Paris, Texas« auf Arte wiederholt, im Original mit Untertiteln, und das kann ich mir jetzt echt nicht entgehen lassen.

Der Bundestourismusbeauftragte rät

Das beliebteste Urlaubsland der Deutschen ist ... ihr eigenes. Dennoch dauerte es bis ins Jahr 2005, bis dem Tourismus mehr als nur ein sanft schlummerndes Alibi-Ausschüsschen gewidmet wurde. Und auch nur, weil die Fußball-WM bevorstand. Irgendwem fiel auf, dass eine direkte Folge sein könnte, dass über Nacht Leute aus anderen Staaten durch unser Land irren könnten. Seither haben wir einen Tourismusbeauftragten, von dem Sie noch nie gehört haben und ich wohl nie wieder.

Ich starte eine Irrfahrt durch den Behördendschungel ... lande in der Sackgasse Vorzimmer ... schleiche über den Umweg Konkurrenz ... gehe auf einen halsbrecherischen Trip in die Informationswüste – ein Abenteuer unter Lebensgefahr. Hauptrisiken sind: Erstens an Altersschwäche sterben, zweitens einen Schädelbasisbruch erleiden, weil ich mit dem Kopf gegen die Wand laufe, und drittens durchdrehen.

Erster Tag. Anruf im Umweltministerium. »Unter Tourismus sucht er mir gar nichts raus, vielleicht unter Förderung ...«

Vielleicht Umwelttourismus?

»Wissen Sie, es ist alles Umwelt bei uns ...«

Ist ja in Ihrem Haus kaum anders zu erwarten! Vielleicht stellen Sie mich doch zum Minister persönlich durch?

»Hahaha.«

Dann muss ich doch erst im Kanzleramt anrufen ...?

»Na, dann viel Glück.«

Aber die nette Dame durchsucht unverdrossen weiter ihre Verzeichnisse.

»Na, so lange habe ich noch nie gebraucht ...«

Vielleicht: Tourismusförderung?

»Tourismusförderung, hm … Ah, Regionalentwicklung! Hier: Dr. Gordo Jain.«

Der oder die? Sie weiß es nicht. Und nennt mir dieselbe Nummer, die ich gerade gewählt habe – aber mit Bonner Vorwahl!

»Jaja, das ist dieselbe Telefonnummer! Das Ministerium sitzt ja teilweise in Bonn. Ich verbinde Sie.«

Eine Warteschleife mit tschilpenden Vögelchen statt Musik. Und dann schickt mich die Zentrale kreuz und quer zwischen Bonn und Berlin hin und her. Irgendwann lande ich bei einem endlosen Freizeichen. Ich lege auf und wähle direkt durch und …: »Kein Anschluss unter dieser Nummer.«

Wenn das Thema Sex wäre, dann wäre jetzt mein persönlicher Bedarf an Vorspiel erfüllt. Ich ahnte noch nicht, dass mir ein Trip in einen SM-Keller bevorstand.

Kreative sollen ja kreieren: In diesem Fall kreiere ich eine Telefonnummer, die aus Bonner Durchwahl besteht, aber mit Berliner Vorwahl. Widersinnig, wahllos und …

»Bundesministerium für Wirtschaft und Technologie, guten Tag. Was kann ich für Sie tun?«

Hallo, äh … Wirtschaft? – Keine schlagfertige Reaktion, zugegeben.

»Ja, wen wollten Sie denn?«

Es beginnt ein verwirrtes, sich gegenseitig verwirrendes vermeintliches Aufklären des Sachverhalts. Die Dame erklärt mir irgendwann, dass auch sie die Verhältnisse im Umweltministerium für verwirrend hält, dass ich aber wohl die Zentralnummer der Kollegen von der Wirtschaft gewählt habe, aus verwirrter Verwirrung eben zufällig mit der richtigen Vorwahl. Sonst hätte ich jetzt wohl den Friedhof Bonn dran.

Neuer Anlauf: Bonner Vorwahl, Umweltministeriumsdurchwahl, keiner geht ran – ich bin richtig!

Zweiter Tag. Neuer Versuch Zentrale des Umweltministeriums, Gordo Jain, der die ab und an das Geschlecht wechselt, muss doch wenigstens ein Vorzimmer haben. Und wieder ist viel Telefonbetrieb: Aber die Vogelpiepswarteschleife ist inzwischen von einer deutschen Waldlichtung umgezogen in einen tropischen Urwald.

Dritter Tag. E-Mail ans Umweltministerium, angeblich wird sie an den Minister weitergeleitet.

Vierter Tag. Anruf im Vorzimmer von Gordo Jain. Erste Info: Gordo ist ein männlicher Vorname!

Wissen Sie, ob er noch lebt oder Urlaub hat?

»Tut mir leid, *die* Information hab ich jetzt nicht.«

Fünfter Tag. Auskunft der zentralen Rufnummer der Bundesregierung: »Zuständig ist in erster Linie das Wirtschaftsministerium: Nach dem Ressortprinzip sitzen die Fachleute in den Ministerien, nicht im Bundeskanzleramt.«

Ach, dann war ich zufällig richtig neulich? Ich höre mich leicht irre kichern und beobachte fasziniert, wie lustig meine Zehen wackeln.

Sechster Tag. Anruf im Vorzimmer des Tourismusbeauftragten der Bundesregierung, Herrn Hinsken. Das Vorzimmer bittet um eine E-Mail. Hätte ich zuerst gemailt, hätte man mich um einen Anruf gebeten. Wenn Sie einen Belgier auf Holländisch ansprechen, behauptet er, nur Französisch zu können. Wenn Sie einen Belgier auf Französisch etwas fragen, sagt er freundlich »Ik spreek keen Franzosis« oder so – darauf kann man Wetten abschließen. Also: E-Mail an Vorzimmer Hinsken. Ich schaue indessen auf seine Website, klicke auf »Aktuelle Positionen und Pressemitteilungen« und bekomme zur Antwort »File not found«. Ein Politiker ohne aktuelle Positionen? Den Mann muss ich kennenlernen!

Ernst Hinsken wohnt in Haibach. Das liegt zwischen Hunderdorf, Rattenberg und Viechtach.

Er ist gelernter Konditor. Ich sitze mit ihm neben seinem Schreibtisch in Berlin.

Herr Hinsken, wenn Ihr Kollege Herr Jain eher für ökologisches Reisen verantwortlich ist, nehme ich an, dass Sie für die Tourismusförderung zuständig sind.

»Sowohl für die Tourismusförderung als auch für den Tourismusablauf, damit er funktioniert. Er ist für mich eine Leitökonomie der Zukunft, und diese Leitökonomie muss gepflegt werden. Weltweit betrachtet wird der Kuchen Tourismus nur einmal verteilt, und da muss die Bundesrepublik Deutschland auch etwas abbekommen. Und ich bin hier im Wirtschaftsministerium dafür da, mich darum zu kümmern, dass Tourismus nicht nur durch die Brille ›blauer Himmel, Sonne, Meer, schönste Tage und Wochen des Jahres‹ betrachtet wird, sondern dass der Tourismus auch durch die ökonomische Brille betrachtet wird mit seinem vor- und nachgelagerten Bereich mit 2,8 Millionen Arbeitsplätzen und einem Anteil am Bruttoinlandsprodukt von circa 8 Prozent.«

Ernst Hinsken kann nicht nur wirklich lange Sätze bauen, er ist auch in der CSU und hält einen Rekord inne, den ihm keiner jemals nehmen kann. Er ist der erste deutsche Tourismusbeauftragte aller Zeiten.

Stehen Sie in einer Art Konkurrenz zum Umweltministerium?

»Nein, ich messe gerade dem Naturtourismus eine immense Bedeutung bei. Der Naturtourismus wird insofern einen großen Zuspruch haben, weil in einer stressigen, schnelllebigen Zeit die Leute sich mehr und mehr an Ruhe und Erholung orientieren wollen, um den Sinn des Lebens vermehrt zur Kenntnis zu nehmen.«

Herr Hinsken sitzt vom Eingang aus ganz weit hinten im Bundeswirtschaftsministerium und ist alleine dadurch vor Terroranschlägen gut geschützt. Allerdings haben die Kontrolleure am Eingang mein gefährliches Schweizer Taschenmesser übersehen, mit dem ich jetzt ohne Vorwarnung eine Weinflasche entkorken könnte.

Brauchen wir Werbung für Tourismus in Deutschland zum Beispiel in China und Indien?

»Ja, enorm. Die größten Länder, wo für Deutschland geworben werden kann, sind für mich die ganz, ganz großen Staaten, nämlich China, Indien, Russland und auch die Arabischen Emirate. Im übrigen möchte ich sagen, die Reiseintensität war noch nie so groß wie zur Zeit. Im vergangenen Jahr waren weltweit 898 Millionen Menschen unterwegs. Im Jahr 2020 dürften es 1,6 bis 1,7 Milliarden Menschen sein. Oder wenn Sie das Fliegen betrachten: Im vergangenen Jahr waren weltweit zwei Milliarden Menschen als Fluggäste unterwegs, im Jahre 2020 werden es doppelt so viele sein. Das sind Herausforderungen, die müssen bewältigt werden. Da gibt es natürlich noch viel hinzuzufügen und zu sagen ... (Er wartet.) Ich wollte Ihnen nur die Möglichkeit geben, dass Sie weitere Zwischenfragen stellen.«

Herr Hinsken schmettert etwa 80 Prozent aller Interviewanfragen ab, und ich gestehe, mich heimlich zu freuen, zu der Elite von 20 Prozent zu gehören.

Nur von der Richtung her: Sie sind nicht zuständig für deutsche Touristen, die ins Ausland reisen, und wie die sich dort verhalten und was sie dort tun?

»Meine Aufgabe ist, Vermittler zu sein zwischen Tourismuswirtschaft einerseits und der Bundesregierung andererseits, das heißt all das, was die Regierung macht und tut und den Tourismus tangiert, wie sie will also, das aufzunehmen, was die Tourismuswirtschaft bewegt und es in die Regierung hineinzutragen, damit also das eben politisch gesehen aufgearbeitet wird, was von dort mit kommt. Das ist die Hauptaufgabe meinerseits.«

Let's jazz.

»Ich denke in Dienstleistungskategorien. Da gehört aber für mich dazu, dass man sich erfreut an der Landschaft, an den Gegebenheiten, der Infrastruktur. Es nützt nichts, wenn ein ganz schönes Hotel angeboten wird und die Infrastruktur dort hinten und vorne mangelhaft ist.«

Verstehe. Sie stammen aus Bayern?

»Ja.«

Wo machen Sie selbst gerne Urlaub, wenn ich fragen darf?

»Es kommt darauf an. Erstens bin ich viel unterwegs auf dieser Welt, sodass ich froh bin, wenn ich mal Ruhe finde. Zum zweiten habe ich selbst eine kleine Wohnung, in die ich mich gerne zurückziehe – die übrigens in Bayern ist –, um meine Ruhe zu finden. Und drittens bin ich ein passionierter Radfahrer und Wanderer, also ich bevorzuge hier gerne dort zu sein, wo ich diesen Leidenschaften nachgehen kann, das heißt Berge, oder das heißt auch schöne Radwege an verschiedenen Flüssen.«

Das Gebäude um uns herum ist die sogenannte Pepinerie, vor 250 Jahren gebaut, eine militärärztliche Lehrklinik oder so. In direkter Nachbarschaft liegt das Restaurant der Showköchin Sarah Wiener, es ist abends ab 18 Uhr geschlossen. Und auf der Straßenseite gegenüber läuft zur Zeit die Sandburgweltmeisterschaft. Manometer, aufregende Gegend.

Ihr direkter Ansprechpartner ist der Herr Minister Glos, wenn ich das richtig sehe?

»Der ist nicht mein Ansprechpartner, das ist der Minister. Und ich bin hier der Tourismusbeauftragte.«

In Spanien zum Beispiel hat man für Tourismus ein komplettes Ministerium.

»Das gibt es, ja. Wir haben 27 Staaten in der Europäischen Union. Und in mehr als der Hälfte der Staaten gibt es entweder Tourismusminister oder dafür speziell beauftragte Staatssekretäre. Ich bin als Tourismusbeauftragter ein Regierungsorgan und vollziehe diese Aufgabe in dieser Position, die mir hier an die Hand gegeben wurde.«

Erster deutscher Tourismusbeauftragter
aller Zeiten.

In seinem Büro hat Ernst Hinsken die Flaggen von Bayern, Deutschland und Europa aufstellen lassen.

Aber mit weniger Finanzmitteln und Personal als etwa Ihr spanischer Kollege?

»Was heißt hier Finanzmittel oder Struktur oder Mitarbeiter. Nicht die Masse, sondern die Klasse entscheidet auch hier in dem Fall. Es klafft schon ein bisschen weit auseinander in Deutschland. Deshalb muss angesetzt werden, dass also hier die Zahlen ein bisschen verbessert werden, was Ausländer zu uns in die Bundesrepublik Deutschland bringen. Deshalb habe ich mehr Touristen, was eben von uns geworben werden könnte ... Ich könnte Ihnen hier mit einem simplen Beispiel eine Antwort geben, wenn Sie hier noch mal eine Frage stellen!«

Zum Beispiel?

»Die Chinesen. Die Chinesen haben 29 Millionen Reisende gehabt, die ins Ausland gegangen sind im vergangenen Jahr, davon ungefähr 80 Prozent nach Europa. Aber die machen einen Fehler. Die gehen zunächst nach Rom und

Paris, und zum Schluss kommen sie zu uns nach Deutschland. Das muss sich ändern, da muss man schauen, dass das gedreht wird, da bin ich im Moment dabei. China hat schätzungsweise 30 Millionen Dollarmillionäre. Im Vergleich dazu: Wir haben in Deutschland 1,1 Millionen Dollarmillionäre.«

Unterm Strich war es richtig, diese Stelle hier zu schaffen?

»Also ich kann schon den Nachweis erbringen, dass ich nicht umsonst eingesetzt worden bin und dass diese Stelle nicht umsonst geschaffen wurde. Und ich verhehle auch nicht, noch mal ins Gedächtnis zu rufen, dass mich Herr Glos vorgeschlagen hat für diese Position. Die Kanzlerin hat mich gefragt, ob ich sie nehmen möchte, und der Vizekanzler Müntefering damals ebenso. Da ist mir eben klargemacht worden, um was es hier geht.«

Sein Vorzimmer bereitet vorzüglichen Kaffee von geradezu ministerialer Qualität, und er selbst wünscht, dass ich mehr Kekse esse. Sie sind wirklich lecker, aber ich kenne diese Tricks: Er will, dass ich den Mund minutenlang voll Krümel habe und keine Zwischenfrage stellen kann. Fuchs.

»Ich war seinerzeit vor der WM im entscheidenden FIFA-Gremium gesessen und habe mich damals schon mit einbringen können. Jetzt können wir ernten, was damals gesät worden ist. Man hatte mit einer Million Besucher gerechnet, und zwei Millionen sind gekommen. Wobei 43 Prozent erstmals in der Bundesrepublik waren. 90 Prozent haben gesagt, Deutschland ist ein tolles Land, ist so ein schönes, aufgeschlossenes Land, dass sie wiederkommen wollen.«

Um Deutschland als Touristenland zu präsentieren, muss man auch ein Image bauen. Wie würden Sie das skizzieren?

»Das Image der Bundesrepublik Deutschland im Ausland ist meiner Meinung nach gut.«

Die Spanier sagen: Gastronomie und Stierkampf, aber ihr Wetter ist besser.

»Deutschland ist so reich an Kultur, dass wir uns mit

jedem anderen Land dieser Welt messen können. Und es gilt vor allen Dingen, auch dem Kulturtourismus weitere Schübe zu geben. Wir haben in den letzten zwei, drei Jahren stark

■　■　■

Achtung, Bildung!　»Wenn jemand eine Reise tut, so kann er was verzählen. Drum nahm ich meinen Stock und Hut und tät das Reisen wählen«, dichtet Matthias Claudius.
Und das Gedicht lohnt sich im Ganzen. Unter anderem geht es weiter mit: »Ich gab dem Wirt mein Ehrenwort, ihn nächstens zu bezahlen, und damit reist' ich weiter fort, nach China und Bengalen.«
Enden tut es: »Und fand es überall wie hier, fand überall 'n Sparren. Die Menschen grade so wie wir, und eben solche Narren.«
Alte Sprache, und doch eigenartig aktuell. 14 Strophen, die sich lohnen!

■　■　■

darauf hingearbeitet, wo die Glaskultur im Vordergrund liegt. Eine Glasstraße. Die ist ja auch ausgeweitet nach Norden und nach Süden.«

Ernst Hinsken war von 2003 bis 2005 Vorsitzender der Deutsch-Ägyptischen Parlamentariergruppe. Seit 2003 ist er Mitglied des Beirats zur Auswahl von Themen für Sonderpostwertzeichen.

Thema Kulinarik.

»Was mir noch vorschwebt, ist, dass wir die Besonderheiten, die wir haben, herausstellen. Warum nicht eine Bierregion? Bayern, Böhmen, Pilsen. Warum nicht eine Lebkuchenregion? Wir müssen mit dem werben, was es in anderen Ländern nicht gibt. Nürnberger Lebkuchen oder Aachener Printen, das ist etwas Besonderes.«

Wie werben Sie institutionell im Ausland, über die Goethe-Institute, über die Botschaften?

»Nein, die Goethe-Institute sind autark. Wobei sie gut mit den Botschaften zusammenarbeiten.«

Die Deutsche Welle?

»Ja, das nehme ich mit Freude zur Kenntnis, dass die Deutsche Welle Deutschland mehr denn je in der Öffentlichkeit in fernen Staaten vermarktet. Sie hat zwar keine 18 Millionen Zuschauer, aber da kommt mal ein Thema dran wie das Kloster Lorsch in Hessen oder andere Themen, um Deutschland in Europa und darüber hinaus bekannt zu machen.«

Nochmals vielen Dank. Ich glaube, ich habe Ihnen schon eine Menge Zeit gestohlen. Ich glaube, ich habe erfahren, was ich wollte.

Ernst Hinsken schüttelt mir freundlich die Hand und stellt mir die unwahrscheinlichste Frage, die ich mir in diesem Moment vorstellen kann: »Ja, wollen Sie da etwas schreiben?«

Tiertourismus

Stellen wir uns einen Reisenden vor namens … Hans. Hans stammt aus Schwerin, und Hans wird es im Herbst immer ein bisschen frisch um die Nase, und er macht sich auf den Weg nach Süden. Aber vorher isst er sich noch mal so richtig satt. Bis er sein Körpergewicht verdoppelt hat! Immerhin verbraucht Hans unterwegs viermal so viel Energie wie zu Hause. Kein Wunder, denn er legt immerhin 500 Kilometer am Tag zurück, und das nur mit Muskelkraft, das ist doppelt so viel, wie ein Tour-de-France-Fahrer schafft, und der hat starke Unterstützung.

Aber auch Hans ist nicht allein unterwegs. Gertrude, Johnny und Klaus sind ebenfalls auf Achse Richtung Sahara. Insgesamt sind 50 Milliarden unterwegs. Hans orientiert sich am Magnetfeld der Erde, aber auch an den Sternen. Schließlich reist er gerne nachts, da ist das Risiko kleiner, gefressen zu werden.

Auch dieses Jahr hat Hans sich gut vorbereitet, denn ihn erwarten Kälte, Hitze und Sandstürme. Worauf Hans nicht hoffen kann, ist ein All-inclusive-Resort. Wo es ganztags frische Würmer und Schnecken gibt, aber draußen nur Käferchen. Wo man in Spezialbetten auf einem Bein stehend schläft und wo man seine Eier im Eiergarten zur Ganztagsbebrütung abgibt. Nein, so was gibt's für Hans leider (noch) nicht. Denn Hans ist ein Zugvogel. Aber wer weiß, vielleicht arbeitet TUI schon dran, TUI wie »Tiere Unterwegs International«, oder FTI wie »Frischwasser Trill Insekten«. Und NUR bedeutet »Nager Und Rattenartige«.

Hans und Konsorten haben den Vorteil, dass sie ihre Reisen weder buchen müssen noch bezahlen. Der klare Nachteil ist, dass jeder zweite Hans nicht lebend aus dem Ausland zurückkommt. Stellen Sie sich das mal bei Menschen vor.

Kein Schwein würde Hin- und Rückflug buchen. Reisen an sich bekäme einen unangenehmen Beigeschmack. Das Bundesurlaubsgesetz würde vielleicht sogar gestrichen.

Die gerade für uns Menschen wohl verwirrendste Leistung von Zugvögeln ist, in der Luft zu schlafen. Schlafforscher Dr. Thomas Penzel aus Berlin hat mich aufgeklärt, wie das geht: »Zugvögel schlafen im Flug. Da segeln sie einfach. Aber Vögel haben generell kurze Schlafphasen. Das Spannende ist der REM-Schlaf, denn da nimmt der Muskeltonus ab, das heißt, sie würden abstürzen. So haben viele Zugvögel einen Schlaf mit nur einer Gehirnhälfte, damit die andere Gehirnhälfte noch den Muskeltonus aufrechterhalten kann.«

Es reisen jedoch nicht nur Vögel, zum Beispiel machen sich etliche Schmetterlingsarten auch regelmäßig auf den Weg in die Sommerfrische.

Afrikanische Büffelherden sind teilweise zu Zigtausenden auf der Walz.

Gnus sind in Kenia in Größenordnungen von einer, wenn nicht sogar zwei Millionen unterwegs. Das entspricht dem Besucheraufkommen von Ibiza.

Manche Thunfischarten haben regelrecht Hummeln im Hintern. In Irland haben Meeresbiologen 2003 zwei Blauflossenthunfische gleichzeitig ausgesetzt und ihnen sinngemäß gesagt: »Macht doch, was ihr wollt!«, und ein halbes Jahr später hat man sie mit einem Abstand von 5000 Kilometern wieder aufgefischt. Der erste ließ es ruhig angehen und dümpelte bis Portugal, gemütliche 800 Kilometer. Sein Kollege war mehr von der Trekking-Abteilung und jettete sechstausend Kilometer Richtung Südwesten, bis kurz vor Kuba.

Zum Vergleich: James Cook brauchte für die erste Erdumrundung drei Jahre. Anders gesagt: Er war nur doppelt so schnell wie der kleine Thunfisch mit den blauen Flossen!

Jetzt kann man einwenden, dass man als Seemann auch

anhalten muss, Frischwasser aufnehmen, neue Farnarten entdecken und ein paar Einheimische abschlachten. Aber als unbewaffneter und gewaltfreier Thunfisch müssen Sie auch mal einen größeren Umweg schwimmen, wenn vor Ihnen diese unangenehmen Typen mit den Haifischflossen auf dem Rücken auftauchen.

Übrigens kann so einem Thunfisch auch jederzeit ein Blauwal oder Finnwal begegnen, der es vorzieht, 20 000 Kilometer von den Tropen ins Polarmeer zu schwimmen.

Übertroffen werden diese Giganten nur von einem kleinen Kerl. Den warmen Sommer von Nordkanada, Nordskandinavien und Nordsibirien nimmt er mit und verbringt den warmen Sommer sogar noch südlich von Südafrika, Südneuseeland und Südpatagonien – am Südpol.

38 Zentimeter lang, rotes Schnäbelchen, anspruchslose Ernährung aus Fischchen oder Krill. Bei der Balz trägt der Herr einen Fisch im Schnabel, eine Sitte, die man auch bei Menschen gerne sehen würde.

Die ganz unspektakulär aussehende Küstenseeschwalbe ist der Reiseweltmeister. Er fliegt jedes Jahr 20 000 Kilometer »runter« und wieder retour. Leider gilt der Kleine als bedroht.

Dabei leben noch etwa eine Million Exemplare auf einer Fläche von zehn Millionen Quadratkilometern. Das sagt einem nicht viel. Vergleichen wir ihn aber mit Münchnern (eine Million Exemplare), die auf einer Fläche von gerade mal 300 Quadratkilometern siedeln, bekommen wir eine Ahnung.

Und würde ein 1,80 Meter großer Münchner jedes Jahr im Vergleich so weit reisen wie das 38 Zentimeter kleine Schwälbchen, müsste er 300 Mal von München nach Nürnberg und zurück – sapperlot, dös ziagt si!

Der Reiseforscher

Stellen Sie sich vor, Sie beschließen, eine Zeitung zu gründen, erzählen abends in der Kneipe einem Wildfremden davon, und er erzählt Ihnen, dass er zufällig zu Hause noch eine Druckerpresse in der Garage rumstehen hat, gelernter Journalist ist und obendrein weiß, wo noch ein paar Zentner Zeitungspapier zu verschenken sind. Als ich beschloss, dieses Buch zu schreiben, begoss ich diesen Entschluss in der Berliner Urviechkneipe Heckmeck und lernte Hasso Spode kennen, nicht nur *der* deutsche Tourismusexperte, sondern Experte für Tourismusexperten.

Von den vielen Büchern, die er geschrieben hat, heißt eines »Wie die Deutschen Reiseweltmeister wurden«. Herausgegeben hat er zum Beispiel »Goldstrand und Teutonengrill« und »Zur Sonne, zur Freiheit«. Und er fungierte als Berater bei der Geschichte des deutschen Amateur-Urlaubsfilms »Die Urlaubsrolle. Mit 8 mm um die Welt«. Und, und, und ... Außerdem ist er Alkoholforscher, der gewohnt ist, dass diese Tätigkeit allzu oft Anlass zum Kichern und Augenzwinkern liefert.

Monate darauf ist die Anreise zum Reisefachmann eine Reise für Reisefachleute. Finden Sie mal das »Willy-Scharnow-Institut für Tourismus der Freien Universität Berlin« in Lankwitz. Sie sollten es sich ersparen, es mit dem Bus zu versuchen. Nur mit Glück und einer Himmelsrichtung ausgestattet, sichten Sie »Malteserstr. 74-10, Haus L, Raum 222«. Der Pförtner muss, wie erwartet, in modrigen Kladden nachsehen, wo auf seinem Riesengelände sich das »Watt saachten Se? Archiv watt?« befindet. Auf diesem Gelände riecht alles nach 70er und SPD, die Architektur, die Einrichtungen, die Wandaushänge.

Spode ist noch nicht da, aber seine von ihm zu 50 Prozent

mitgenutzte Sekretärin (Budgetkompromiss) lässt mich einfach in seinem Büro warten. Gelegenheit, die aufgetürmten Bücherstapel zu betrachten.

Ein 100 Jahre alter Stadtführer von Kassel, der »Residenzstadt Cassel mit Wilhelmshöhe«, die auch damals schon ins Minibuchformat A6 passte und auf 60 Seiten. Manche Sachen ändern sich nicht.

Eine Übersetzung der »Reise des jüngern Anarchis durch Griechenland viertelhalbhundert Jahr vor der gewöhnlichen Zeitrechnung« aus dem Jahr 1791. Während in Paris gerade Menschen geköpft wurden, befasste sich ein französischer Abt mit der Erziehung der alten Spartaner!

Ein Heftchen namens »Der Trotter. Die Zeitschrift für Globetrotter«, aktuell mit den Themen:

➤ Zu Fuß durch die rumänischen Karpaten
➤ Mit dem Allrad-Wohnmobil 40 000 Kilometer durch Afrika
➤ E-Mail aus Goma (äh, wo?)

Gemacht von Leuten, die ihre wechselnden Versammlungsorte nur als GPS-Adresse angeben!

Spode begrüßt mich herzlich, bestellt Kaffee, freut sich wie jeden Tag über die Anwesenheit eines Aschenbechers in seinem Büro und nimmt sich angenehm viel Zeit.

Ich will wissen, wie wir Reiseweltmeister wurden.

»Kennen Sie das Zitat? ›Wir Deutschen reisen häufiger vielleicht als irgendein anderes Volk des Erdbodens.‹ Das ist von einem Historiker namens Schlözer, aus dem Jahr 1795!«

Wie sind Sie Tourismusforscher geworden?

»Zufall. Ich habe meine Magisterarbeit über KdF, Kraft durch Freude, geschrieben. Daraufhin wurde ich eine Weile später vom Studienkreis Tourismus aus Starnberg angesprochen. Und 1987 habe ich den ersten Vortrag zum Thema Tourismusgeschichte gehalten. Ende der 90er habe ich das erste große Forschungsprojekt gestartet, aber die Bestände hier im Archiv waren chaotisch. Da musste man mal ran.«

Bei Ihnen habe ich die Begriffe Nicht-Orte und Entortung gelesen. Was ist das?

»Zum Beispiel Dubai oder Flughäfen, Resorts als Kunstwelten. So etwas gab es aber eben schon als Seebäder im 19. Jahrhundert. Kurorte, wo man anhand der Architektur überhaupt nicht mehr festlegen konnte, ob man jetzt in Südengland, an der Ostsee oder an der französischen Mittelmeerküste war. Das Disneyland Frankreich war anfangs ein Flop, bis man anfing, es auch mit Ausflügen nach Paris zu verbinden.«

Was ist Post-Tourismus?

»Genauso ein Unsinn wie Postmoderne. Lateinisch post, also nach dem Tourismus. Da behauptet jemand eine Abgeschlossenheit, die es aber gar nicht gibt. Eine Veränderung gibt es schon, das Reisen hat sich beschleunigt, die Welt fühlt sich kleiner an, aber in erster Linie weiß man, dass man Tourist ist. Da spricht man auch vom Hybridtourismus. Aber auch das ist nicht ganz neu. 1896, in dem Jahr, als in Paris die Weltausstellung lief, zeigte man in Treptow bei Berlin auf einer riesigen Gewerbeausstellung Pyramiden, baute afrikanische Dörfer nach – und daneben Alt-Berlin.«

Was suchen Touristen heute?

»Um 1900 unterschied man schon zwischen dem, was heute Partyurlaub heißt – damals entstanden Begriffe wie Highlife und Remmidemmi –, und Sommerfrische. Aber im Grunde suchen Touristen alles.«

In diesem Moment wird eine Druckfahne hereingebracht mit einem Artikel, den Spode mitverfasst hat: »Zur Geschichte der Ferienarchitektur«. Bei dieser Gelegenheit erfahre ich, dass das größte Hotel der Welt zur Zeit rund 60 000 Betten hat. Wobei in irgendeinem Emirat immer gerade ein größeres, teureres, höheres und luxuriöseres gebaut wird – während das übernächste schon geplant wird.

»Um 1900 hat man die ›öden Hotelkästen‹ kritisiert, aber darin wohnten die Wohlhabenden. In den 80ern und 90ern wurde genau dieselbe Kritik geübt, aber darin schlafen die Ärmeren!«

Und welche Fundstücke reizen Sie für das Archiv?

»Ich selber beschäftige mich am stärksten mit der Entstehung der Tourismuswissenschaft, mit der Anthropologie. Aber seltene Sachen wie Prospekte aus den 20ern sind schon was Schönes. Die Reihe ›Was nicht im Baedeker steht‹ ist toll. Auch damals schon wollte keiner Tourist sein, sondern Reisender.«

Was ist heute typisch?

»Schwierige Frage. Kommt darauf an, ob man stationär oder mobil reist, also an einem Urlaubsort bleibt inklusive Tagesausflügen oder eine Rundreise macht. Etwa zwei Drittel der Auslandsreisenden fahren ans Mittelmeer. Rund-

■ ■ ■

Die längste Landstrecke   1984: In der Schweiz wird erstmals eine Frau Ministerin. Der neue Schweizer Bundespräsident heißt Leon Schlumpf. Und das Schweizer Paar Emil & Liliana Schmid bricht zu einer etwas ausufernden Weltreise auf. Sie dauert noch an.

638 126 Kilometer sind sie in einem Auto gefahren. Durch 160 Länder gekommen sowie durch drei »Gebiete«, Palästina, Golanhöhen und das Westjordanland. Und das in einem japanischen Auto. Vorsichtig gerechnet, haben sie 60 000 Liter Sprit verbraucht. Aber Miete zahlen ist auch nicht viel billiger.

■ ■ ■

reisende erkennt man daran, dass sie die Kamera auf Armlänge vor sich halten und sich selbst vor einem Hintergrund fotografieren. Insofern gibt es alles gleichzeitig.

Die Reisenden, die Sightseeing machen, sind Nachfahren der Pilger. Die die Uffizien in Florenz abhaken oder sich vor der Mona Lisa versammeln. Dort gewesen zu sein ist wie eine Heiligung.

Stationäres Reisen stammt aus der Romantik, man wähnt sich näher am wahren Leben. Es gibt diesen Satz von Fontane: Zwölf Monate will man leben. Elf muss man!«

Wenn Sie privat irgendwohin reisen, üben Sie als Forscher den kleinen Lauschangriff und horchen, welche Tagesausflüge die Leute am Nebentisch für den nächsten Tag planen?

»Nein, ich kann problemlos abschalten. Ich habe ja auch ›Alkohol und Zivilisation‹ geschrieben und kann trotzdem unbefangen ein Bier trinken. Meine Ausrichtung ist ja auch weniger der gegenwärtige Tourismus als vielmehr die historische Anthropologie.«

Kann man Reisen lernen?

»Reisen muss man sogar lernen! Neue Schichten entdecken, neue Länder erkunden und neue Fehler machen.«

Was ist sehenswert?

»Das sind Geschmacksschlachten, an denen beteilige ich mich nicht!«

Was findet der Nicht-Mainstream-Tourist heute gut?

»New York, immer und immer wieder New York.«

Auf Marco-Polo-Reiseführern steht grundsätzlich »mit Insider-Tipps«. Kann es auf dieser Welt noch Geheimtipps geben?

»Da ist die Hauptfrage, was in ist. Nehmen wir das Beispiel Berlin: Friedrichshain wird nicht auf Dauer in bleiben, aber Marzahn wird es dennoch nie werden, nicht nur wegen der Entfernung, sondern auch aufgrund der Architektur. Da ist viel eher der Westen mit Charlottenburg wieder im Kommen. Aber wo sollte etwas Neues auftauchen?«

Wie könnte das Reisen in 50 bis 100 Jahren aussehen?

»Zunächst einmal wird Europa weltweit einen Status bekommen, wie ihn heute Italien hat. Hübsch, nur zum Ankucken, aber nicht richtig ernst genommen. Der Globus wird immer kleiner, die Erweiterung zum Mond beziehungsweise zum Mars kommt definitiv. Der Mensch will immer an Grenzen stoßen. Überlegen Sie mal, vor nur 150 Jahren ist Livingstone losgezogen, und Shackleton saß vor nicht mal 100 Jahren eineinhalb Jahre im Weddell-Meer vor der Antarktis fest. Heute wäre es mit GPS eine Sache von Sekunden, ihn aufzufinden. Google Earth sehe ich eher ambivalent, es bleiben keine Geheimnisse mehr. In der Antike wusste man nur, dass es weit im Osten noch ein China gab, und im Westen seien gewisse Hebriden oder gar Atlantis.

Heute macht man sich künstliche Erschwernisse: Da klettert Messner mit oder ohne Sauerstoff den Mount Everest hoch, dann ist es der erste Achtzigjährige, der mit oder ohne Sauerstoff hochsteigt, und so weiter. Es ist keine unerforschte Fläche mehr vorhanden.

Aber sehen Sie mal, welchen Radius ein Kind hat. Die Menschheit insgesamt weiß zwar viel, aber jeder Einzelne kann und wird weiterhin für sich auf Entdeckungsreise gehen.«

PS: Im Archiv im Keller ist alles, was man erwartet, und noch viel, viel mehr: Souvenirs, private Fotoalben, alte Reiseführer natürlich, Stadtpläne, Citywerbung, Plakate von Schifffahrtslinien – wirklich was zum Wühlen. Wissen Sie, wofür deutsche Reiseveranstalter 15 Millionen Euro ausgegeben haben? Man ahnt es: für Reiseprospekte. Und wann? 1972.

Bloß nicht am Bahnhof rumstehen!

Briten lesen bevorzugt ganz allgemeine Reisegeschichten über Länder, die sie anvisieren. Franzosen bleiben am liebsten im eigenen Land. Und in deutschen Reiseführern kann man solche Sachen lesen:

»Sitiaká Glika: Inhaberin Anna Garefaláki hat sich auf Produkte der Region spezialisiert ... Sitian Art: Hier verkauft Jánnis Kafedsákis von seiner Frau gemalte Aquarelle und bemalte Kieselsteine ... Archontikó: Von einer jungen Frankfurterin geführte Pension ...«

Wieso die privaten Telefonnummern ebenso fehlen wie die Schuhgrößen dieser Personen, bleibt rätselhaft. Hier hat Marco Polo geschludert. Schließlich haben Deutsche ganz gerne sehr genaue, sehr, sehr detaillierte Informationen vorab. Nachher steht man im Ferienhaus in Portugal und sucht die Nummer der städtischen Regenrinnenreinigung und ist der Angeschmierte.

Herodot war Geschichtsschreiber, beschrieb aber auch zum Beispiel die Pyramiden, gilt somit ein bisschen als erster Reiseführer-Verfasser. Klarer ist es bei den Reiseberichten von Marco Polo, dessen Aufzeichnungen vor gut 700 Jahren bis heute gültige Ideen von China und Indien lieferten. Spannend ist, dass er wohl nicht alles selbst gesehen hat, was er beschreibt. Erst 2008 hat ein Reisebuchautor von Lonely Planet gestanden, über ein Land Dinge erfunden zu haben, in dem er nie in seinem Leben gewesen ist. Er hat sie sich von seiner Frau erzählen lassen. Doch weiter in der Geschichte.

Im dtv-Lexikon steht fälschlicherweise, das »Rollwagenbüchlein« aus dem 15. Jahrhundert sei ein Reiseführer, in Wahrheit ist es nur eine Geschichtensammlung zur Unterhaltung für unterwegs in einer für unsere Verhältnisse etwas angeknarzten Sprache: »Dieweil wir yetzund auch auff einer

Fart oder Reiß· sind, so manet mich gleych ein guter Schwanck, dass ich euch denselbigen erzell.« In 500 Jahren hat sich aber auch gar nichts geändert. Auch heute noch sitzen Leute im Regionalexpress herum, die eine ganze Fahrt lang ungefragt Witze erzählen.

Aber dass es Reiseberichte schon lange in enormer Zahl gibt, erkennt man an dem dicken Werk mit dem dicken Titel »Bibliographie des voyages en Espagne et en Portugal«, eine weiß Gott dicke Sammlung von Reiseberichten zu den Iberern. Insgesamt 858 Stück! Und dieses Buch ist im Jahr 1896 erschienen. Das lassen wir uns noch mal auf der Zunge zergehen. Vor über 100 Jahren hat jemand fast 900 Reiseerzählungen von Spanienreisenden gesammelt, die teilweise sogar aus der Römerzeit stammen?

Wie kann es dann sein, dass solche Verlage wie Falk, ADAC Kartografie, Marco Polo, Baedeker, DuMont, HB Bildatlas, Lonely Planet, Varta-Führer und Kompass heute noch alle Nase lang neue Reiseführer über jeden noch so verschnarchten Fitzel von Spanien herausgeben? Ganz einfach, weil sie alle ein einziger Verlag sind. Sie haben richtig gelesen. Wenn Sie einen deutschsprachigen Reiseführer oder Stadtplan in die Hand nehmen, dann berühren Sie ein Produkt der so genannten Mairdumont-Gruppe. Und diese Gruppe beschäftigt eine Dame namens Brigitte Kehl, die Geld dafür einstreicht, Fragen von Berufsherumtreibern wie mir zu beantworten.

Wie wählt man welche Länder, Themen aus?

»Das sind natürlich immer die Orte und Gebiete, wohin gereist wird. 5000 bis 10 000 Exemplare sollten schon verkauft werden, damit es sich überhaupt rentiert. Bei den Stadtplänen machen wir die kleinen Gemeinden nicht mehr. Die Größe spielt nicht so die Rolle, aber es sollte touristisch gut besucht sein. Man sucht auch Kooperationspartner, zum Beispiel die Stadt Wiesbaden, die dann eine Mindestabnahme garantiert. Einen Baedeker Reutlingen oder Tübingen, das kauft kein Mensch. Die Studenten orientieren sich eher an den Stadtmagazinen.«

Hat Baedeker überhaupt in der Gegenwart noch einen Ruf?

»Baedeker wurde 2005 komplett überarbeitet, hat viel mehr Tipps, ist viel moderner und verkauft sich besser. Und wir haben jetzt auch neue Bände in anderen Sprachen aufgelegt. Die Engländer sind ganz froh, dass es den Baedeker auf Englisch gibt. Lonely Planet gibt's auf Englisch zu fast allen Reisezielen der Welt; das heißt aber nicht, dass wir alle Bände übersetzen. Denn nicht jedes Land hat das gleiche Reiseverhalten.«

Kann man so gesehen ein Reiseziel »machen«, künstlich erzeugen?

»Neee! Das wäre ja bezahlt, unsere Autoren sind unabhängig. Natürlich gibt es Hotels, die aufgenommen werden wollen, gerade im Baedeker. Aber man kann keinem ein Urlaubsziel aufschwatzen. Sie müssen sich immer danach richten, was der Trend ist, wo wollen die Leute demnächst hinfahren.«

Und was ist denn der Trend?

»Spanien immer, Mallorca. Ägypten hat, glaube ich, wieder zugenommen. Klassische Reiseziele, die muss man abdecken. Bei DuMont direkt ist Peking neu. Dubai, Abu Dhabi ist groß im Kommen. Riga, die baltischen Hauptstädte. Sydney. Bei Baedeker gibt es einen neuen Band: ›Deutschland-Osten. Die neuen Bundesländer‹. Wir hatten ja ganz früher den Reiseführer DDR.«

Kleine Rätselfrage zwischendurch: Stammt folgender Satz aus der Baedeker-Werbung zur DDR-Ausgabe oder zur neuen Osten-Ausgabe: »Ein Land für Entdecker. Dieser Landstrich zwischen Ostsee, Erzgebirge und Thüringer Wald wäre einen ganzen Jahresurlaub wert!«

Welche Rolle spielen Reiseführer überhaupt noch, haben die Leute nicht alle Infos aus dem Internet?

Das nicht mehr ganz neue Bild der Erde.

»Das ist gekoppelt. Zu jeder Reihe eine Website. Ganz toll ist marcopolo.de. Jeder Reiseführer ist verlinkt mit einer Community. Bei lonelyplanet.de finden sich zum Beispiel Reisepartner.«

Schneiden Sie sich nicht ins eigene Fleisch?

»Das ist ein Service für die Leser. Seit dem großen Einbruch 2001 hat sich der Markt wieder erholt.«

Kann man überhaupt noch was Neues entdecken, oder ist alles abgeklappert?

»So möchte ich das nicht sehen, die Leute wollen schon an die Hand genommen werden. In der Regel haben sie ja maximal drei Wochen Urlaub. Ich bin auch jemand, der sehr gerne selber etwas entdeckt. Ich nehme gerne Tipps in Anspruch, auch und gerade von den ›Lokalen‹. Nur wenn Sie da mal auf die Nase gefallen sind …«

Ist das nicht ein Problem, dass so viele Verlage unter einem Dach sind?

»Jeder hat seine eigene Redaktion und eigene Autoren.

Die Infos werden nicht ausgetauscht, da herrscht auch Konkurrenz. Ehrlich, das sind wirklich mehrere Redaktionen. Vor Ort in Stuttgart, Lohse in Berlin …«

Kann man Reisen lernen?

»Ich glaube schon. Wenn Sie die entsprechende Anleitung haben, gehen Sie mit offenen Augen durch die Gegend. Bei DuMont gab es den Spruch: Man sieht nur, was man weiß.«

Und zum Glück wissen wir heute, was für ein Schwachsinn diese Aussage ist.

Die ältesten Reiseführer bei Mairdumont sind Baedeker »Belgien« und »Holland«, beide erstmals erschienen 1839, als Einzelbände bis 1859 fortgeführt. Durchgehender Rekordhalter ist die »Schweiz«, erstmals erschienen 1844. Der dickste ist Lonely Planet »Indien« mit 1412 Seiten. Der dünnste Marco Polo »Capri« mit 112 Seiten. Und ein paar Konkurrenten existieren ja doch: Polyglott, Michael Müller, Merian, Geo spezial und so fort.

Hier einige meiner Lieblinge aus der kruden Rubrik »Bloß nicht!«, oder auf Englisch »Do's and don't's«, mit der sich Marco Polo ziert.

Bloß nicht auf Kreta: »Mittagsruhe stören: Zwischen 14.00 und 17.00 Uhr halten viele Kreter Mittagsruhe. In dieser Zeit sollten Sie auf keinen Fall privat anrufen.« Weil man ja sofort bei Ankunft die halbe Insel vertraut duzt und kumpelhaft in die Rippen knufft und mal durchklingelt. »Auch Mönche und Nonnen ruhen gern; wenn nicht anders angegeben, haben in dieser Zeit die meisten Klöster geschlossen.« Welch schönes Bild: der belästigte Mönch, der der Touristin zeigt, was in ihrem Marco-Polo-Kreta-Reiseführer steht, und ihr mit freundlichem Nicken in den Wertesten tritt.

Wien: »Bloß nicht im Pauschalangebot zum Heurigen: Wer dort einkehrt, wo die Touristenbusse in Kolonnen parken, versäumt das Wesen des Heurigen, zu dem ein Mindestmaß an Intimität gehört.« Wie oft reizt einen doch der Gedanke, bei Touristenbussenkolonnen Intimität zu suchen.

»Bloß nicht Schwarzfahren. Der Gedanke mag einen verlocken. Doch Vorsicht!« Wohingegen Schwarzfahren in Salzburg, Graz und Kärnten zur Folklore gehört!

Berlin: Bloß nicht! »Hütchenspielen« – okay, guter Tipp. »Mit dem Auto in die City fahren« – wo ist bitte in Berlin die City? »Geschmuggelte Zigaretten kaufen« – auch wenn das bei Ihnen zu Hause in Bad Pyrmont so Sitte ist. »Taxifahren ohne Stadtplan« – denn die Mauer ist ja auf, und nachher findet man nicht zurück?

Venetien: »Bloß nicht allzu sorglos sein!« Ja, da sagen Sie was! Im Detail wird gewarnt, dass es in Venetien Räuber gibt, die das Auto ausräumen, Räuber gibt, die Damen die Handtasche vollständig und für immer entwenden. Man solle im Übrigen nicht »die Kirchenruhe stören« und »rücksichtslos gegenüber Einheimischen sein«. Das sind Umstellungen!

Auf Ibiza geht's vergleichsweise unkompliziert zu. Man solle halt »… bloß nicht falsch parken, im Straßenverkehr unachtsam sein, allzu förmlich sein«. Sich duzen geht voll okay, locker, diese Ibizenker.

Glorreich sind die Ägypten-Tipps, bloß nicht Drogen zu nehmen, sie seien »durchaus populär, aber streng verboten«. Kein Kommentar. Und, liebe Marcopolisten, wieso um alles in dieser Welt darf ich als harmloser Ägyptenbesucher »… bloß nicht: Fische ärgern«?

Von Hamburg liegen mir ein älterer MarcoPolo, von 1992, vor und ein neuerer von 2000nochwas.

Damals wurde gewarnt vor: Autostrich Große Elbstraße, Dom, »wem beim Doppellooping in der Achterbahn schlecht wird, der hat selber schuld«, Flughafenbesichtigung, Aalsuppe.

Heute heißt es bloß nicht: »Am Hauptbahnhof rumstehen – Auf die Reeperbahn nachts ganz allein – Drogen kaufen – In der Rushhour unterwegs sein – Platt snacken – Sich unpassend kleiden – Über Preise mosern.« Für mich ganz persönlich ein GAU, weil ich somit bei jedem Hamburgaufenthalt alles falsch gemacht habe. In jeder anderen Stadt auch. Und zu Hause in der Küche erst recht!

Aber angesichts von Wikitravel könnten alle zigtausend Reiseführer, die mir manchmal viel geholfen haben, die mich gelegentlich mit ihrer Erbsenzählerei in den Wahnsinn getrieben haben und die manchmal einfach zu groß und schwer und zu nass und verklebt sind – könnten all diese Werke bald Altpapier sein. Zur Zeit sind 19 000 Artikel enthalten, davon 4500 auf Deutsch.

Ich teste den Eintrag zum Städtchen Düren. Lage, Anfahrt ist da, Karte auch. Ein Museum zur Papierherstellung (nanu?), Kirmestermine … Der Artikel ist ganz klar eine Baustelle. Ich probiere die australischen Nationalparks Lamington und Bribie – Fehlanzeige. Der Fluss Ob – nicht vorhanden. Das zentral gelegene Kölner 4-Sterne-Hotel »Flandrischer Hof« mit 200 Zimmern – niente! Klarer Fall: Wikitravel ist nur ein Internet-Geist.

Ja, wenn das so ist, wird es weiterhin sperrige Meisterwerke geben, die mit solchen donnernden, abschreckenden Sätzen beginnen wie »Malta« von Graphium Press:

»Flirrende Sommerhitze, Salzgeschmack im Kaffee, an der Küste ab und zu ein Wind, der den Staub aufwirbelt, Städte und Dörfer, die nahtlos ineinander übergehen, hier und da einige Agaven, Johannisbrotbäume, Kakteen, Disteln, Heidekraut, kaum Hügel oder gar Berge, keine Flüsse oder Bäche, blendend-helle Gebäude aus Kalksandstein. Bastionen, Paläste der Ritterzeit. Malta ist nicht jedermanns Sache.«

Losfahren bis ... zum Gehtnichtmehr?

1. Tag: Die Idee

Vor die eigene Haustür hinaustreten, seinen Honda Civic besteigen und bis ans Ende der Welt fahren, ist kein Problem. Falls man die Osttürkei als Ende der Welt bezeichnet. Mir hingegen schwebt wirklich das Ende der Welt vor. Und da wäre das mindeste ein Geländewagen. Ich kenne mich mit Pkws wenig aus, aber ich meine, gehört zu haben, dass Geländewagen ein Heidengeld kosten. Also plane ich einen Anruf bei einem Autovermieter und werde versuchen, ernst zu bleiben.

2. Tag: Den Stier bei den Hörnern packen

Lange abwägen: Über die Zentrale unter 0180 / für 14 Cent die Minute: die Schweine. Wenn die clever sind und mich in der Leitung halten, bis alle nationalen Bestimmungen nachgeblättert sind, alle Visa und Reifendruckfragen für Südbirma geklärt, bleibt mir nicht mal Geld für den Sprit bis Österreich.

So oder so. Falls die ein bisschen nachfragen, muss ich ein bisschen Ahnung haben. Und meine innere Landkarte knirscht ein bisschen ab dem ganzen Inselgekrümel so an Thailand rechts unten, Philippinen, Malaysia, Papua, was da so ist. Und falls man in Nordaustralien ankommt – meine Güte, die größte »Stadt« ist Darwin mit weniger Einwohnern als Heidelberg!

Wo ist der Atlas? Sieh da, es gibt keine Karte, die diesen Raum auch nur etwas gezoomter zeigt. Glorreich die Karte Indischer / Pazifischer Ozean mit dem westlichsten Punkt Alexandria. (Ist das nicht abgebrannt? Ach nee, nur die Leihbücherei.) Und der östlichste Punkt Buenos Aires! Das kennt man ja: Auf solchen Karten beträgt die Entfernung zwischen Borneo und Nordaustralien nur einen halben Daumennagel. Wo ist hier der Maßstab? Ah, da in der Ecke. Ein halber Daumennagel ist irgendwas zwischen 500 und 3000 Kilometern. Ich vergleich's mal mit Europa: Ja, genau, ein halber Daumennagel geht von Sizilien bis Dänemark. Geht ja.

Dann ran!

»Sie sind verbunden mit dem Sixt-Kundenzentrum. Was kann ich für Sie tun?«

»Ich suche einen Geländewagen, mit dem ich sehr, sehr weit fahren kann und der richtig was aushält, Hitze, Sand und so weiter.«

»Generell bieten wir den BMW X5 an. Oder vergleichbar Mercedes ML, VW Touareg, Dachgepäckträger montierbar.«

»Dachgepäckträger ist nicht schlecht. Ich möchte Richtung Türkei und weiter in den Iran, durch Asien, Indonesien, Australien und so. Ist das grundsätzlich möglich?«

»Nein, leider nicht. Sie dürfen nur nach Westeuropa fahren und nur in einige wenige osteuropäische Länder.«

»Aber bis Griechenland geht doch?«

»Auch nicht.«

»Ja, gut, aber das sind doch Geländewagen … Damit kann man doch ins Gelände, und Iran und so, das ist doch …?«

Mir widerfährt das exotische Erlebnis, dass eine Dame aus einem Callcenter ein Telefonat von sich aus beendet.

Weiter.

»Europcar.«

»Guten Tag. Ich möchte gerne einen X3 mieten.«

»Sie sind jetzt in der Hauptverwaltung gelandet!«

»Ja, um so besser. *Sie* haben wenigstens Ahnung. Ich brauche einen Geländewagen.«

»Also, wir haben grundsätzlich Audi Q7, Mercedes GL. Aber da muss ich weitergeben, kleinen Moment mal ...«

»Europcar, guten Tag. Sie suchen einen geländegängigen Wagen? Der ist abseits der Straßen nicht versichert!«

»Wie doof ... ich dachte, fürs Gelände ...«

»Ich persönlich bin noch nicht mit so einem Auto im Gelände gewesen. Und wir haben als Autovermieter unsere Bestimmungen.«

»Ja, aber ...«

»Diese Autos sind ja doch für den Straßenverkehr gedacht. Es gibt ja bestimmt welche mit spezieller Ausstattung, aber die haben wir als Autovermieter nicht. Vielleicht wäre es sinnvoll, bei einem Hersteller anzufragen.«

»Ich dachte, Sie sind der größte und beste Autovermieter ...«

»Dazu kommt, dass wir sowieso Einreisebestimmungen haben. Und mit der Ausreise, das würde eh schon nicht klappen.«

3. Tag: Krisenstimmung

Ich hatte mit den unmenschlichsten Widerständen gerechnet, Visaproblemen, politischen Unruhen, Infektionskrankheiten, Räubern, Insekten, Piraten, Überschwemmungen, Mördern, Schlangen, Dieben, Kälte, Lügnern, glühender Hitze, Betrügern. Aber nicht mit deutschen Autovermietern.

Zudem warnt mich der Autofachmann meines Vertrauens: »Das Problem ist, dass in vielen Ländern die Oktanzahl schwankt. Dann klopft der Motor. Außerdem ist an vielen Orten die Luft dünner, was das Verbrennungsgemisch anders macht. Ob der Motor dann klopft oder läutet oder vorher noch mal anruft, weiß ich auch nicht.«

Ich denke mir: Wenn die Fugenmasse schmilzt und die Windschutzscheibe aus der Verankerung rutscht, dann war der Jeep nicht gut genug. Langsam dämmert mir, wieso binnen eines Jahres zwei große Outdoorläden in meiner Nähe geschlossen haben.

4. Tag: Netzrecherche

Am meisten macht mir der Transfer zwischen Indonesien und Osttimor Sorgen. Und als ich unzählige Foren mit Erfahrungsberichten von »Travelern« durchlese (das sind Reisende mit Bärten, braunen Schlapphüten und verbundenen Unterarmen von den ganzen Schlangen- und Skorpionbissen), fällt mein Blick plötzlich auf:
»Our Greatest Adventure ...«

■ ■ ■

Die letzte Reise In jungen Jahren besuchte der kanadische Theaterschauspieler Charles Coghlan eine Wahrsagerin – man sagt, sie sei eine Zigeunerin gewesen –, die ihm Folgendes prophezeite: »Charles, du wirst ein sehr berühmter Mann werden, aber auf dem Höhepunkt deiner Karriere wirst du sterben. Und deine Seele wird nicht ruhen, als bis sie an deinen Geburtsort zurückgekehrt ist.«
1899 spielte Coghlan in Galveston in Texas den Hamlet und starb auf der Bühne, in der Tat als ein berühmter Mann. Man begrub ihn in Galveston, wo aber 1900 ein schwerer Hurrikan über das Land donnerte und zahlreiche Särge ins Meer schwemmte. Coghlans Familie setzte eine Belohnung aus für den, der den Verstorbenen wiederfände.
Im Jahr 1908 fanden Fischer im Osten Kanadas auf der Prinz-Eduard-Insel einen von Muscheln bedeckten Sarg am Strand. Es war der Sarg mit den sterblichen Überresten des so lange vermissten Charles Coghlan, der 5000 Kilometer unterwegs war, damit der Verblichene an seinem Geburtsort auf der Prinz-Eduard-Insel seine Ruhe findet. Seltsam? Doch so steht es geschrieben.

■ ■ ■

Das hat schon mal jemand gemacht!

»Zwei Jahre planten vier Freunde, um die Erfahrung ihres Lebens zu machen. Über eineinhalb Jahre lang sammelten sie Geld für CARE International, indem sie sich auf die aufregende Reise mit einer Länge von 65 000 Kilometern von Großbritannien nach Neuseeland machten.

Unsere Reise begann in Großbritannien im August 2005, und wir nahmen so viele Sehenswürdigkeiten mit wie möglich und fuhren auf dem Landweg durch Europa, den Nahen Osten, Asien und Australien, durch 27 Länder, und kamen im Februar 2007 letztendlich an unserem Ziel Neuseeland an. Unser Ziel war nicht, eine Wettfahrt zu machen, und wir nahmen uns so viel Zeit wie möglich, um die vielen verschiedenen Kulturen kennenzulernen, Menschen zu begegnen und den wahren Kern des Abenteuers zu genießen, der einer solchen Expedition innewohnt.«

Die vollständige Reise ist in ihrem Tagebuch in overland-underwater.com nachzulesen, und ich empfehle als »Anspieltipp« die Einreise von Osttimor nach Australien, das geradezu neurotische Panik hat vor fremden Lebensmitteln und Pflanzen: »Das Auto wurde von allen Gurten befreit und aus dem Container ausgeladen, der Quarantäneinspektor kam an, und ratet mal: Die fünf Tage Reinigung in Dili waren nicht genug!!!«

Ich bitte die vier Extremreisenden um ein kurzes Interview, und Martin antwortet.

Was war der Hauptgrund, dass eure Vorbereitung zwei Jahre lang gedauert hat?

»Die Fahrzeuge vorzubereiten, hat eine Weile gedauert, aber gleichzeitig war es gut, dass es langsam ging. Dadurch hatten wir Zeit, uns auf eine Route zu einigen und sie zu recherchieren, Visa zu organisieren (oder zumindest in Erfahrung zu bringen, wie wir sie später bekommen würden) und Geld anzusparen, denn wir arbeiteten alle Vollzeit bis nicht mal einen Monat vor der Abfahrt.«

Wovor würdet ihr andere Leute am meisten warnen?

»Warnen klingt so, als gäbe es Gefahren. Und die gibt es auch – aber wenn man alle Orte vorher recherchiert, zu denen man fahren will, und nicht in die schlimmsten Ecken stolpert, dann sind die Gefahren minimal. Und ansonsten kann ich nur raten: Seid offen für Abweichungen und akzeptiert, dass Dinge geschehen, die ihr nicht kontrollieren könnt.«

Habt ihr euch in manchen Kulturen als »Eindringlinge« gefühlt?

»Als Eindringlinge schon, aber nicht unwillkommen. Im Nahen Osten hielten wir zum Beispiel in abgelegenen Dörfern, und da bildeten sich Menschenansammlungen um uns herum. Aber das vorherrschende Gefühl war Neugier, nicht Feindlichkeit.«

Warum seid ihr nicht alle unten geblieben?

»Weil es nach 18 Monaten Aussetzen ein Problem ist, Arbeit zu finden. Jetzt ist es zwar so, dass Arbeitgeber in Großbritannien und Australien es nicht schlimm finden, wenn man beruflich ausgesetzt hat, anders als in den USA und Frankreich (wo ich früher war), wo das sogar ein großes Problem darstellt. Momentan habe ich nur innerhalb der EU eine Arbeitserlaubnis, also lag Großbritannien nahe.«

Würdest du anderen Leuten empfehlen, so eine Reise zu machen, vielleicht sogar Deutschen?

»Absolut. Wir sind einigen Deutschen begegnet, die mit dem Auto teilweise bis Indien gefahren sind. Ich würde es jedem empfehlen. Man hat ganz sicher einen anderen Blickwinkel auf seinen Platz in der Welt.«

Und eben keine 08/15-Aussichten wie jene Pauschaltouristen, die mit dem sogenannten Ozbus auf dem Landweg von Berlin nach Sydney für 4950 Euro fahren.

6. Tag

»Sixt-Kundenzentrum, mein Name ist vollkommen unwichtig, aber ich sage Ihnen trotzdem guten Tag, was kann ich für Sie tun?«

Ich erkundige mich mit diesem Vorwissen und der möglichen Idee, einen Sponsor hinzuzuziehen, nach einem Geländewagen. Ich erwähne das britische Vorbild von Leuten, die mit einem Geländewagen »wirklich *sehr* weit« gefahren sind, und erwähne ganz beiläufig Neuseeland und Australien. Der Mann am anderen Ende der Telefonleitung spricht die tödliche Drohformel: »Können Sie einen kleinen Moment dranbleiben?«

Die Warteschleife besteht abwechselnd aus Text und Pop. »Sixt – the spirit of mobility.« Souliger Pop à la Anastacia und Mariah Carey. »Gönnen Sie sich Ihren Leasing-Traumwagen.« Souliger Pop. »Große Welt zu kleinen Preisen.« Souliger Pop. »Alles, was Räder hat, ist bei Sixt zu mieten.« Souliger Pop. »Alle Marken, alle Möglichkeiten.« Souliger Pop ...

Nachwort & Danksagung

Keine Zeit und kein Geld zum Reisen? Ausrede!

Schauen Sie doch mal, welche Kulturen zwei Etagen über Ihnen blühen. Sie müssen einfach nur die Treppe hochgehen. Schicken Sie aus dem 4. OG eine Postkarte oder E-Mail an die Daheimgebliebenen im 2. OG. Bewundern Sie diesen so ganz anderen Sonnenuntergang. Setzen Sie sich bei Ihrem Nachbarn an den Küchentisch, bestellen Sie eine Pizza Diavolo, »aber nicht so scharf, prego«, und erklären Sie ihm, welche Biersorte man bei Ihnen im zweiten Stock so vorrätig hat und warum. Gehen Sie danach spontan eine Runde in seiner Badewanne schwimmen und verlangen Sie eine Gratisführung durch seine Besenkammer. Anschließend legen Sie sich zufrieden und erschöpft von den vielen neuen Eindrücken zu ihrem Nachbarn ins Bett. Garantiert werden Sie diesen Tag Ihr Leben lang nicht vergessen. Daheimbleiben kann jeder.

Danke, dass Sie heute mit ... mir geflogen sind!

Danke in erster Linie an meine beiden Gastautoren Matthias Penzel und Roger Schmelzer. Danke erstaunlicherweise ebenfalls in erster Linie an Günter, Ewa, Thomas, Jens, Norbert, Simon, Bernd, Dirk und Sandra, Uli, Eva, David, Robert, Uwe, Raija, Siggi, Nina, Gerwin, Nonke, Matthias, Torsten, Edith, Antje, Grete, Ste, Jutta, Ben, Christine und Paule, Philipp, Ömer.

Thomas Baumann
Die spinnen, die Deutschen
Expeditionen durch den ganz normalen Wahnsinn. 256 Seiten. Piper Taschenbuch

Thomas Baumann ist durch die Republik gereist, um vor Ort zu erfahren, ob wir nicht doch etwas neben der Spur laufen. Neugierig-kritisch betrachtet er die Deutschen und ihr Selbstverständnis, denn die Welt vermutet seit Jahrhunderten zu recht: Die spinnen, die Deutschen. Eine vergnügliche, schräge Wundertüte mit rund fünfzig entwaffnenden Expeditionen zu deutschen Tugenden – von »Wetten, dass« bis Poetry Slam, von Aldi bis Liz Mohn, von neuer deutscher Rechtschreibung bis Stiftung Warentest. Selbstironisch blicken wir mit ihm in den Spiegel und verfolgen amüsiert sein gekonntes Spiel mit den Vorurteilen, Gemeinplätzen und Schablonen, die sich die Deutschen selbst an den Hals geholt haben.

»Wir haben die grüne Partei erfunden, das Teebeutelproblem und die Mülltrennung zu einem Geschicklichkeitswettbewerb erhoben.«
Thomas Baumann

Mark Twain
Bummel durch Deutschland
Aus dem Amerikanischen von Gustav Adolf Himmel. 272 Seiten mit 20 farbigen Bildern von Hans Traxler. Piper Taschenbuch

In seinem überaus vergnüglichen Reisebericht erzählt Mark Twain von Hamburg und Frankfurt, von Heidelberg und dem Schwarzwald und eröffnet dem Leser ungeahnte Einsichten über das Land der Dichter und Denker: Wagners »Lohengrin« empfindet er als »Katzenmusik« und die »schreckliche deutsche Sprache« als unlogisch: Warum hat ein Fräulein kein Geschlecht, ein Kürbis aber sehr wohl? Die allerschönsten Szenen hat Hans Traxler in seinem kongenialen Stil illustriert.

»Twain erweist sich einmal mehr als ein brillanter Satiriker, der in den Deutschen einen dankbaren Gegenstand für seine spitzigen und ungemein komischen Auslassungen gefunden hat.«
Neue Zürcher Zeitung

05/2183/02/L   05/2149/02/R

Jakob Hein
Antrag auf ständige Ausreise

Mythen der DDR. 160 Seiten mit 30 Illustrationen von Atak.
Piper Taschenbuch

Erich Honecker wollte seine sozialistische Heimat in Richtung Westen verlassen und soll dazu einen förmlichen Ausreiseantrag gestellt haben? Im legendären Transitabkommen hat es eine teuflische Geheimklausel gegeben, nach der die DDR westdeutsche Kinder bei Verlassen der Transitautobahn automatisch zur Adoption freigeben durfte? Die Geschichte der Deutsche Demokratischen Republik steckt voller unglaublicher Geschichten – die unerhörtesten davon versammelt der Schriftsteller und gebürtige Leipziger Jakob Hein in diesem Buch!

»Das ist ein Schreiben, das auf der Achse Robert Gernhardt, Eckhard Henscheid, Max Goldt liegt.«
Tagesanzeiger

Favell Lee Mortimer / Todd Pruzan
Die scheußlichsten Länder der Welt

Mrs. Mortimers übellauniger Reiseführer. Herausgegeben und mit einer Einleitung von Todd Pruzan. Aus dem Englischen von Martin Ruben Becker. 256 Seiten mit 28 Abbildungen.
Piper Taschenbuch

Von dreckigen Franzosen und tollpatschigen Portugiesen, versoffenen Asiaten und wilden Negern, die Menschen fressen: Obwohl die Bestsellerautorin Mrs. Mortimer (1802–1878) ihr Leben lang nicht aus England hinauskam, schrieb sie doch unbeirrbar Reiseführer. Darin rechnete sie mit der ganzen Welt ab; ihre Bücher wimmeln geradezu vor Vorurteilen. Sie sind überhaupt nicht politically correct – und gerade deshalb hinreißend zu lesen.

»Eine höchst amüsante Sammlung von Boshaftigkeiten.«
Südkurier

Christoph Neumann
Darum nerven Japaner
Der ungeschminkte Wahnsinn des japanischen Alltags. 192 Seiten. Piper Taschenbuch

»Darum nerven Japaner« ist der ungeschminkte Bericht eines Deutschen, der in Japan lebt. Er weiß alles, sogar, wo man im Land des Lächelns ernste Zombies findet und wie (und warum!) Japaner sich auf »Off« stellen. Wußten Sie, daß ein japanischer Gasableser an einem erfolgreichen Arbeitstag bis zu fünfzig Mal Hausschuhe anziehen muß, damit aber nicht aufs Klo seiner Gastgeber darf? Lernen Sie Japan kennen und seinen veritablen Wahnsinn, seine witzigen und haarsträubenden Sitten, Vorschriften, Verbote. Aber bitte beachten Sie die Regeln!

»Ein komisches Kaleidoskop fernöstlicher Rätselhaftigkeit, das nicht nur Japaner amüsiert.«
Mainpost

Konstantin Wecker
Die Kunst des Scheiterns
Tausend unmögliche Wege, das Glück zu finden. 240 Seiten und 8 Seiten Bildteil. Piper Taschenbuch

Konstantin Wecker über seine Erfolge und Fehltritte, wie er sie heute sieht, darüber, wie er Liebe und Gott und die Begegnungen mit dem Teufel heute versteht, über Vaterschaft und Verantwortung. Die Geschichte einer Verwandlung, eine Meditation über die Lektionen des Lebens, eine Anleitung in der Kunst des Scheiterns: »Man kann auch auf einer Leiter, deren Sprossen aus Niederlagen bestehen, schön nach oben klettern.«

»Konstantin Wecker ist ein auch durch zahlreiche Abstürze nicht zu entmutigender Held der Arbeit, genauer: der Poesie.«
Die Welt

PIPER

05/2150/02/L   05/2322/02/R